国家公務員の
人事評価制度

稲継裕昭／鈴木　毅
［著］

成文堂

まえがき

国家公務員の人事評価は、平成二一年に導入されて以来、一〇年余にわたり運用されてきたが、手続面・内容面双方で適切な評価が行われているのか、特に公務員であるがゆえに評価が甘くなっていないか、形骸化していないか、さらには評価結果が効果的に活用されているのか等の観点から、制度のあり方について常に議論がなされてきた。そのような中、近年、国家公務員を取り巻く状況が変化し、厳しい職務環境や若手職員の離職の増加傾向が指摘されており、働き方改革やマネジメントの充実が大きな課題となっている。また、国家公務員の定年延長の議論に伴い、採用年次や年齢にとらわれない能力と実績に基づく人事管理の必要性が一層高まってきた。このようなことからも、現行の人事評価制度の改善の必要性が指摘されるようになった。

このような状況を踏まえ、令和二年七月、内閣官房内閣人事局に「人事評価の改善に向けた有識者検討会」（以下、「有識者検討会」という）が設置され、現行の人事評価の運用実態や民間企業等における状況も調査した上で、国家公務員の人事評価制度の改善について検討することとされた。有識者検討会は翌令和三年三月に報告書を取りまとめ、これを基にした改善が人事評価の実施期間の始期に合わせて令和三年一〇月から順次実施されている。

有識者検討会で示された国家公務員の人事評価の改善方策のポイントは、（1）人事評価を単に職員を評価し処遇に反映するだけでなく、人材育成や組織マネジメントに活用する観点から評価の仕組みを見直す、（2）評語を細分化することで識別性を高め、特に上位の評語の基準を厳格化することで安易に高い評価がなされないようにする、（3）人事評価に係る職員の負担を軽減するため、形式的な作業をできるだけなくし、簡素化・効率化を図る、といったことであり、今後、国家公務員が働く各職場においてこれらの趣旨を踏まえた適切な人事評価を実施することが期待されている。

本書は、行政学の立場から有識者検討会に参加した構成員と、有識者検討会の運営に当たった内閣官房内閣人事局の担当参事官により、このたびの国家公務員の人事評価制度の改善について紹介するものである。併せて、国家公務員の人事評価制度がどのように導入され、これまでどのような改善の議論がなされてきたか、このたびの改善にあたり調査した現行の人事評価の運用の実態や、民間企業・地方自治体における最新の動向、諸外国における人事評価の動向についても示すとともに、公務であるがゆえの人事評価の課題やそのあり方、今後のあるべき方向性についても論ずることとしたい。

（なお、本稿における見解は筆者ら個人のものであり、内閣官房又は筆者らが現在所属する機関の見解を示すものではない。）

稲継　裕昭
鈴木　　毅

目次

第一章　人事評価制度改善の契機と経緯

第一節　人事評価制度の導入

人事評価が導入される前は、国家公務員の執務の評価は、「勤務評定」として実施されてきた（国家公務員法に基づく旧人事院規則一〇—二（勤務評定の根本基準））。勤務評定は、職員の性格（積極的、まじめ等）、能力（仕事のできばえ・はやさ等）、適性を判断するものであり、府省ごとに評価項目を定めて実施されてきた。しかし、勤務評定では、評定に当たっての基準が明確でなく、評定項目や評定結果が本人に開示されることもない。このため、職員からすると何をどうすれば評価されるのかがわからないことになる。また、勤務評定の結果と処遇とが制度上結びついておらず、勤務評定とは別の要素で昇進や昇給等を行うことも可能であった。このため採用試験の職種や採用年次等を過度に重視した任用になったり、勤務成績よりも持回りで特別の昇給がなされたりするといった課題があった。

こうしたことを踏まえ、平成一一年、公務員制度調査会（総務庁に設置された内閣総理大臣の諮問機関）は、勤務評定制度を見直し、能力・実績に応じた昇進・給与を与える人事評価制度の整備について答申を行った。以後、総務庁長官主催の「人事評価研究会」、人事院管理局長主催の「能力、実績等の評価・活用に関する研究会」において具体的な人事評価制度の検討が行われ、平成一八年から平成二〇年にかけて試行を重ねた上で、平成二一年一〇月から、新たに人事評価制度を本格実施するに至った。

ここで導入された人事評価制度は、令和二年の有識者検討会による改善方策の提言まで、その骨格を変えることなく実施されてきた。前述の勤務評定制度の問題点を踏まえ、この人事評価制度は、おおむね以下のような内容となっている。

(1) 人事評価制度は、任用、給与、分限等あらゆる人事管理の基礎となるものである。すなわち、任用、給与、分限等は人事評価の結果と結びつけて行うことが制度的に担保され、これに基づかない人事運用は許されない。

(2) 人事評価は、職員の能力の発揮状況をみる「能力評価」(一年ごと)と、目標や役割を明確化した上で挙げた業績を見る「業績評価」(半年ごと)とからなる。

(3) 評価結果を表す評語は、能力評価は評価項目ごとに、業績評価は設定された目標・役割ごとに「個別評語」を付し、総括的な評価結果を「全体評語」として付す。一般の職員(幹部職員以外)については、これを五段階(S/A/B/C/D)の評語で行う。

(4) 評価は、評価期間中の職務行動や業務の達成状況を評価基準に照らした上で、「絶対評価」で行う。評語については、上記の「B」を「通常」の中位の評価と位置づけ、中位であるか、それよりも上位又は下位であるかによって評語を付す。各評語を付す職員の割合を事前に定めること(相対評価)は行わない。

(5) 絶対評価により高い評価を受けたとしても、直ちに昇進や昇給につながるわけではなく、昇進については要件を満たす者の中から対象ポストの状況や本人の適性等を考慮して決定され、給与(昇給・勤勉手当)については人事院が定める基準に基づき所定の分布率に従い昇給区分・成績区分が決定される。

(6) 評価は、評価を受ける職員(被評価者)が自己申告を行い、評価者による評価、調整者による調整を得て、原則として評価者が面談により評価結果を被評価者に開示する。

第二節　人事評価制度導入五年後の運用実態と改善の検討（平成二五年度）

人事評価制度の導入は、これまでの勤務評定では関与することのなかった職員本人に新たな作業を発生させるものであり、また評価する側にとっても厳格な手続と評価結果の開示を求められるものであることから、緊張感を生じさせるものであった[1]。

実施五年目を迎えた平成二五年度、人事評価の運用状況を検証し、その改善を図るため、当時国家公務員制度を所管していた総務省人事・恩給局に「人事評価に関する検討会」（守島基博座長）が設置された。同検討会の検討に資するため、人事評価の運用の実態について、全府省を対象とした、評語の分布調査、人事当局向けアンケート、職員向けアンケート、各府省の人事当局への個別ヒアリングが初めて行われた。以下、これにより明らかになった運用実態と、同検討会で提言された改善策について示す。

一　評語分布調査

前述の通り、人事評価制度では、一般職員については能力評価・業績評価それぞれでS／A／B／C／Dの五段階で評語が付される。調査が行われた平成二三年一〇月～二四年九月の能力評価、平成二四年四月～同年九月の業績評価の全体評語の分布は、以下の通りであった。

能力評価：S五・八％、A五三・八％、B三九・八％、C〇・五％、D〇・一％
業績評価：S六・〇％、A五一・九％、B四一・五％、C〇・五％、D〇・一％

この結果をみると、能力評価と業績評価とで、評語分布の傾向がほとんど変わらないことがわかる。また、Bが

「中位」「通常」の評語とされているが、この標語が約四割となっている一方、「上位」の評語であるSとAを合わせると約六割となっており、上位の評語が中位の評語を上回る形になっている。「上位」の評語のうちAは五割以上、すなわち過半数を占めている。「下位」の評語であるCやDの割合は極めて少なく、両者を合わせても〇・六％にとどまっている。

このような評語分布の結果は、第一に、評語が上位に偏っており、国家公務員の人事評価は甘いのではないか、第二に、特定の評語に偏っており、人事評価としての識別性（複数段階の中でその職員の位置付けを示す機能）が十分に発揮されていないのではないかとの、批判的な指摘につながっており、この先、人事評価のあり方が議論される際の中心的な論点となることになる。特に、絶対評価を採用していることがこのような実態につながっているとの見方から、評語別の分布割合を定める相対評価を導入すべきではないかとの指摘を受けることにもなった。

人事評価制度は絶対評価を採用している以上、評価基準に基づいて客観的に評価されている限り、結果としての評語分布が正規分布に近い形をとることは本来求められていない。また、上位の評語を付与される職員が多くなったとしても、これらの職員がすべて高い昇進や高い昇給・勤勉手当を受けるわけでもない(2)。しかしながら、特定の評語への偏りが極端であれば、評語を付与する意義に乏しく、制度として十分に機能していないとの指摘は受け止めざるを得ない。また、評価が客観的に、適正になされているかどうかを検証することは極めて困難であるが、評価結果が開示される仕組みの中で、Bを付与すると印象が悪くなるとの懸念や、よく頑張っているからAを付与するといった印象による評価が行われているとの懸念を完全に払拭することは難しい。このため、これらの論点はその後も継続して議論され、令和二年度の有識者検討会まで持ち越されることとなる。

二　人事評価制度全体の運用状況

人事当局向けアンケート、職員向けアンケート、各府省の人事当局への個別ヒアリングを通じた、人事評価制度全体の運用状況をみると、評価者、被評価者、人事当局ともに、導入された人事評価制度についておおむね肯定的に受け止められていた。具体的には、新たに導入された面談や自己申告について、面談を通じて上司・部下間で認識が共有できて有益だったとの意見が被評価者の約六割、評価者の約七割に達し、また被評価者による自己申告は被評価者の約七割が自己を振り返る機会として有益、評価者の約六割が評価の参考となる情報を得られて有益と回答している（〔図1-1〕参照）。

一方で、人事当局からは、「評語のレベル感に苦慮している」「制度の趣旨や評価がどのように活用されるのかまで職員が把握していない場合もある」といった意見があった。また、職員からは、評価者の約五割が「『A』と『B』の区別など、評価の境目の見極め・判断に苦慮している」、評価者の八・六％が「下位評価を付与した後にどのような対応が必要となるのか十分に見通せないため、『C』『D』の付与に消極的なところがあった」と回答している。さらに、面談については、「上司から特にアドバイスがなく、有益ではなかった」との被評価者からの回答が約一割あった。

三　人事評価に関する検討会の課題認識と提言

平成二五年度の検討会においては、これらの運用状況が明らかになったことを踏まえ、以下のような提言がなされた。

（ア）　中位・上位の評語について

評語分布調査の結果、評語区分の中で「A」が最も多くを占めたことについては、絶対評価であり、あらかじめ適切な分布が決まっているわけではないことから、これ自体から人事評価制度に問題が生じているとすることは適当ではないとした。一方で、人事当局や職員から評価者が「A」と「B」の具体的な違いが判らず、見極め・判断

〔図 1-1〕面談・自己申告の受け止め（平成 25 年度職員向けアンケート）

期首面談についてどのように受け止めているか（複数回答）（被評価者）　　部下を評価する立場で期首面談についてどのように受け止めているか（複数回答）（評価者）

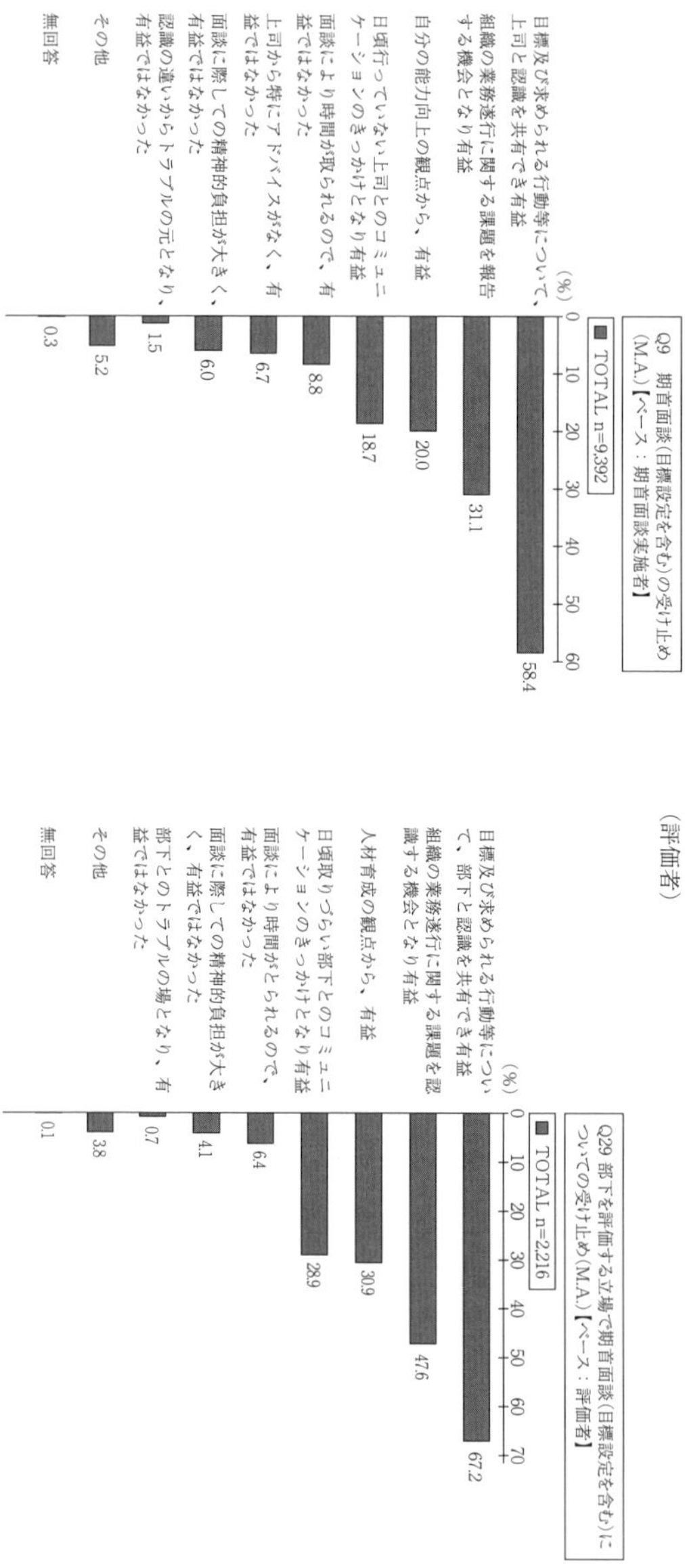

自己申告についてどのように受け止めているか（複数回答）（被評価者）

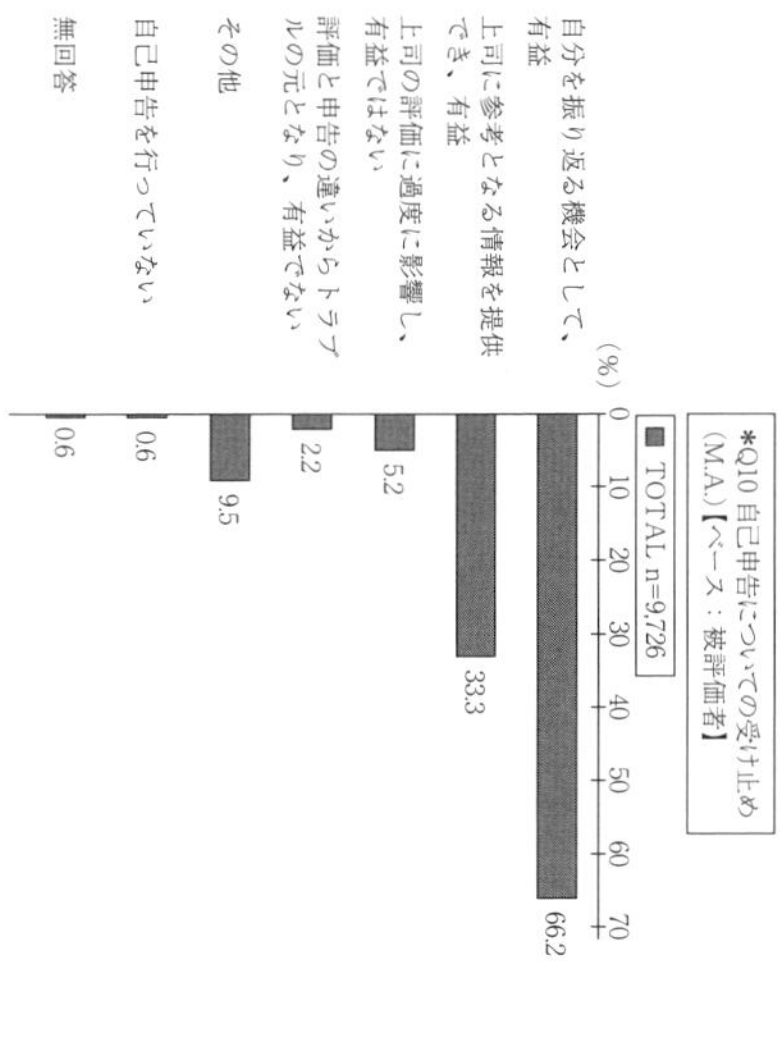

部下を評価する立場で、自己申告についてどのように受け止めているか（複数回答）（被評価者）

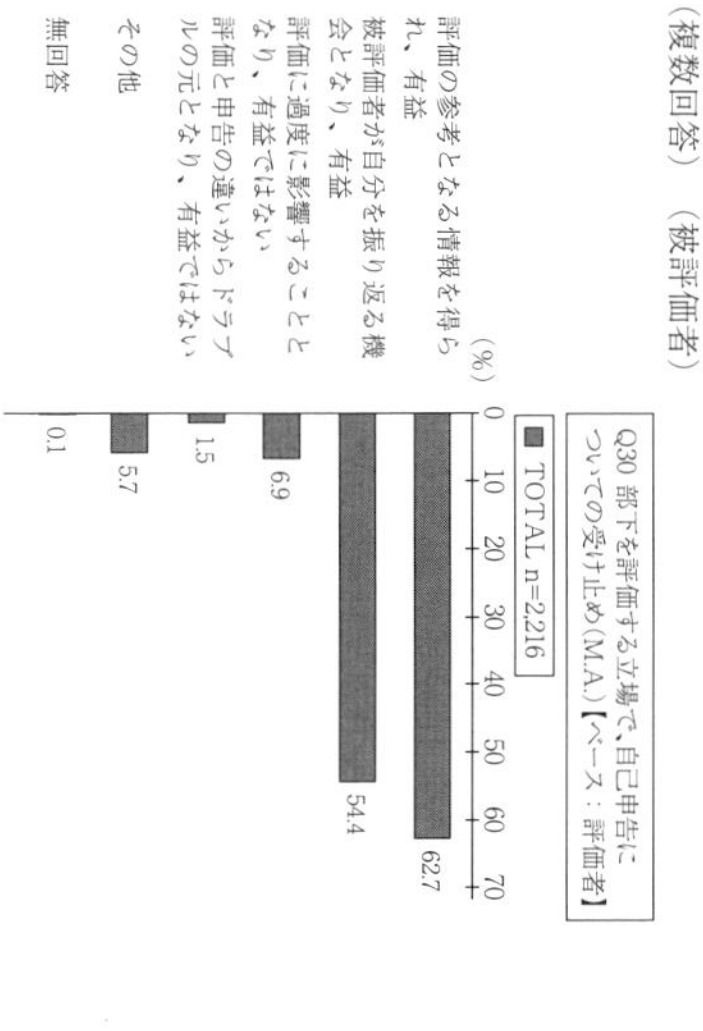

出典：人事評価に関する検討会『人事評価に関する検討会報告書』（平成26年2月7日）

に苦慮していること、「B」に事実上ネガティブなイメージがある可能性があるとの回答があったことから、このまま評語区分の考え方が十分に浸透しない場合、評価が適正に行われず、不公平感が広がったり、優秀な職員を「A」として識別する機能が不十分になったりする可能性があるとし、現行制度の趣旨、特に評語区分の趣旨の明確化や徹底等が必要とされた。

　具体的には、まず、現行の評語区分の趣旨を明確化するため、各評語のレベル感を具体的に解説すること、特に「B」（通常）については、ネガティブなイメージとならないよう、「当該職位／役職にふさわしい能力を発揮している、業績をあげている」等の説明を行い明確化することが必要とされた。また、安易に上位の「S」「A」を付与することがないよう、どのような行動が上位に該当するかの情報を充実させるとともに、上位の評価を付す場合にはその理由の記載をさせるべきとされた。さらに、これらの評語区分の趣旨等を評価者に確実に浸透させるため、評価者に対する研修、特にすべての評価者に学習させやすいeラーニング等も活用して目線合せの徹底を図っていくことが必要とされた。

なお、この際、「B」が「通常」を下回るネガティブな印象があることに鑑み、「S／A／B／C／D」の評語記号を、例えば「S／AA／A／B／C」などに変更することなどが望ましいとの提言もなされたが、このような変更はその後実施されることはなかった。

（イ）下位の評語について

下位の評語である「C」「D」の割合が非常に小さいことについては、上位評価と同様に、絶対評価であることに鑑みそれ自体を問題とすることはしないほか、下位評価に多数の者が該当する状況はそもそも組織として問題であり、そのようなことが起こらないような人材育成や人事管理に努めるべきとした。一方で、それでもなお下位評価を付すべき職員には的確に付与した上で必要な対応をとることが必要である中、評価者に下位評価を付与することでどのような対応が生じるのか等の懸念があり、下位評価の付与にためらいがちになっている可能性がある。そこで、上位評価と同様に、評語区分の趣旨の説明・浸透に努めることに加え、下位評価を付与した場合の対応について、能力や意欲の向上に向けたマニュアルの整備を図り、かつ、それでもなお改善が見られない職員に対する分限処分等の基準を明確化すべきとされた。

これらの提言のうち、下位評価を受けた職員の能力・意欲の向上の取組については、当該職員の上司やその属する職場、人事当局が連携して、こまめに目標を定めながら改善を図るためのマニュアルが平成二六年に整備されている。[3]

また、能力・意欲の向上に向けた取組をしてもなお改善が見られない職員については、厳正に分限処分を行うこととし、具体的には「D」評価を連続二回受けた段階で改善策を講じ、それでも効果が上がらず三回連続で「D」評価を受けた場合には降任又は免職を行うとの基準が定められている。

なお、この基準については、その後令和二年にさらに厳格化が行われ、「C」評価も分限処分の対象とすることとなり、「C」評価については連続二回、「D」については一回付与された段階で改善策を講じ、次の評価でも改善されなかった場合には分限処分を行う（ただし「C」評価は降任のみ）との基準が定められ、令和二年一〇月からの人事評価期間より実施されている。[4]

（ウ）　人材育成への活用

人事評価制度の導入は、従前の勤務評定制度が上司による一方的評価であったことに替えて、評価者と被評価者との面談を通じての期首の目標設定や期末の評価結果開示、指導・助言といったコミュニケーションを重視し、これが適切な人事管理や人材育成につながるものとされていた。このような観点から人事評価が的確に機能しているかについては、面談について、評価者・被評価者ともに有意義と回答する割合が多かった。一方で、面談に要した時間は、期首・期末面談ともに、五分から一五分未満が約五割と最も多く、五分未満との回答も約一五％あり、必ずしも多くの時間が確保されていなかった。どれくらいの面談時間が適切であるかについての明確な基準はないものの、面談について「有益ではなかった」という回答は、面談時間が五分未満の場合が多くなっていた。

このことから、提言では、人事評価の運用を通じて、面談等の機会を利用してコミュニケーションの活性化を図り、また評価結果に基づく指導・助言を通じて、職員の士気を高め、人材育成や組織パフォーマンスの向上に向けた取組の充実を図ることとされた。具体的には、評価者の人材育成スキルの向上のため、いわゆるコーチングの技法（例えば、評価者が被評価者の話に耳を傾け、質問などを投げかけることで、被評価者の自発的行動を促すなど）の指導などを評価者に向けた研修の中で実施することなどが推奨された。

なお、人材育成については、被評価者の同僚、上司、部下などが評価を行う「多面評価」や、外部の専門家が被評価者の態度や行動を評価する「外部アセスメント」の可能性についても言及されたが、実施にかかるコストが大きいなど検討すべき課題も多いため、調査研究を進めるべきとされた。このうち、「多面評価」については、その後、人事評価と切り離した上で、管理職のマネジメントの向上に向けて、管理職の行動を部下等が観察し、そのマネジメントのあり方について管理職に「気づき」を与える手法として「多面観察」として実施することとし、数年次に渡る試行をへて、令和元年度より、中央省庁の課室長級職員を対象として（その他の管理職への実施については任意）、定期的に行われている。(5)

（エ）平成二五年度検討会の意義と残された課題

人事評価制度の導入から五年目にあたる平成二五年度は、評価者、被評価者、人事当局ともに、人事評価制度は定着しつつあるもののなお制度の趣旨の徹底が必要な段階であったといえる。平成二五年度の人事評価に関する検討会の提言も主にこの観点から行われ、制度の見直しよりは関係者に対し趣旨の理解を促す内容が中心となった。

この提言に基づく制度の趣旨の周知や研修の充実は一定の成果を挙げた一方で、人材育成の観点から面談を的確に行うことなど、必要なスキルの習得の難しさや、手間がかかるために実施がしにくい事項については、十分浸透させることが困難であった。また、評語分布については、趣旨の徹底だけでは解決できない制度的な問題があった。これらについては、令和二年度の有識者検討会で議論され、人材育成の観点からの評価内容そのものの見直しや、評語区分の改善が提言されることとなる。

第三節　その後の人事評価をめぐる動き

平成二五年度の人事評価に関する検討会の報告をもとに、人事評価の制度の趣旨の徹底や、評価者に対する研修（評価者訓練）の充実が進められた。特に評価者訓練については、（1）新たに評価者となる新任の管理職を中心に人事評価制度の趣旨や進め方の学習に加え、実際に評語を付すケーススタディや、参加者同士の模擬面談などを行う対面型の研修、（2）評価者となるすべての国家公務員を対象として人事評価制度の趣旨や進め方、代表的な事例を毎年反復学習させるeラーニング、の両建てで実施することとなり、導入時とその後の継続的な学習が確保されるようになっている（図1-2参照）。さらに、人事評価のとりまとめ、調整者の役割を担う中央省庁の幹部職員に対しては、内閣人事局の担当職員が個別に出向いて人事評価の最近の動向等について説明する場を設けるなど、人事評価制度の趣旨の周知が図られている。

また、平成二五年度以降、国家公務員の仕事について、コンプライアンスや働き方改革などの観点で様々な課題が生じたこ

〔図1-2〕人事評価に係る評価者訓練

1　人事評価に係る評価者講座　＊平成21年度より実施

（1）実施の目的

評価者講座による評価者訓練は、評価者の目線合わせや人事評価を人材育成に活用する手法等を体得するための機会を提供するものであり、グループ討議による相互啓発や面談ロールプレイ（模擬面談）等の“演習を中心とした内容”を集合型で学ぶことを通じて、評価者としての能力向上を図るとともに、被評価者の能力開発やスキルアップ、ひいては組織パフォーマンスの向上につなげることを目的としている。

（2）実施方法

外部講師によるセミナー形式。事前に与えられたケーススタディについて検討した上で、講義を受けた後に、参加者同士の実習（グループ討議）を行い、人事評価の手法を身につける。

（3）対象者

本府省庁等の調整者及び評価者、地方支分部局等の管理職

2　人事評価eラーニング　＊平成25年度より実施

（1）実施の目的

eラーニングによる評価者訓練は、人事評価の目的や考え方、適正な評価手順、評語区分の趣旨、代表的な事例など、人事評価制度に係る“統一的理解が求められる内容”を反復学習（定期点検）することを通じて、人事評価の仕組みが円滑・着実に機能することを目的としている。

（2）実施方法

インターネット上での個別学習形式。人事評価の目的や考え方、基本的な手順、評語区分の趣旨等の学習及び理解度を確認するためのテストを行う。

（3）対象者

全評価者

出典：内閣人事局

とから、その適正化を図るために必要な事項を人事評価の対象として追加することが行われた（〔図1-3〕参照）。

ここにあるように、人事評価の対象として追加されたものは、行政手続法令の遵守や行政文書の管理、ハラスメントの防止といったコンプライアンスにかかわる事項や、行政のスリム化、業務見直しなど行政組織において自発的に行われにくい事項、女性職員の活躍や育児休暇・休業の取得促進、ワークライフバランスなどマネジメントに関する事項といった、様々な分野に及んでいる。障害を有する職員については、人事評価上の配慮事項を定めるとともに、国家公務員における障害者雇用が十分に行われていない問題が発生したことを踏まえ、障害者の雇用促進にかかわる職員の評価基準も定められている。

国家公務員の職務遂行にかかわる重要事項について、人事評価の対象であることを明示し、その基準を示して職員の意識を高めることは、一般的には効果的と考えられる。しかしながら、それぞれの職員が担当する業務そのものだけでも能力や業績に係る様々な評価項目がある中で、それに加えてあまりにも多岐にわたる職務遂行上の評価項目が加えられる

〔図 1-3〕これまでに発出された人事評価に係る通知

評価の目線合わせのほか、働き方改革やコンプライアンス等の課題に応じた人事評価の留意点等の明示・周知を図るため、これまでに以下のような通知を発出。

○行政のスリム化・自主的な事業の改善、女性職員の活躍及び仕事と生活の調和の推進に資する働き方の改革等に関する人事評価における取組について（平成26年9月4日閣人人第348号）

○行政手続法令を含む法令の遵守の人事評価への反映について（平成27年3月26日閣人人第224号）

○ワークライフバランスに資する効率的な業務運営、良好な職場環境づくり等に向けた管理職の取組・実績を人事評価へ反映する取組の再徹底について（平成28年9月7日閣人人第705号）

○男性職員による「男の産休」及び育児休業取得を促進するための標準的な取組手順及び人事評価の実施について（平成30年6月28日閣人人第462号）（※注：後掲の令和2年1月31日閣人人第52号により廃止）

○法令等の遵守、行政文書の適正な管理及びハラスメントの防止に関する人事評価への適切な反映について（平成30年7月25日閣人人第539号）

○障害を有する職員の人事評価について（平成30年12月21日閣人人第888号）

○人事評価における能力・実績主義の更なる徹底に向けた取組について（令和元年7月29日閣人人第184号）

○障害者の雇用促進を担当する職員の人事評価について（令和元年9月6日閣人人第285号）

○「国家公務員の男性職員による育児に伴う休暇・休業の取得促進に関する方針」に定める標準的な取組及び人事評価の実施について（令和2年1月31日閣人人第52号）

○業務の抜本見直し等に係る取組の人事評価への適切な反映について（令和2年7月9日閣人人第435号）

○勤務成績が不良な職員に対する対応について（令和2年7月20日閣人人第453号）

出典：内閣人事局

と、職員の対応能力を超えてしまい、十分な効果を発揮できない。また、これらの項目についてひとつひとつ目標設定や評価を求められることになれば、評価作業も膨大となり、かえって形式的な対応に陥るおそれも生じてくる。

さらに、こうした評価事項の追加が、その時々の必要に応じて通知の形で個別に発出され、数多くの通知が積み重なってくると、全体像をつかむことが難しく、通常は担当業務に追われ、人事評価のことを強く意識していない多くの評価者・被評価者にとって十分認識できるものではなくなってくる。

このように、人事評価については、必要な事項について適正に評価するため、様々な項目や手続を加えた結果、評価に当たって認識すべき事項や必要な作業が膨大となり、評価者・被評価者のキャパシティを超えてしまい、十分な効果が得られなかったり、形骸化してしまったりする可能性もある。人事評価の適切な実施のためには、評価者・被評価者が限られた時間の中で最善の作業が行えるよう、評価項目や手続の重点化、簡素化・効率化の観点を持つことも重要となる。

第四節　「人事評価の改善に向けた有識者検討会」の設置（令和二年度）

平成二一年度の導入以降、運用状況の検証や改善を図りながら実施されてきた国家公務員の人事評価制度であるが、評価が適切に行われているのか、公務員に対して甘い評価が行われているのではないか、評価結果を踏まえて採用職種や採用年次にとらわれない人事運用が行われているのか、等の指摘を常に受けてきた。[6] 職員の能力や業績が正しく評価されているかは客観的な基準で判断することが難しく、また人事評価の結果は機械的に人事運用に適用されるものではないことから、人事評価制度の運用の検証を行うことは容易ではない。そのため、平成二五年度の人事評価に関する検討会以来、評語分布や運用状況についての調査は行われておらず、検証のための直近のデータが得られていなかった。

人事評価制度の導入当初は、職員の能力や実績を適正に評価するとのシンプルな理念であったが、第三節に述べたように、職員の職務遂行に係る重要事項も評価対象となるなど、次第に人事評価に求められる役割の拡大がみられてきた。また、特に近年は、国家公務員を取り巻く状況が大きく変化し、若手の離職者が増加する一方で、国家公務員の志望者が減少傾向にあることも踏まえ、国家公務員の働き方改革が喫緊の課題となってきた。人事管理上も、従来からの人材育成に加え、職員のモチベーション、エンゲージメントの向上が重視されるようになった。こうした課題に対応するためには、管理職によるマネジメントが十分に機能することが不可欠であり、こうした要素をどのように評価するかも課題となってきた。

このような中、令和二年の通常国会に国家公務員の定年延長のための法案を提出する際にも、人事評価のあり方が再び論点となった。定年延長は、従来の定年である六〇歳を超えた職員について、役職定年の導入や給与水準の引下げをした上で引き続き勤務することとするものである。しかし、業務経験の長い六〇歳を超えた職員を、一律に低い給与水準で処遇することとなれば、能力の高い高齢職員のモチベーションを下げてしまう。若手職員にとっても、職員の年齢構成がさらに広がる中で、採用年次や年齢にとらわれた人事運用が続いてしまえば、やはりモチベーションの低下につながりかねない。このため、定年延長に当たり、人事評価がより一層、適正かつ透明性をもって行われ、そこで示された能力と実績に応じた処遇が実現するように制度を改善すべきとされた。

こうしたことから、同法案の附則には、「職員の能力及び実績を職員の処遇に的確に反映するための人事評価の改善が重要であることに鑑み、法律の公布後速やかに、人事評価の結果を表示する記号の段階その他の人事評価に関し必要な事項について検討を行」うことが規定されることとなった。

同法案は令和二年通常国会において廃案となった（令和三年通常国会で成立）が、人事評価の改善の方針は維持され、令和二年七月一七日に閣議決定された「経済財政運営と改革の基本方針二〇二〇」（いわゆる「骨太の方針」）では、「国家公務員制度改革基本法にのっとり、能力・実績主義の人事管理を徹底し、適材適所の人材配置を図るため、（略）人事評価の運用改善（略）等に引き続き着実に取り組む。人事評価の結果を表示する評語の段階その他の人事評価に関し必要な事項について速やかに有識者による検討体制を設け検討を行い、二〇二一年夏までをめどに必要な措置を順次実施する」とされた。

ここに、新たに有識者による検討体制のもとで人事評価の改善を図る方針が定められ、「人事評価の改善に向けた有識者検討会」が設置されることとなった。有識者検討会は、平成二五年度の「人事評価に関する検討会」でも座長を務めた学習院大学経済学部経済学科の守島基博教授が座長となり、行政と民間企業双方の人事管理に関する学識者と、労使から日本経済団体連合会と日本労働組合総連合会からの参加を得て、七名の構成員でつくられた（図1-4参照）。

〔図 1-4〕「人事評価の改善に向けた有識者検討会」構成員一覧

	石田　昭浩	日本労働組合総連合会副事務局長
	稲継　裕昭	早稲田大学政治経済学術院教授
	大久保幸夫	(株)リクルートフェロー兼リクルートワークス研究所アドバイザー
	武石恵美子	法政大学キャリアデザイン学部教授
	辻　琢也	一橋大学大学院法学研究科教授
	椋田　哲史	（一社）日本経済団体連合会専務理事
座長	守島　基博	学習院大学経済学部経営学科教授

（五十音順、敬称略）

出典：内閣人事局

第五節　有識者検討会における検討

有識者検討会は、令和二年七月二九日に初会合が開催され、国家公務員をめぐる状況や人事評価の現状について説明が行われたほか、運用実態の調査方針について協議された。事務局である内閣官房内閣人事局において、前回の検討会と同様に、評語分布の調査、人事担当課向けアンケート、職員向けの人事評価に関する意識調査を行ったほか、民間企業における人事評価の最近の動向については特に念入りな調査を行った。一方で、省庁や地方自治体

〔図 1-5〕「人事評価の改善に向けた有識者検討会」開催状況

第１回（令和２年７月 29 日）
・開催要領及び運営要領（案）について
・国家公務員を巡る現状について
・国家公務員の人事評価について

第２回（令和２年９月 25 日）
・議論テーマ（案）
・評語分布調査、人事担当課向けアンケート結果について
・人事評価の目的及び役割
・今後の進め方（案）

第３回（令和２年 10 月 26 日）
・前回までの議論を踏まえた今後の検討の視点（案）について
・人事評価に関する意識調査結果について
・民間企業における人事評価の取組について
・人事評価における情報システムの活用について

第４回（令和２年 11 月 20 日）
・民間有識者ヒアリング
・前回までの議論を踏まえた今後の検討の視点（案）について
・人事評価に関する意識調査結果について
・民間企業・諸外国における人事評価の取組について
・能力開発・キャリア形成等に資する人事評価の改善方策について

第５回（令和２年 12 月 23 日）
・地方自治体・民間企業における人事評価の取組について
・能力・実績主義の更なる徹底や職場環境や働き方をはじめとする時代の変化に対応した人事評価の改善方策について

第６回（令和３年１月 27 日）
・各府省における人事評価の取組について
・民間企業における人事評価の取組について
・人事評価の改善に向けた検討事項について
・民間企業ヒアリング

第７回（令和３年３月１日）
・人事評価の改善の方向性について

第８回（令和３年３月 24 日）
・人事評価の改善に向けた有識者検討会報告書（案）について

出典：内閣人事局

の中には、人事評価に加え、人事管理や人材育成に独自の取組を行っているところがあり、構成員の見識を得ながら、こうした取組についても調査し、報告した。

検討会の中では、能力・実績に基づく人事管理のための適切な人事評価のあり方として、適切な評語区分の仕組み、組織目標と結びついた目標設定や日々変化する行政課題に対応した目標管理のあり方などにとどまらず、職員の人材育成やキャリア形成に資する人事評価のあり方、働き方改革やテレワークの普及など職場環境や時代の変化に伴う人事評価の見直しの方向性など、多岐にわたる論点について幅広い議論が行われた。その後、人事評価の改善に向けた具体的な方策についての議論が行われ、令和三年三月二四日に報告書が取りまとめられた（図1-5）参照）。

次章以降では、改善前の国家公務員の人事評価制度やその課題について概説するとともに、有識者検討会の開催を通じて明らかとなった、民間企業や地方自治体における人事評価の動向を紹介し、諸外国における人事評価の動向を踏まえつつ、人事評価の官民における相違について論じた上で、このたびの改善方策を示し、今後の課題やあるべき方向性について論ずることとしたい。

（1）　導入当時一職員としてもっぱら被評価者であった筆者（のうちの一人）の個人的な印象となるが、当初は評価者・被評価者ともに自己申告の書き方、評語のつけ方、面談のやり方などについて非常に慎重に対応していた。しかしながら、評価の回数を重ねるにつれてある程度慣れてきたことや、評価シートへの記入事項が多岐にわたっていることにより、どうしてもパターン化した作業になりがちになったり、面談の実施も丁寧に行われなくなってきたりした。

（2）　第一節（5）に述べたように、昇給や勤勉手当は人事院が定める分布率に基づき改めて相対区分により決定される仕組みとなっているためである。

（3）　総務省人事・恩給局『成績不良者の能力・意欲向上マニュアル』（平成二六年四月（のちに内閣官房内閣人事局により改定（令

和二年七月））

（4）『勤務成績が不良な職員に対する対応について』（令和二年七月二〇日付内閣官房内閣人事局人事政策統括官通知）

（5）平成二八年度に、内閣官房内閣人事局に有識者による「管理職のマネジメント能力に関する懇談会」が置かれ、管理職に求められるマネジメント行動を整理した上で、多面観察の導入について提言がなされている。これに基づき、『各府省等における多面観察の実施について（依頼）』（令和元年七月二九日付内閣官房内閣人事局人事政策統括官通知）により、本府省等において多面観察が実施されることとなった。

（6）国会でも、国家公務員の人事評価は甘いのではないか、相対評価を導入すべきではないかとの指摘のほか、組織目標を基にした高い目標設定を担保する方法について問うもの（令和二年五月八日衆議院内閣委員会）などがあった。

第二章　改善前の国家公務員の人事評価制度の現状と課題

本章ではまず、改善前の国家公務員の人事評価制度の内容と、その背景について概説する。その上で、「人事評価の改善に向けた有識者検討会」で行われた評語分布の調査、人事担当課向けアンケート、職員向けの人事評価に関する意識調査の結果を示す。そして、目指している人事評価のあり方と運用実態や職員の意識との間に乖離が見られ、このことが人事評価の効果の発揮を妨げている実態や課題を明らかにする。[1]

第一節　改善前の国家公務員の人事評価制度

国家公務員の人事評価は、任用、給与、分限等あらゆる人事管理の基礎となるものと位置付けられている。平成二一年の導入前に行われていた勤務評定と異なり、評価基準を明確化し、民間企業において行われていた目標管理の仕組みを導入し、「能力評価」「業績評価」の二本立てで評価することとしたほか、期首・期末には評価者・被評価者間で面談を行うなどコミュニケーションの機会を持ち、評価結果の開示や指導・助言を行う仕組みであることが大きな特徴である。

一　対象者

人事評価は、特別職（国会議員、裁判所や自衛隊の職員等）を除く一般職すべての国家公務員について原則として行われる。[2] また、省庁や職種により運用が異なることとならないよう、基本的に同一の枠組みに基づいて行われる。一般職の国家公務員の数は、令和三年四月一日時点の給与の俸給表適用人員で見ると、約二五三、〇〇〇人にも上っている。[3] またその職種も多様であり、公務員の一般的なイメージに近い行政事務を行っている職員は一三九、七八二人（五五・三％）であるが、このほかにも、税務職（税務署職員等）、専門行政職（航空管制官、特許庁の審査官等）、海事職（海上保安官等）、医療職（医師、看護師等）など様々な職種の職員がいる。こうした膨大な数の職員や多様な職種について人事評価を行わなければならないため、制度趣旨を徹底することや、職種に応じた公平な評価基準を作ることが難しい。このことが、国家公務員の人事評価の的確な実施における課題にもつながっている。

二　評価者と調整者

人事評価を受ける各職員（被評価者）には、その職員の監督者の中から評価者が指定される。さらに評価者となる職員には、その評価者の監督者の中から調整者が指定される。評価者や調整者が対応する人数が多い場合などの事情に応じ、評価者や調整者の補助者を指定することもできる。府省やそれぞれの組織によってこれらの指定のやり方はさまざまであるが、例えば、係長級については課長級が評価者、部長級（審議官など）が調整者となり、室長級が評価補助者となるといった運用が行われる。

人事評価の実施は、被評価者の申告を参照して評価者がまず行い、評語も付す。調整者は評価者による評価について不均衡があるかどうかの観点から審査を行い、調整者としての評語を付す役割を担う。調整者は、評価者に再評価を行わせることもできる。

評価者と調整者との二段構成での評価を行い、さらに必要に応じて補助者を関与させることにより、評価者による評価の偏りを防止したり、多くの部下を抱える職員の評価作業の負担を軽減したりすることを目指している。

三　能力評価

能力評価は、「職員がその職務を遂行するにあたり発揮した能力の評価」であり、年一回行われる。職員が日々業務を行う中で観察されたその職員の能力を判断し、職員の業務への適性やより高い職位や給与を与えるにふさわしいかの判断にもつながる評価である。

能力評価の基準は、「標準職務遂行能力」に基づき行われる。標準職務遂行能力とは、それぞれの職員の職種と「標準的な官職」に応じて、その職務遂行に必要とされる能力を明示するものである。「標準的な官職」とは、大まかにいうと、国家公務員の様々なポストの職位について一定の分類をしたものである。官庁には局長、課長、課長補佐、係長、係員といった組織の階層（上下関係）の中での職位を示す職名もあるが、こうし職名以外にも「審議官」「企画専門官」「主査」といった様々な名称のものがあり、これらの職員の属する職位は職名からだけではわかりにくい。また、同一の職名であっても、本府省と地方機関とでは職位に違いがあり、例えば、地方機関の「部長」は本府省でいえば「課長」級に相当するといったことがある。評価を行う際には、これらの職名がその職種に属する職員全体の階層の中でどの職位に相当するかを明らかにする必要がある。このため、能力評価は、すべてのポストを局長、課長、課長補佐、係長、係員といった一定の「標準的な官職」の職位のどれに相当するかを当てはめた上で、それぞれの標準的な官職ごとに求められる能力を明示し、これを基準にして評価する仕組みとなっている。

府省によって様々なケースがあるものの、例えば、本府省の企画専門官、課長補佐のほか、地方機関の職員は「課長」であっても「課長補佐」という「標準的な官職」に該当するといった位置付けがなされる。その上で、「課長補佐」の「標準職務遂行能力」として、「倫理」「企画・立案、事務事業の実施」「判断」「説明・調整」「業務遂行」「部下の育成・活用」が定められている。このポストの職員はこれらの能力があるかどうかを評価されることになる。それぞれの能力にはさらに詳しい説明、例えば「企画・立案、事務事業の実施」であれば、「組織や上司の方針に基づいて、施策の企画・立案や事務事業の実施の実務の中核を担うことができる」といった具体的な内容や、さらに細分化した要素として「知識・情報収集」「事務事業の実施」「成果認識」が定められ、これらを基準として評価が行われる。

局長などのより高い職位には、より高度な構想・判断の能力や部下の指導能力等が定められるなど、標準職務遂行能力は職位に応じて定められている。また、多様な職種の様々な業務内容にも適正な評価が行われるよう、税務職、専門行政

人事評価（能力評価）

各府省庁は、内閣総理大臣との協議を経て、人事評価施規程を定め、標準職務遂行能力を踏まえた能力評価の評価項目を設定。
※「人事評価マニュアル」（内閣人事局、人事院作成）において示している。

例

評価項目及び行動／着眼点	
<倫理> 1　国民全体の奉仕者として、担当業務の第一線において責任を持って課題に取り組むとともに、服務規律を遵守し、公正に職務を遂行する。	
① 責任感	国民全体の奉仕者として、担当業務の第一線において責任を持って課題に取り組む。
② 公正性	服務規律を遵守し、公正に職務を遂行する。
<企画・立案、事務事業の実施> 2　組織や上司の方針に基づいて、施策の企画・立案や事務事業の実施の実務の中核を担う。	
① 知識・情報収集	業務に関連する知識の習得・情報収集を幅広く行う。
② 事務事業の実施	事案における課題を的確に把握し、実務担当者の中核となって、施策の企画・立案や事務事業の実施を行う。
③ 成果認識	成果のイメージを明確に持ち、複数の選択肢を吟味して最適な企画や方策を立案する。
<判断> 3　自ら処理すべき事案について、適切な判断を行う。	
① 役割認識	自ら処理すべきこと、上司の判断にゆだねることの仕分けなど、自分の果たすべき役割を的確に押さえながら業務に取り組む。
② 適切な判断	担当する事案について適切な判断を行う。
<説明・調整> 4　担当する事案について論理的な説明を行うとともに、関係者と粘り強く調整を行う。	
① 信頼関係の構築	他部局や他省庁のカウンターパートと信頼関係を構築する。
② 説明	論点やポイントを明確にすることにより、論理的で簡素な説明をする。
③ 交渉	相手の意見を理解・尊重する一方、主張すべき点はぶれずに主張し、粘り強く対応する。
<業務遂行> 5　段取りや手順を整え、効率的に業務を進める。	
① 段取り	業務の展開を見通し、前もって段取りや手順を整えて仕事を進める。
② 柔軟性	緊急時、見通しが変化した時などの状況に応じて、打つ手を柔軟に変える。
③ 業務改善	作業の取捨選択や担当業務のやり方の見直しなど業務の改善に取り組む。
<部下の育成・活用> 6　部下の指導、育成及び活用を行う。	
① 作業の割り振り	部下の一人ずつの仕事の状況や負荷を的確に把握し、適切に作業を割り振る。
② 部下の育成	部下の育成のため、的確な指示やアドバイスを与え、問題があるときは適切に指導する。

〔図2-1〕標準職務遂行能力と人事評価の関係

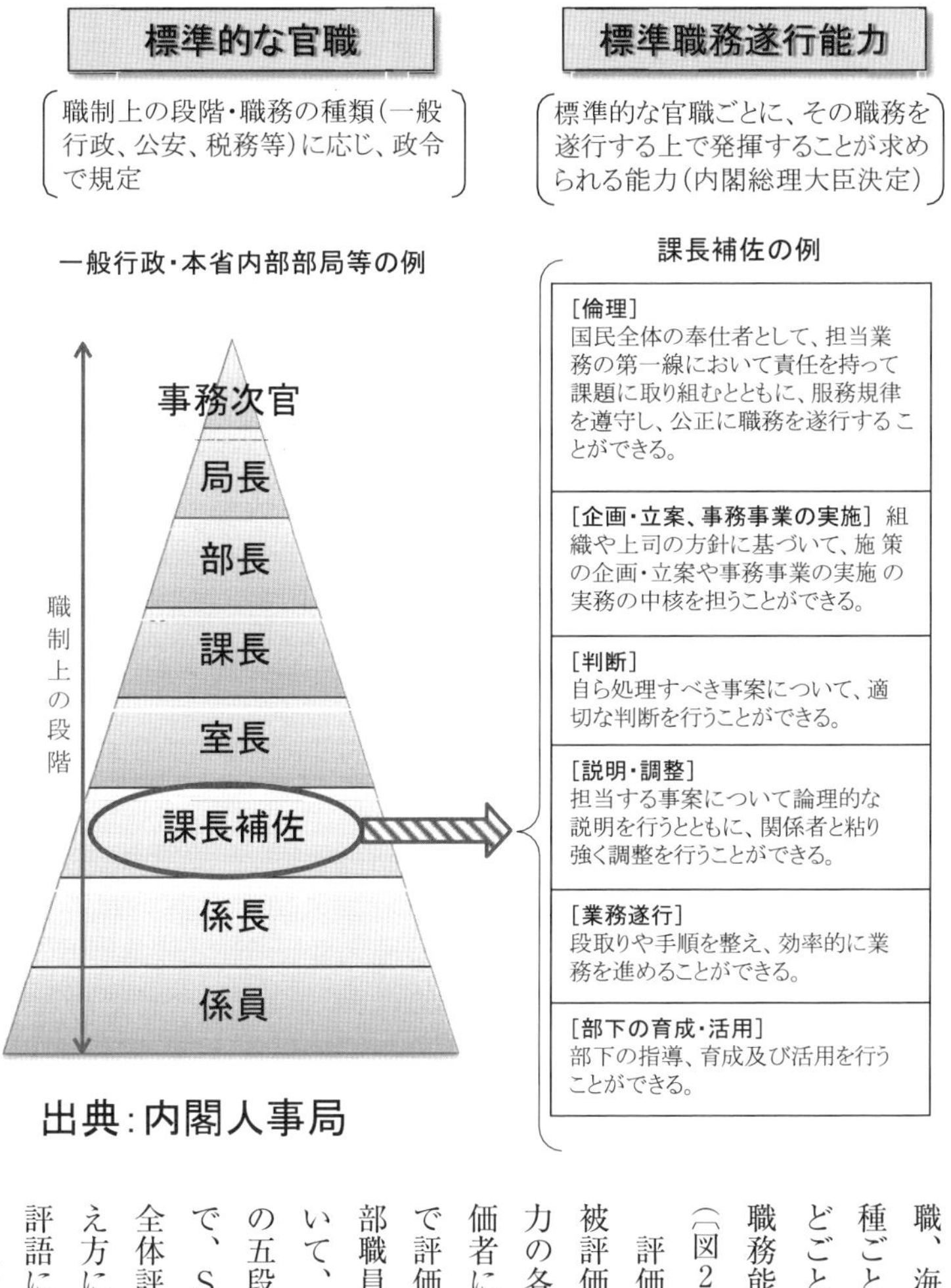
標準的な官職
職制上の段階・職務の種類（一般行政、公安、税務等）に応じ、政令で規定
標準職務遂行能力
標準的な官職ごとに、その職務を遂行する上で発揮することが求められる能力（内閣総理大臣決定）
一般行政・本省内部部局等の例
職制上の段階
事務次官
局長
部長
課長
室長
課長補佐
係長
係員
課長補佐の例
［倫理］
国民全体の奉仕者として、担当業務の第一線において責任を持って課題に取り組むとともに、服務規律を遵守し、公正に職務を遂行することができる。
［企画・立案、事務事業の実施］組織や上司の方針に基づいて、施策の企画・立案や事務事業の実施の実務の中核を担うことができる。
［判断］
自ら処理すべき事案について、適切な判断を行うことができる。
［説明・調整］
担当する事案について論理的な説明を行うとともに、関係者と粘り強く調整を行うことができる。
［業務遂行］
段取りや手順を整え、効率的に業務を進めることができる。
［部下の育成・活用］
部下の指導、育成及び活用を行うことができる。
出典：内閣人事局

職、海事職、医療職等の職種ごと、それぞれの職位などごとに、ふさわしい標準職務能力が定められている（〔図2-1〕参照）。

評価の手続については、被評価者の標準職務遂行能力の各項目について、被評価者に自己申告をさせた上で評価者が評価を行う。幹部職員を除き、各項目について、s、a、b、c、dの五段階の評語を付した上で、S、A、B、C、Dの全体評語を付す。評語の考え方については後述する。評語に加え、評価者の所見を記載する（人事評価の記録様式の例については〔図

2-2〕参照）。

能力評価は、国家公務員の多様な職務内容に応じた評価ができるよう、職種や職位に応じた基準を定めている。しかしながら、それでもなお、個々の職員の職務に応じたより細かい能力の設定までは行われていない。これは、個々のポストのレベルまで能力を設定することはかえって非効率であるのでやむを得ないことでもあるが、その結果、能力の基準はどうしても倫理、説明、判断といったある程度抽象的なものにならざるを得ない。このことは評価に携わる者にとっては評価のやりにくさにつながり、更には評価の形骸化につながる可能性も否定できない。明確な基準を示しつつ、個々の職員に応じた能力の評価をいかに行うかということが課題と考えられる。

四　業績評価

業績評価は、「職員がその職務を遂行する

〔図 2-2〕人事評価の記録様式（課長級の例）

人事評価記録書様式(管理職員)

評価期間	令和　年　月　日～令和　年　月　日					
期末面談	令和　年　月　日					

被評価者	所属:	職名:	氏名:

評価者	所属・職名:	氏名:	評価記入日: 令和　年　月　日
調整者	所属・職名:	氏名:	調整記入日: 令和　年　月　日
実施権者	所属・職名:	氏名:	確 認 日: 令和　年　月　日

(I　能力評価:一般行政・本省内部部局・課長)

評価項目及び行動／着眼点		自己申告 (コメント:必要に応じ)	評価者 (所見)	(評語)	調整者 (任意)
<倫理> 1 国民全体の奉仕者として、高い倫理感を有し、課の課題に責任を持って取り組むとともに、服務規律を遵守し、公正に職務を遂行する。					
① 責任感	国民全体の奉仕者として、高い倫理感を有し、課の課題に責任を持って取り組む。				
② 公正性	服務規律を遵守し、公正に職務を遂行する。				
<構想> 2 所管行政を取り巻く状況を的確に把握し、国民の視点に立って、行政課題に対応するための方針を示す。					
① 状況の構造的把握	課内の情報の中枢として複雑な因果関係、錯綜した利害関係など業務とそれを取り巻く状況の全体像を的確に把握する。				
② 基本方針・成果の明示	国家や国民の利益を第一に、国内外の変化を読み取り、新たな取組への挑戦も含め、課としての基本的な方針や達成すべき成果を具体的に示し、部下に理解させる。				
<判断> 3 課の責任者として、適切な判断を行う。					
① 最適な選択	採り得る戦略・選択肢の中から、進むべき方向性や現在の状況を踏まえ最適な選択を行う。				
② 適時の判断	事案の優先順位や全体に与える影響を考慮し、適切なタイミングで判断を行う。				
③ リスク対応	状況の変化や問題が生じた場合の早期対応を適切に行う。				
<説明・調整> 4 所管行政について適切な説明を行うとともに、組織方針の実現に向け、関係者と調整を行い、合意を形成する。					
① 信頼関係の構築	円滑な合意形成に資するよう、日頃から対外的な信頼関係を構築する。				
② 折衝・調整	組織方針を実現できるよう関係者と折衝・調整を行う。				
③ 適切な説明	所管行政について適切な説明を行う。				
<業務運営> 5 コスト意識を持って効率的に業務を進める。					
① 先見性	先々で起こり得る事態や自分が打つ手の及ぼす影響を予測して対策を想定するなど、先を読みながらものごとを進める。				
② 効率的な業務運営	限られた業務時間と人員を前提に、業務の目的と求められる成果水準を部下と共有しつつ、効率的に業務を進める。				
③ 業務の見直し	業務の優先順位を意識し、廃止も含めた業務の見直しや、業務の改善を進める。				
<組織統率・人材育成> 6 適切に業務を配分した上、進捗管理及び的確な指示を行い、成果を挙げるとともに、部下の指導・育成を行う。					
① 業務の割当て	課題の重要性や部下の役割・能力・状況を踏まえて、柔軟な働き方を推奨しながら、組織の中で適切に業務を割り当てる。				
② 意思疎通と進捗管理	部下との双方向の適切なコミュニケーションにより情報の共有や部下の仕事の進捗状況の把握を行い、的確な指示を行うことにより業務を完遂に導き、成果を挙げる。				
③ 部下の成長支援	適切な指導を行い、多様な経験の機会を提供して能力開発を促すなど、部下の成長を支援し、その力を引き出す。				

[特記事項]
①特に、1(倫理)・6(組織統率・人材育成)の評価に当たっては、求められる行動に、法令等の遵守はもとより、行政文書の適正な管理及びハラスメントの防止が含まれることに留意する。
②特に、2(構想)・5(業務運営)・6(組織統率・人材育成)の評価に当たっては、行政のスリム化・自主的な事業の改善、女性職員の活躍及び仕事と生活の調和の推進に資する働き方の改革など、時代に即した合理的かつ効率的な行政を実現するとの観点に留意する。

【全体評語等】

評価者		調整者	
(所見)	(全体評語)	(所見)	(全体評語)

に当たり挙げた業績の評価」であり、年二回行われる。これはいわゆる目標管理による評価である。

職員は、期首において業務上果たすべき役割を「目標」として設定し、上司である評価者と面談の上、場合によっては必要な修正を行い、決定する。目標は、期末において達成度を適切に計測できるよう、「いつまでに」「何を」「どの水準まで」を明示するものとされている。一人の職員が様々な業務を担当する場合もあり、また、担当業務そのもののほか、行政文書の適切な管理や、効率的な業務遂行、働き方改革など「横串」の取組も評価対象とするため、複数の目標が設定できるようになっている。複数の目標間では軽重や難易度が異なる場合があることから、目標に「重要」「困難」の表記をマークすることができるようになっている。期間中に業務内容等に大きな変更があった場合には、被評価者と評価者とが改めて面談を行い、目標を変更することもできる。

期末には、職員は目標の達成状況について自己申告を行う。期首に設定した目標は、期間中に目標そのものが変わったり、何らかの要因により達成が難しくなったりするなどの事情変更が生じ得るので、こうした状況変化等についても自己申告することができる。また、期首には想定していなかった新たな業務を担ったり、

評価期間	令和　年　月　日 ～ 令和　年　月　日

被評価者	所属：	職名：	氏名：

期首面談	令和　年　月　日
期末面談	令和　年　月　日

評価者	所属・職名：	氏名：	評価記入日：令和　年　月　日
調整者	所属・職名：	氏名：	調整記入日：令和　年　月　日
実施権者	所属・職名：	氏名：	確　認　日：令和　年　月　日

（Ⅱ　業績評価：一般行政・本省内部部局・課長）

【1　目標】

番号	業務内容	目標 （いつまでに、何を、どの水準まで）	困難	重要	自己申告 （達成状況、状況変化その他の特筆すべき事情）	評価者 （所見）	（評語）	調整者 （任意）
1								
2								
3								
4								

※　行政文書の適正な管理に資する目標設定に留意。
※　行政のスリム化・自主的な事業の改善、女性職員の活躍及び仕事と生活の調和の推進に資する働き方の改革など、時代に即した合理的かつ効率的な行政の実現に資する目標設定に留意。

突発事態への対処に当たったりした場合には、「目標以外の業務への取組状況」欄に自己申告を行うことができる。評価者はこれらの事情も勘案しながら、それぞれの目標について、能力評価と同様に、原則としてs、a、b、c、dの五段階の評語と所見を記載した上で、S、A、B、C、Dの全体評語と全体の所見を記載する。この際、「重要」とされた目標については全体評価に当たってのウエイトが高く置かれ、「困難」とされた目標は、達成していればより高く評価され、達成していなくても単純に低い評価とはならない。

業績評価は、目標を設定した上でその達成度を計測することにより、職員の業績を把握しようとするものであり、従来の勤務評定にはなかった客観的な評価の仕組みである。一方で、業績評価は年に二回、半年単位で行われるが、行政実務の現場では、半年の間には様々な事象が発生し、状況が大きく変わってしまう。半年後を見通せないために、「○○について適切に対応する」といった抽象的な目標しか設定できないこともある。また、被評価者・評価者ともに、半年も経つと設定した目標を忘れていることもしばしば起こり得る。かといってより頻繁に目標設定と評価を繰り返すことも負担となってしまう。日々変化する状況と目標管理をどのように両立させるかが、業績評価に当たっての一つの課題である。

被評価者	所属:	職名:	氏名:

【2 目標以外の業務への取組状況等】

番号	業務内容	自己申告 (目標以外の取組事項、突発事態への対応等)	評価者
1			(所見)

【3 全体評語等】

評価者		調整者	
(所見)	(全体評語)	(所見)	(全体評語)

　これに関連して、目標設定のレベルをどの水準に設定するかも、業績評価における重要な課題である。より高い目標を設定すればよい評価は付きにくくなるので、被評価者としてはできるだけ低めの、達成可能な目標を設定する動機が働くし、上司から過大な業務の量や水準を求められればそうした目標を受け入れようとしない。しかし、各職員が低い目標を設定することになれば、組織全体としてその役割を十分に果たせなくなりかねない。このため、評価者は組織全体の目標を見据えながら各職員の役割を定め、これに応じた目標を設定するよう被評価者に促すことが求められる。適切な目標の水準は、上司・部下それぞれの考えを基に、面談などのコミュニケーションの機会を通じて探っていくことが必要であり、ここに目標設定の困難さがある。

　職員の業績を評価する段階では、他律要因の考慮とルーティン業務の評価に困難さがみられる。他律要因とは、業績目標に関しての、職員がコントロールできないところでその達成を妨げたり、逆に後押しになったりする要素である。例えば、担当分野における法律案の提出を目標に設定したとしても、その職員の働きではなく、政治的・社会的要因によってそれが果たせ

目標設定の例

評価期間	令和　年　月　日 ～ 令和　年　月　日

被評価者	所属:	職名:	氏名:

期首面談	令和　年　月　日
期末面談	令和　年　月　日

評価者	所属・職名:	氏名:	評価記入日: 令和　年　月　日
調整者	所属・職名:	氏名:	調整記入日: 令和　年　月　日
実施権者	所属・職名:	氏名:	確　認　日: 令和　年　月　日

（Ⅱ　業績評価：一般行政・本省内部部局・課長）

【1　目標】

番号	業務内容	目標（いつまでに、何を、どの水準まで）	困難	重要	自己申告（達成状況、状況変化その他の特筆すべき事情）	評価者（所見）	評価者（評語）	調整者（任意）
1	○○計画の立案	○○の更なる推進に向け、現行の○○計画の見直しを目指し、新たな目標の在り方や、見直しが必要な事項について、○月までに○○推進チームにおいて検討を行い、○月までに各府省等との調整を完了する。	◎					
2	△△の推進	△△計画の実施に関し、計画に定めた事項の実施状況を○月までに取りまとめるとともに、有識者会議を開催して、○月までに意見を取りまとめる。その上で、新年度からの更なる推進に向けて、各府省等への横展開を進める。						
3	○○制度に係る法改正	○○法改正について、法制的な論点を整理し、条文の取りまとめに当たるとともに、○月の法案提出に向け、各方面に説明を行う。	◎	◎				
4	ワークライフバランスの実現・行政文書の適切な管理	業務の効率化・迅速化を図りつつ、勤務管理システムも活用して部下職員の状況の把握・業務の調整を行い、超過勤務の上限規制を最低ラインに、出来る限りの縮減を図る。下半期内での少なくとも○日以上の年休、男の産休・育休の確実な取得を目指し、自らが率先してWLBを確保した働き方を行う。 行政文書の適正な管理について、自ら率先する意識を持ちつつ、部下職員にも徹底する。文書管理・ペーパーレスを行いつつ、テレワークの積極的な活用をさらに進める。						

※　行政文書の適正な管理に資する目標設定に留意。
※　行政のスリム化・自主的な事業の改善、女性職員の活躍及び仕事と生活の調和の推進に資する働き方の改革など、時代に即した合理的かつ効率的な行政の実現に資する目標設定に留意。

出典：内閣人事局

ない場合などがあり、こうしたときにどのように評価するかという問題である。他律要因は評価の対象としないこととするのが妥当であるが、具体的な成果が挙がっていないことをどのように評価するかが評価者にとって悩ましい問題となる。一方のルーティン業務については、処理件数、ミスの有無といった観点で比較的評価がしやすい面もあるが、何をしたら高い評価を付与するのかの基準を設定することが難しい。決められた業務を着実に遂行することが求められる業務であるため、高い評価が付きにくく、単純に処理件数の多寡で判断することにも限界がある。ルーティン業務を担当する職員についても、業績によってメリハリのある評価がなされるような工夫をしなければ、モチベーションの低下にもつながりかねず、配慮が必要である。

五　評語の考え方

前述の通り、評語については、能力評価・業績評価ともに原則として五段階で付与することとしている。ただし、幹部職員については、三段階（次官級職員については二段階）の評語とされている。

能力評価・業績評価それぞれについての評語付与の基準は〔図2-3〕の通りである。

評語については、まず個々の項目に係る個別評語を付した上で、これらを勘案して全体評語を付与することになっている。幹部職員以外の、五段階とされている職員の評語は、能力評価・業績評価いずれも、S、A、B、C、D（個別評語についてはs、a、b、c、d。以下略）の真ん中に当たるBを「中位」の評語とし、S、Aを「上位」、C、Dを「下位」の評語と位置付けている。

能力評価では、その具体的な基準として、Bは「通常」として、「求められる行動がおおむね取られており、当該職位として求められる能力がおおむね発揮されている状況」とされている。これは、職員に相当する標準職務遂行能力からその職員の仕事ぶりを見たとき、すべてではないが多くの項目で高い能力があると判断されたときにこの中位評価が付される。上位になると、Aであれば「通常より優秀」として、「求められる行動」（＝高い標準職務遂行能力の発揮）が「十分に取られて」いる、Sであれば「特に優秀」として、「求められる行動」が「全て確実にとられて」いることが必要となる。下位については、Cは「通常より物足りない」として、「求められる行動がとられないことがやや多く、当該職位として十分な能力発揮状況とは言えない」とされる。ただし、「当該職位の職務を遂行するために求められる能力を発揮していないとまではいえない」として、直ちにより下位の職位に降任等をさせるような状況ではないことを注記している。Dは、「はるかに及ばない」として、」「求められる行動がほとんどとられておらず、当該職位に必要な能力発揮状況ではない」とされ、当該職位の職務を遂行するために求められる能力の発揮の程度に達していないとの注記もあり、その職位にとどまることの妥当性も問われる評語となっている。

　能力評価における評語付与の難しさは、「中位」「通常」という基準が明確でないことである。例えば「係長なら普通はこれくらいできるだろう」といった感覚は上司によっ

〔図 2-3〕評語等の解説

出典：内閣人事局

①能力評価

幹部職員（次官級）・全体評語

上位	甲	当該職位として求められる能力が発揮されている状況である（通常以上）
下位	乙	当該職位の求められる能力が一部しか、又は、ほとんど発揮されていない状況である

幹部職員（次官級以外）・全体評語

上位	A	通常より優秀	当該職位として優秀な能力発揮状況である
中位	B	通常	当該職位として求められる能力がおおむね発揮されている状況である（通常）
下位	C	通常より物足りない	当該職位に求められる能力が一部しか、又は、ほとんど発揮されていない状況である

課長級以下職員・全体評語

上位	S	特に優秀	求められる行動が全て確実にとられており、当該職位として特に優秀な能力発揮状況である
	A	通常より優秀	求められる行動が十分にとられており、当該職位として優秀な能力発揮状況である
中位	B	通常	求められる行動がおおむねとられており、当該職位として求められる能力がおおむね発揮されている状況である（通常）
下位	C	通常より物足りない	求められる行動がとられないことがやや多く、当該職位として十分な能力発揮状況とはいえない。（当該職位の職務を遂行するために求められる能力を発揮していないとまではいえない）
	D	はるかに及ばない	求められる行動がほとんどとられておらず、当該職位に必要な能力発揮状況でない。（当該職位の職務を遂行するために求められる能力の発揮の程度に達していない）

課長級以下職員・個別評語

上位	s	求められる行動が確実にとられており、付加価値を生む、他の職員の模範となるなどの職務遂行状況である
	a	求められる行動が確実にとられていた
中位	b	求められる行動がおおむねとられていた（通常）
下位	c	求められる行動が最低限はとられていた。（できた場合もあったが、できなかったことの方が多いなど、総じて判断すれば、とられていた行動が物足りなかった）
	d	求められる行動が全くとられていなかった

②業績評価

幹部職員（次官級）・全体評語

上位	甲	今期当該ポストに求められた役割を果たした（通常以上）
下位	乙	今期当該ポストに求められた役割を一部しか、又は、ほとんど果たしていなかった

幹部職員（次官級以外）・全体評語

上位	A	通常より優秀	今期当該ポストに求められた以上の役割を果たした
中位	B	通常	今期当該ポストに求められた役割をおおむね果たした（通常）
下位	C	通常より物足りない	今期当該ポストに求められた役割を一部しか、又は、ほとんど果たしていなかった

課長級以下職員・全体評語

上位	S	特に優秀	今期当該ポストに求められた水準をはるかに上回る役割を果たした
	A	通常より優秀	今期当該ポストに求められた以上の役割を果たした
中位	B	通常	今期当該ポストに求められた役割をおおむね果たした（通常）
下位	C	通常より物足りない	今期当該ポストに求められた水準を下回る役割しか果たしていなかった
	D	はるかに及ばない	今期当該ポストに求められた役割をほとんど果たしていなかった

課長級以下職員・個別評語（目標ごとの評価）

上位	s	問題なく目標を達成し、期待をはるかに上回る成果をあげた
	a	問題なく目標を達成し、期待された以上の成果をあげた
中位	b	以下（※）に掲げるようなマイナス要因がほとんどなく目標を達成し、期待された成果をあげた（通常）
下位	c	以下（※）に掲げるようなマイナス要因が見られるなど、目標の達成が不十分であり、期待された成果水準に及ばなかった
	d	本人の責任により、期限・水準とも目標を達成できず、通常の努力によって得られるはずの成果水準にはるかに及ばなかった
（※）・上司又は同僚によるカバーを要したため他の業務に影響が及んだ ・必要な手順を踏まず又は製紙実な対応を欠いたため、関係者との間でしこりを残した		

重要度・困難度　　※重要度は主として全体評語において、困難度は主として目標ごとの評価において考慮する

◎	（重要度）重要度が特に高いと思われる目標	（困難度）当該職位にある者全てには期待することが困難と思われる目標
△	（重要度）重要度が低いと思われる目標	（困難度）当該職位にある者であれば、達成することが容易と思われる目標

てそれぞれ異なるのが実態であり、その結果、評価に当たってどうしても主観が入り込みやすくなる。このため、同じような業務を行っている職員に対し、ある評価者は「仕事を的確にこなしており優秀でA」と評価し、別の評価者は「仕事は的確にこなしているが、特別に優れたところは見いだせないのでB」と評価するなど、評価に揺れが生じやすくなることが課題である。

業績評価においては、Bを「中位」「通常」、S、Aを「上位」「特に優秀・通常より優秀」、C、Dを「下位」「通常より物足りない・はるかに及ばない」としていることは能力評価と同様であるが、業績の評価であるため、それぞれの評語の具体的な内容については、その「ポスト」（職位ではない）に求められた「役割を果たした」かどうかで判断される。すなわち、Bについては「今期当該ポストに求められた役割をおおむね果たした」、S、Aについては「今期当該ポストに求められた水準をはるかに上回る役割・求められた以上の役割を果たした」、C、Dについては「今期当該ポストに求められた水準を下回る役割しか果たしていなかった・求められた役割をほとんど果たしていなかった」とされている。

「当該ポストに求められた役割」は、本来であれば明確に定義されていることが望ましいが、そこまで文書化されたものは通常はなく、職場内でポストごとにある程度感覚的に認識されていることが通常である。より困難なのは「求められた以上の役割」とはどのようなことかを明示することであり、例えば許認可担当の職員であれば、許認可の処理件数がより多かったことを意味するのか、困難な課題に対応したことなのか、上司の課長補佐の役割を肩代りしたことを意味するのか、容易に判断することができない。こうしたことから、能力評価と同様に、基準の不明確さによる評価の揺れが課題といえる。[(4)]

これらの評語の定義からも明らかな通り、評語の付与は、被評価者の職位やポストに求められる能力や役割を基準として、絶対評価により行われ、評語別の割合などを事前に定める相対評価はとられていない。これは、人事評価制度が職員に序列をつけることではなく、職員の能力を客観的に把握し、人事管理や人材育成に活用することを目的としているためであるが、上位の昇給や勤勉手当（ボーナスの一部）のように原資に限りがある処遇への反映については、人事評価の結果を単純に反映させることはできず、別途序列をつける作業が必要となってくる。また、昇任についても、上位のポストには限りがある上に、個々のポストの職務内容との適性も判断して人事を行う必要があることから、上位の評価がそのまま昇任につながることはない。これらについては**六**で扱う。

絶対評価による評語付与が機能するための重要な要素は、各職員の評価を集約したときに、各評語がバランスよく分布し、職員の能力や業績を適切に識別できるようになっていることである。特定の評語に多くが偏っていたり、逆に極端に少なかったりすれば、五段階の評語を設けた意味が失われる。後述するように、現行の運用では五段階のうちAとBに偏っており、かつ上位の評語であるAがBを上回っている状況にあり、評語が適切な識別性を発揮できるようにすることが課題である。

六　人事評価結果の任用・給与等への反映

人事評価の結果が任用や給与にどのように反映されているかを示すと〔図2-4〕の通りである。

毎年一月に行われる昇給については、俸給表上の八号俸以上の昇給となるAから昇給なしのEまで五つの区分が設定されており、各職員はそのいずれかの昇給区分に決定されることになる。上位の昇給区分（八号俸以上昇給のA、六号俸昇給のB）に決定できる職員の割合は人事院によって定められており、前年の能力評価一回、業績評価二回の評価結果の組合せが上位の職員の中から決定される。その他の職員はC（四号俸昇給）以下となる。

毎年六月と一二月に支給されるボーナス[5]のうち職員の業績により支給額が変動する勤勉手当についても同様に、「特に優秀」から「良好でない」までの四つに区分され、成績率が標準よりも多くなる「特に優秀」「優秀」の上位区分については決定できる職員の割合が定められており、こちらは直近の業績評価に基づき、上位の職員から決定される。

〔図 2-4〕人事評価と任用・給与等への反映

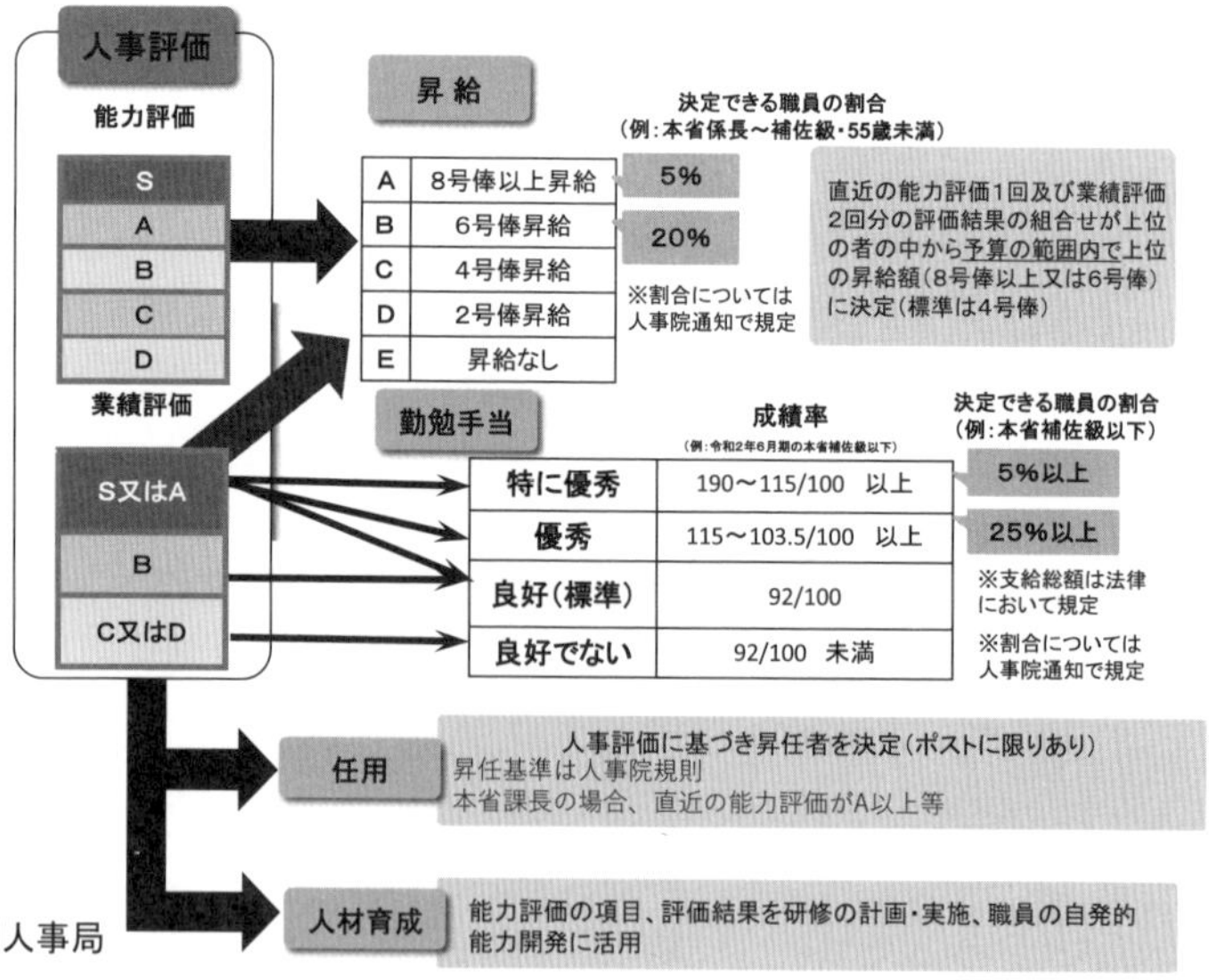

出典：内閣人事局

任用については、昇任（係長から課長補佐となるなど上位の職位に任ぜられること）は人事評価に基づいて行うこととされている。職位ごとに、例えば本省課長級に昇任する場合であれば直近の能力評価がA以上といった基準が定められており、これを満たさない職員の昇任は認められない。ただし、前述の通り、昇任先の上位のポストには限りがあり、また、任用に当たってはポストと職員の適性も判断する必要があることから、上位の評価であれば直ちに昇任する、あるいは評語が上位の順に昇任するようなことはなく、人事評価結果に基づく昇任要件を満たした者の中から人事上の判断により随時昇任やポストが決定されることになる。

このほか、人事評価の結果は、研修の実施や上司による指導を通じた職員の能力向上など人材育成にも活用されることが期待されている。

このように、人事評価は絶対評価であることや、人事運用上他にも考慮すべき事項があることにより、その結果が人事に直接反映されることはないが、任用・給与等への反映の要件や序列の根拠となるなど、人事運用の基礎として機能することが求められている。このことを**五**の評語との関係から改めて見ると、評語が特定のものに偏っていたり、特定の評語を付される職員が極端に少なかったりすれば、その機能を十分に果たすことができないこととなる。例えば、上位の評語であるSやAを付与される者が多ければ、上位の昇給区分や勤勉手当区分に決定される者は必然的にその中からさらに絞り込まれることになり、そこに入らなかった職員からは「S（やA）を取ったのになぜ上位の昇給区分にならないのか」といった不信感を持たれかねない。任用・給与等への反映は人事評価の直接の効果でないとはいえ、評語の設定や運用が処遇に適切につなげられているかは、やはり重要な課題である。

七　人事評価の流れ

人事評価の流れをまとめると〔図2-5〕の通りである。期首面談と目標等の設定を行った上で業務に当たり、期

〔図 2-5〕 人事評価の流れ

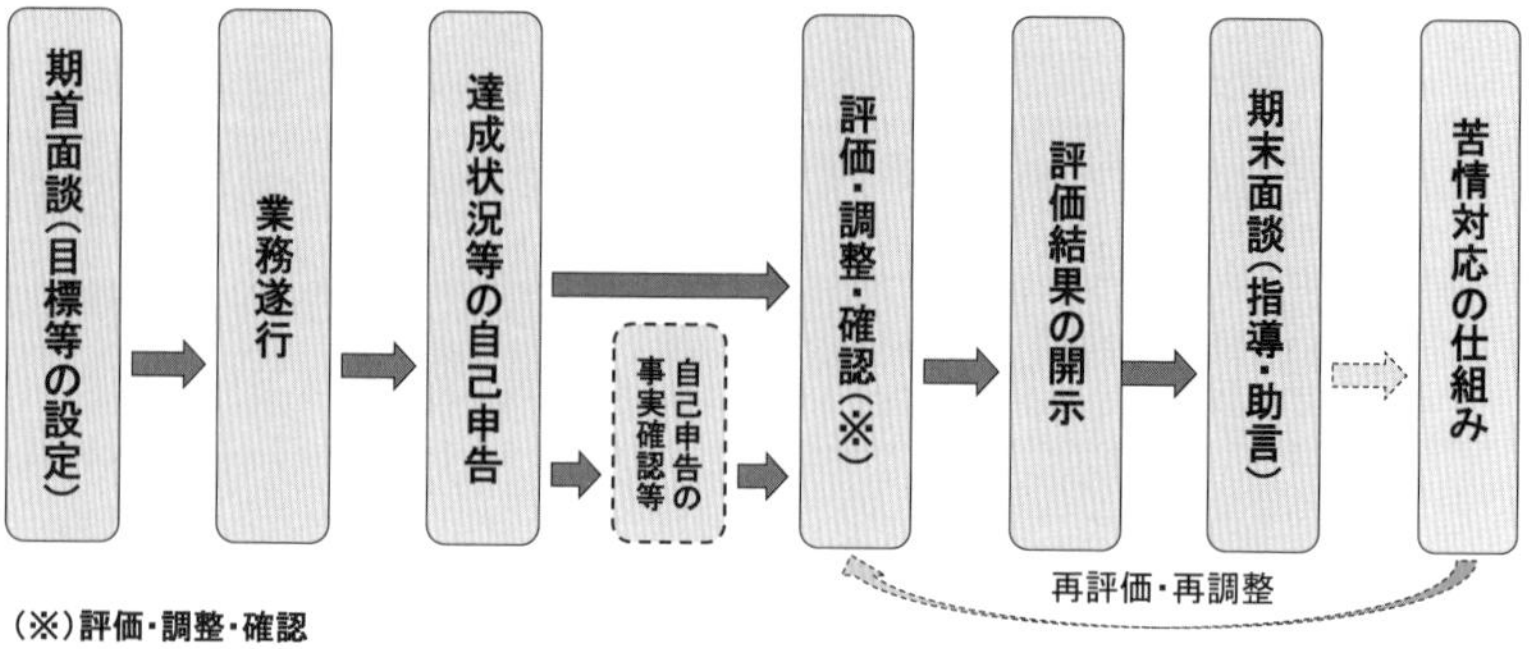

（※）評価・調整・確認

- 評価
  評価者が、被評価者の目標等の達成状況や実際にとられた具体的な職務上の行動を踏まえて実施
- 調整
  調整者が、評価者の評価に不均衡があるかどうかの観点から実施
- 確認
  実施権者が、公正性の確保の観点等から評価結果を確認し、評価を確定

（例）内閣人事局における評価者等の設定
参事官補佐（被評価者）→参事官（評価者）→内閣審議官（調整者）→人事政策統括官（実施権者）

出典：内閣人事局

末には自己申告と評価、調整等が行われる。業績評価の期首において、目標設定のための評価者と被評価者との面談は必ず行わなければならない。また、両者は期末にも面談を行い、評価者は評価結果を被評価者本人に対して開示するとともに、指導・助言を併せて行わなければならないこととされている。評価結果のうち全体評語の開示については、これを希望しない職員と、開示が業務上の支障となり得る警察職員等については行わないこととされている。ただし、全体評語が下位となった場合には、これらの事情にかかわらず、被評価者本人にこれを開示しなければならない(6)。

また、これまで明らかにした人事評価と評価結果の活用のサイクルとスケジュールを示すと〔図2-6〕のようになる。

能力評価は年一回行われ、その評価期間は一〇月から翌年の九月までである。業績評価は年二回、一〇月から翌年三月、四月から九月までの評価期間である。業績評価期間の期末である三月と九月に行われた評価の結果は、それぞれ六月と一二月のボーナスの勤勉手当に反映される。また、これらの業績評価の結果と、期末の九月に行われる能力評価の結果は、合わせて翌年一月の昇給に反映されることとなる。このように、評価期間と給与への反映はスケジュール上も一体となって行われる仕組みとなっている。

第二節　人事評価の運用状況と意識調査結果

ここでは、「人事評価の改善に向けた有識者検討会」（令和二年度開催）での議論に資するために実施された人事評価の現状分析のための調査とその結果について紹介する。第一節で示した人事評価制度の趣旨が、現実の運用としてはどのようになっているかを分析し、改善に向けた課題を明らかにする。

一　調査の概要

（ア）　評語分布調査

各府省等における評語の分布状況を調査するものである。人事評価の対象となる国家公務員の数が極めて多数であるため、サンプル調査により実施された。一般職の職員のうち一〇%程度（約二七、〇〇〇人）を抽出することとし、

〔図 2-6〕人事評価の実施と評価結果の活用のサイクル

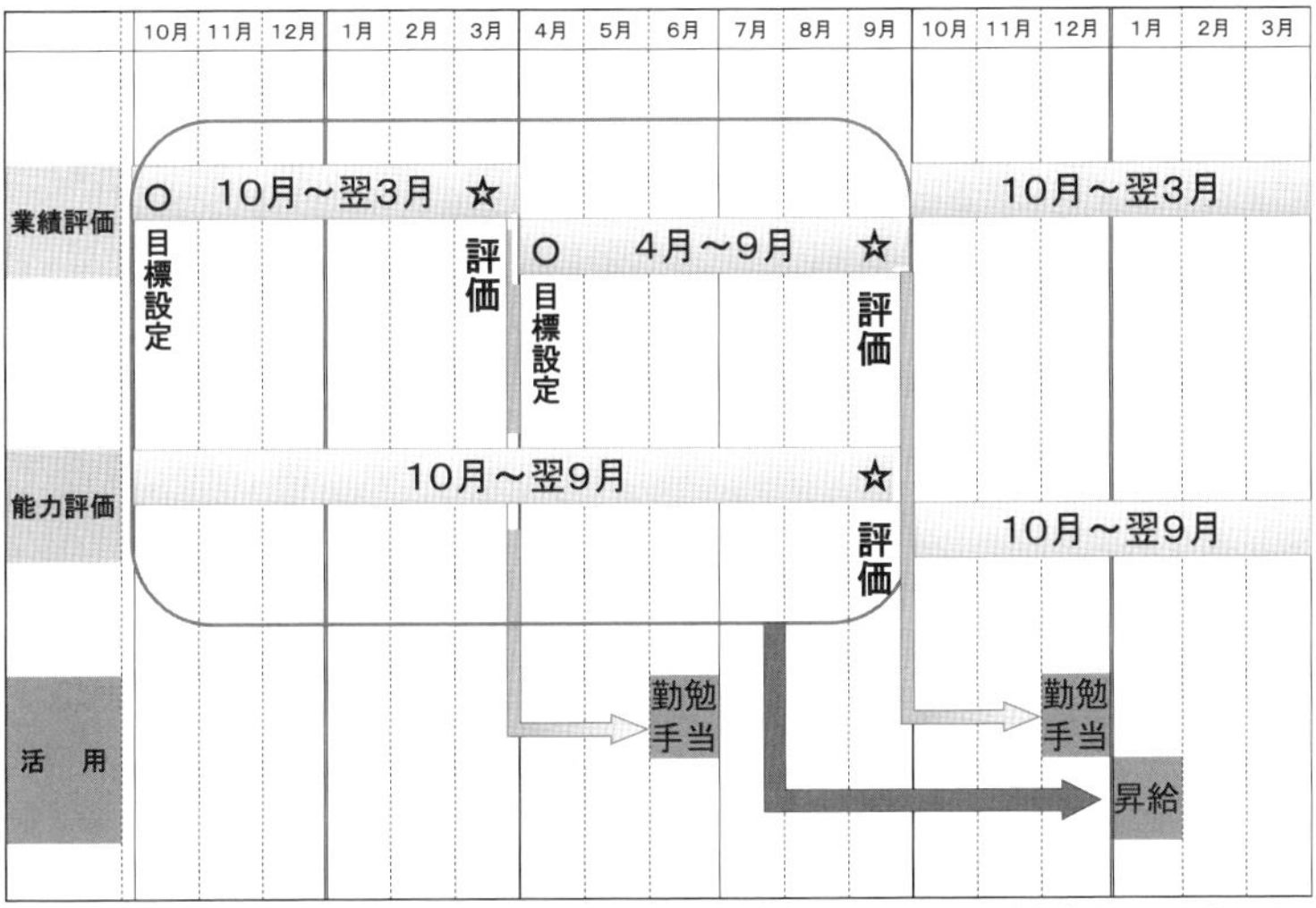

※　定期的に行われる活用のみを記載している。他に活用される事項として、任用（昇任、降任等）、昇格等がある

出典：内閣人事局

府省ごとに総職員数、本省内部部局と地方機関等の構成、職種別の職員数などが大きく異なるため、各府省においてこれらについて可能な限り偏りがないよう、かつ無作為に抽出した上で調査が行われた。

調査対象とした評価期間は以下の通りである。

（1）能力評価：平成三〇年一〇月～令和元年九月

（2）業績評価：平成三一年四月～令和元年九月　令和元年一〇月～二年三月

（イ）人事担当課向けアンケート

人事評価の実施を各府省において統括する人事担当課に対して内閣人事局からアンケート調査を行い、併せて必要に応じてヒアリングを実施することにより、人事評価運用の実態や人事担当課としての問題意識が調査された。調査は二五府省庁等を対象とし、令和二年の六月から七月にかけて行われた。主な調査項目は以下の通りである。

（1）評価者・調整者の設定の状況

（2）人事評価に係る情報の管理・活用

（3）目標に関する課題等

（4）評語の意味の理解及び付与

（5）面談の実施、指導内容

（6）評価結果の人材育成、処遇、人事配置等への活用

（7）能力評価・業績評価の実施その他人事評価に関する意見等

（8）その他、人事評価に関する教育、苦情対応等

（ウ）人事評価に関する意識調査

人事評価の対象となる職員が人事評価についてどのように認識しているかを幅広く調査するものであり、一般職

の国家公務員（約二八万人）の中から、各府省五％の職員を抽出した上で、ウェブ上で回答するインターネット調査により行われた。回答者数は一一、二〇三人、推定回収率八一・六％であった。

二　評語分布調査の結果

評語分布調査の結果は、〔表2-1〕の通りであった。
五段階の評語による評価が行われる一般職員についてみると、以下のことがいえる。
（1）能力評価と業績評価の間で、分布状況にほとんど差がみられない。
（2）能力評価・業績評価ともに、おおむねSが約一割、Aが約五割強、Bが約四割弱となっている。Cは〇・四％、Dは〇・一％以下と極めて少ない。Bが中位の評語であるが、上位の評語であるAが、Bを上回るのみならず、過半数が付与される状況になっている。最上位の評価であるSと合わせると、上位評価のS、Aと中位評価のBがおおむね六：四の割合で付与されている。
（3）先に示した前回の評語分布調査（平成二三年一〇月～二四年九月）と比較すると、（1）（2）に示した評語分布の傾向はほとんど変わっていない。細かくみると、前回はSが六％程度であったのに対し今回は一〇％程度に上昇し、前回はBが約三九％～約四二％であったのに対し今回は約三六

〔表2-1〕評語分布調査（平成30年10月～令和2年3月）

		S	A	B	C	D	
幹部職員	能力評価 (H30.10～R1.9)		88.5%	11.5%	0.0%		100.0%
	業績評価 (R1.10～R2.3)		85.7%	14.3%	0.0%		100.0%
	業績評価 (H31.4～R1.9)		85.7%	14.3%	0.0%		100.0%
一般職員	能力評価 (H30.10～R1.9)	9.1%	53.2%	37.2%	0.4%	0.0%	100.0%
	業績評価 (R1.10～R2.3)	11.2%	52.1%	36.3%	0.4%	0.1%	100.0%
	業績評価 (H31.4～R1.9)	10.0%	51.8%	37.8%	0.4%	0.0%	100.0%

出典：内閣人事局

%～約三八％とやや減少している。Aの割合がほぼ変わっていないことと合わせると、B評価の一部がA評価に、A評価の一部がS評価に移行し、やや上振れ傾向になったとみることもできる。

平成二五年度に開催された「人事評価に関する検討会」では、前回の評語分布調査結果を受け、こうした分布傾向を否定しないものの、評語の趣旨に沿った評価を目指し、評価者への研修等を通じて評語の趣旨を徹底すべきこととされたが、結果として評語分布はほとんど変わっておらず、上位評価を初めとして特定の評語に評価が集中し、評語の識別機能が十分に発揮されていないという、評語分布に関する従来からの課題は十分に解決されていないといえる。

その要因としては、現行の評語の仕組みでは、評語の定義があいまいであること、特に「通常」「中位」といった概念のあいまいさのため、評価がどうしても評価者の主観に左右されることのほか、「B」という評語にどうしてもネガティブなイメージがあるため付けづらく、ある程度しっかり仕事をやっているのであれば上位のA評価を付けがちになる、といった事情が考えられる。また、下位評価であるC、D評価が極めて少ないが、これ自体は絶対評価の下で必ずしも問題とするべきことではないものの、これにより評語は実質的にこれらを除くS、A、Bの三段階となり、さらにSは極めて優秀な能力を発揮する、または極めて高い業績を挙げた職員を対象としていることを鑑みると、多くの職員については、実質的にAかBかの二択で評語を選択することになる。この場合、Bのネガティブなイメージはますます強くなってしまう。評価者としては、Bを付与された場合の被評価者の落胆や不満を想像し、また、頑張っている職員に報いたいという心情から、Aを付与しがちになるということも十分考えられる。

こうしたことから、現行の評語の仕組みを維持したまま評語の識別機能を向上させることは困難であり、評語そのもののあり方、すなわち評語区分の段階数や各評語の定義などを見直すことも必要と考えられる。

こうした課題認識のもと、有識者検討会では、評語のあり方について議論が進められた。その結果については改善方策の章で詳述することとしたい。

なお、幹部職員については三段階での評価が行われており、[7]上位評価のAが九割近くを占め、中位評価は一割強、下位評価は〇%となっている。幹部職員の業務は行政組織の統括が中心であり、職員個人の帰責による不祥事等があれば別であるが、担当部局の運営が円滑に行われているのであれば、高い評価が多くなることも肯定されうると考えられる。

三　人事担当課向けアンケートの結果

人事担当課向けアンケートでは、現場で実施に当たる立場からの様々な意見が表明された。アンケート調査に加え、担当者へのヒアリングを通じて具体的な聞取りも行ったため、以下、これらから得られた人事担当課としての所見をまとめて示す。

（ア）　評価者・調整者の設定の状況

評価者・調整者の設定については、（1）人事評価はマネジメントの一環である等の考えから、評価者を管理職（課室長級以上）に、調整者は部局長以上の幹部職員に設定しているところ（九府省庁等。以下数字は府省庁等の数を示す）と、（2）被評価者の業務実態上の監督者が評価を行えるようにしたり、一評価者当たりの被評価者数を絞る等の考えから評価者を課長補佐級以上に、調整者も被評価者について目の届く範囲で設定する等の考えから、課室長級以上に設定するところがあり（一六）、後者（（2））が多かった。

評価補助者・調整補助者については、これらを設定しているところ（一八）は、一評価者が評価する被評価者の人数が多い、被評価者の日常の業務管理を別の者が実施している、被評価者が複数の業務に従事している等の事情を設定の理由として挙げていた。設定していないところ（七）は、一評価者が評価する被評価者の人数が少ない、被評価者の業務状況等を評価者が十分把握できる等の理由を挙げていた。

評価者・調整者の設定については、補助者の仕組みも活用しつつ、それぞれの組織の規模や構成に応じて適宜判断することが妥当と考えられる。

（イ）　人事評価に係る情報の管理・活用
ほとんどの府省庁等において、本省官房部局の人事担当課で集約・管理しているが、一部の地方機関等では、地方機関等の人事当局において管理している。

評価手続（目標設定、自己申告、評語付与等）に情報システムを導入しているところがある（五）。それ以外の府省庁等では、エクセル等の人事評価記録書のメール等のやりとりで手続を実施している。こうした方法は、作業が煩雑になったり、送信誤り等のリスクがある。情報システムを導入している府省庁等からは、集計や検索機能等により、業務の効率化が図られた等のメリットがあったとの指摘があり、今後、情報システムを通じた効率的な人事評価の実施が必要と考えられる。

（ウ）　目標に関する課題等
目標設定については、以下のような指摘が寄せられた。
（1）　定型・ルーティン業務等では困難度の高い目標が設定しづらい、その結果上位の評価を得にくい。
（2）　数量化・定量化できない業務については、具体的な目標設定が困難である。
（3）　重要度・困難度の設定について、その趣旨が浸透していないため、設定が十分に行われておらず、また評語付与の際、適切に活用されていない。
（4）　目標設定に当たっての留意事項（通知）が多く、目標設定の作業が複雑・困難化している。
（5）　被評価者を多く持つ評価者や、災害など他律的業務で多忙な評価者については、目標設定を含む期首面談の作業が滞る場合がある。

（6）組織目標をブレイクダウンした上で、各職員の目標設定を行う場合、評価者の目標設定の遅れにより被評価者の目標設定も遅れてしまう。

（7）期中に目標が変わることが多く、期首の目標設定というプロセスに納得感が低い。

目標設定については、これらの多様な問題提起がなされており、改めて目標設定の意義の整理や、実務上の対応が困難な場合への解決策も含め、改善が必要と考えられる。

（エ）評語の意味の理解及び付与

評語については、中位の評語Bについて、（1）実態としてBが標準より下の評価であると理解されている、（2）AとBの差に心理的に大きな隔たりがある、（3）BとC・Dの差が大きく、Bの幅が広いため、モチベーション低下や評価者と被評価者の認識の隔たりにつながる、等の理由から、「通常」として運用することの困難さについての指摘があった。

また、下位評価であるC、Dについては、（1）BとCの差が大きすぎてCへの抵抗感が大きい、（2）CやDは処遇に影響を及ぼすため付与することに抵抗がある、等の理由から、付与することへの抵抗感があることが示された。

このほか、評語については、以下のような指摘が寄せられた。

（1）評価者間の認識にばらつきがある。また、評価者と被評価者間の認識にも乖離がある。

（2）業績評価における各評語間の具体的な違いの理解が困難である。

（3）評価期間が極端に短い場合、評価の材料がなく対応に苦慮する。

これらの人事担当課の認識をみても、二に述べたように、現行の評語の仕組みを維持したまま評語の識別機能を向上させることは困難であり、評語そのもののあり方の見直しが必要と考えられる。

（オ）　面談の実施、指導内容

面談については、各々留意すべき事項を指示したり、事実に基づいた丁寧な説明を心がける等、実施に係る事項を指導したり、面談の進め方の参考例や伝え方のポイント等を示した独自のマニュアルを作成している府省庁等もあったが、特に評価者への指導をしていない府省庁等もあった。

また、コロナ禍を踏まえ、直接の対面ではなく、オンラインによる面談を可能にする等の措置を行った府省庁等もあった。

（カ）　評価結果の人材育成、処遇、人事配置等への活用

評価結果については、まず、人材育成への活用について、面談を利用した指導・助言の必要性について理解はしているものの、具体的な取組や成果に関する言及は少なかった。人材育成への活用についての関心が必ずしも高くないとみることもできる。

任用・人事配置への活用については、多くの府省庁等が、任用・人事配置に際して人事評価結果を確認・参考等にしているが、その他の要素（評判、専門性、本人の希望や経歴等）も重視ないし勘案することとしていた。

このことは、人事評価がある程度抽象的な能力評価や現在のポストにおける業績評価を行っている一方、人事配置に当たってはそれぞれのポストの適性等も勘案する必要があることを考慮すれば、妥当な運用と考えられる。ただし、人事評価に当たり、各職員の特別な強みや弱みなどを把握しそれを記録することは、人事当局において任用・人事配置を行う上で有用な情報になると考えられる。こうした情報は、人材育成を図る観点からも有効と考えられ、人事評価がこうした材料をより把握できるように改善する方向性が考えられる。

なお、責任のあるポストへの配置の際、能力評価の特定の項目における評価を重視するとしている府省庁等もあっ

た。

人事評価を任用・給与等の処遇に活用する際の課題等としては、府省庁等から以下のような指摘が寄せられた。

（1）評価基準の統一が困難であり、評価者の目線合わせが必要である。特に人事交流によって複数の府省庁等の評価を受ける職員に適切に評価結果を活用するためには、府省庁等間の評価基準の統一が必要である。

（2）人事評価からは任用や給与などの処遇の際の差別化が困難であり、上位評価者を任用や給与などの処遇に反映できない場合がある。

特に（2）については、これまで論じてきた評語のあり方について、処遇への活用の観点からの見直しが必要であることを改めて示唆するものである。

（キ）能力評価・業績評価の実施その他人事評価に関する意見等

以上に加え、各府省庁からは、人事評価について以下のような意見等が寄せられた。

（1）評価全般について

・人事異動の時期と評価期間が必ずしも一致しないため、複数の評価者が評価する場合や他機関からの異動者に対する評価の一貫性が希薄となる。

・過去に比べて直近の記憶の方が強く、期間を通しての評価が困難となる。

（2）能力評価について

・評価項目が抽象的で、評価の区別が困難である。特に「倫理」では、評価に差をつけることが困難となる。

・各項目は曖昧かつ重複しているため、被評価者へのフィードバックが困難である。

・業務の内容に係る経験やスキルをわかりやすく評価する方がよいのではないか。

（3）業績評価について

・異なる業務間で評価の均衡を図ることに苦慮している。
・半期ごとの評価は負担が大きい。

（4） その他

・働き方改革推進や新しい生活様式実施の一連の流れの中で、面談の方法や勤務状況の把握等について検討が必要と考えられる。
・人事評価全体の事務も煩雑化しており、簡略化が必要である。
・通知による留意・義務となる目標設定項目が増大し、管理職の業務量の増大につながっている。

四　人事評価に関する意識調査の結果

人事評価に関する意識調査からは、実際に評価作業に携わる被評価者、評価者、調整者の実施状況や所見が示され、改善につながる多くの課題が明らかとなった。

（ア） 被評価者数・評価者数

評価者がどれくらいの人数の被評価者を評価しているのか、調整者がどれくらいの人数の被評価者・評価者を調整しているのかは〔図2-7〕の通りである（以降、出典はすべて内閣人事局）。

評価者が評価する被評価者数は五人以内が過半数であり、九〇%以上が二〇人以内に収まっているが、二一人以上が六・三%、五一人以上も〇・九%あり、評価作業の負担や公正な作業への困難が想定される。このような場合は、評価者をより職位が下位の者に設定したり、評価補助者を活用する等の工夫が必要である。調整者については、より多くの被評価者・評価者を扱うことができるが、あまりに人数が多い場合には同様の課題がある。

〔図 2-7〕被評価者数・評価者数

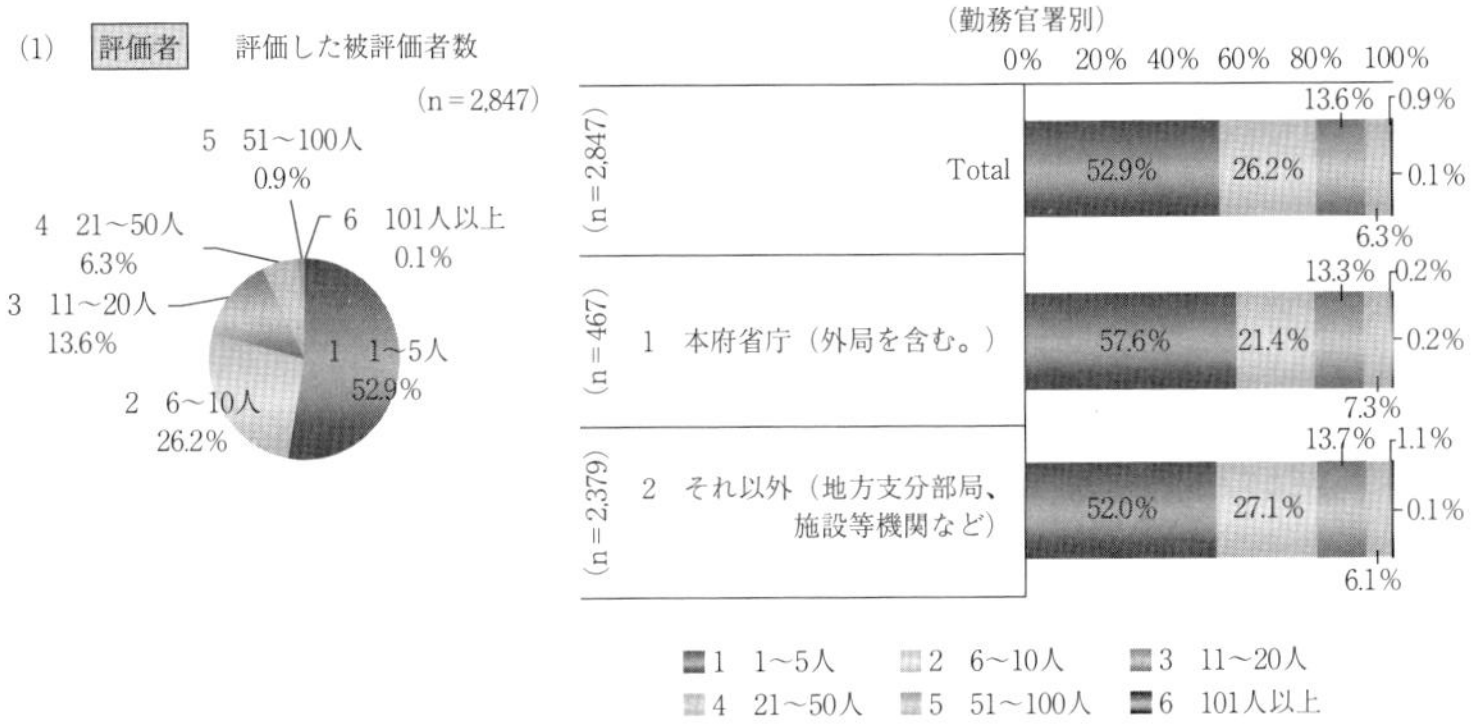

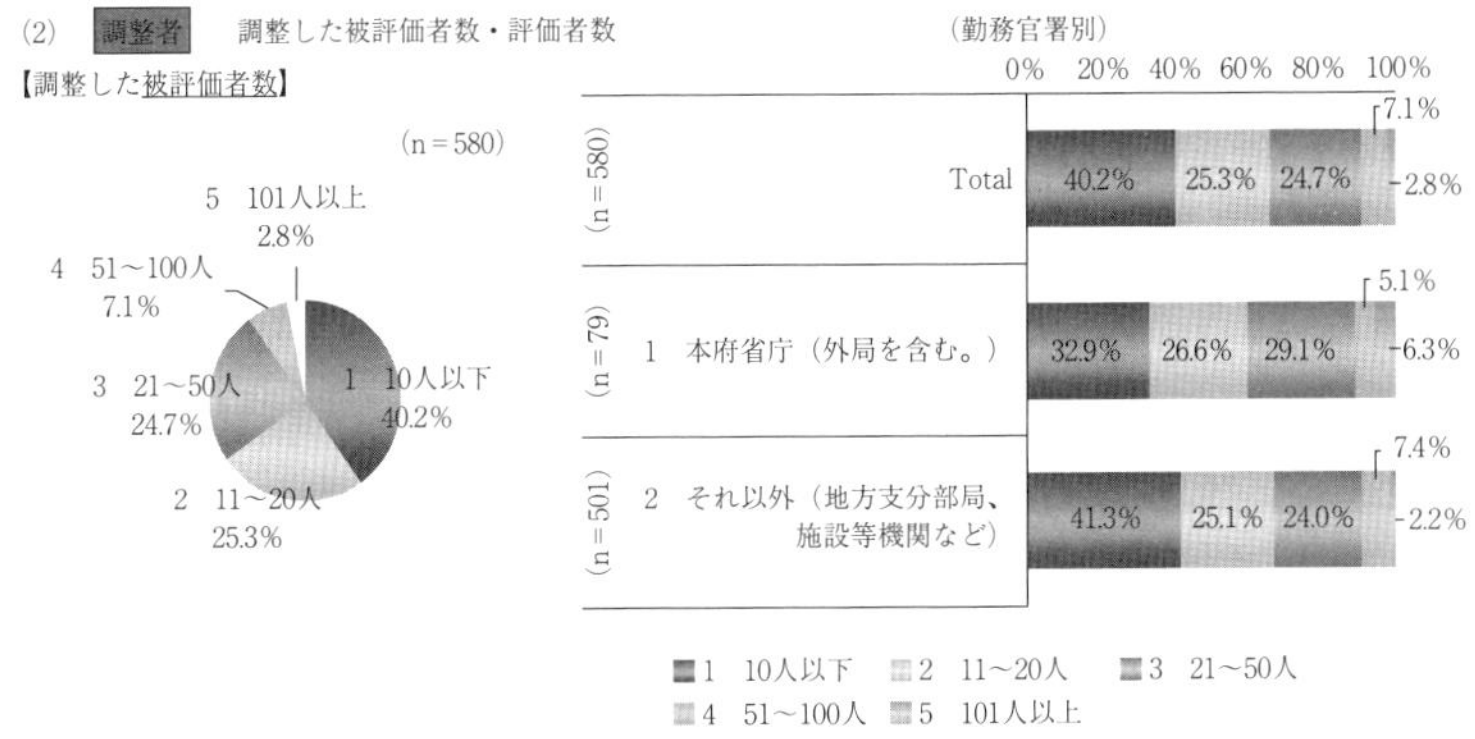

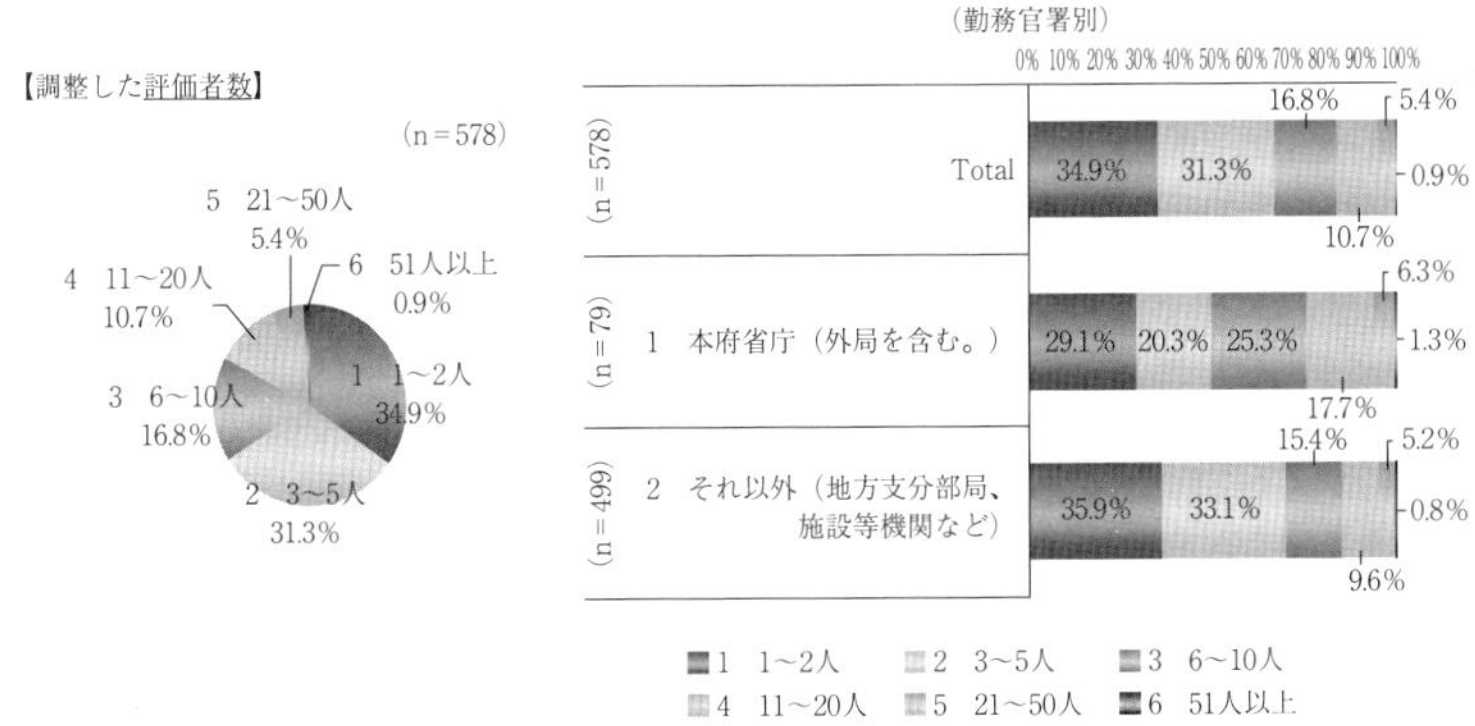

（イ）目標設定の方法

業績評価における目標設定の方法についての被評価者の回答（複数回答可）は〔図2−8〕の通りである。

1の評価者（上司）の目標や組織目標を踏まえた目標設定、4の被評価者主導で目標を設定したとの回答が多くなっている。目標設定は、組織目標を踏まえることを主としつつ、被評価者自ら考えて設定することも重要であり、おおむねバランスの取れた状況と考えられる。

（ウ）目標設定と期首面談

目標設定などを行う期首面談の実施状況と面談に要した時間についての被評価者の回答は〔図2−9〕の通りである。

期首面談は、前期の期末面談と併せての実施も含め九割以上の実施率となっているが、期首面談が行われていない場合も五・八％、特に本府省庁が一三・四％と高くなっている。期首面談は本来必ず行うべきものであるが、特に多忙な本府省庁などでは十分に実施できていないことが窺える。

〔図2-8〕業績評価における目標設定の方法

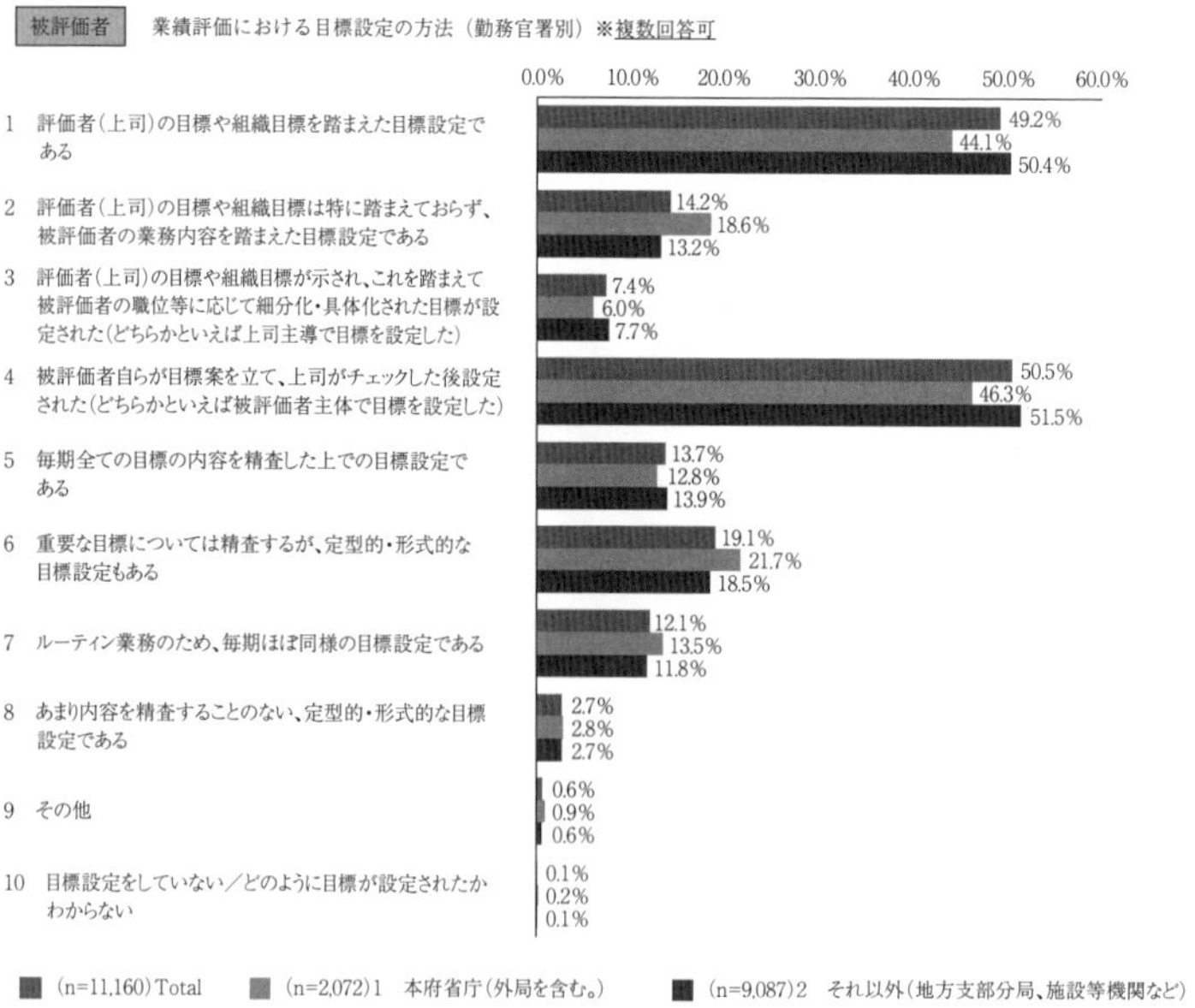

期首面談に要した時間は五分から一〇分未満、一〇分から二〇分未満と比較的短いものが多く、約一割は五分未満と極めて短い時間となっている。望ましい面談時間について特に決まりはないものの、半年間の業務についてどのように取り組むかを上司・部下間で決定するとともに、定められた目標内容が評価を左右することとなる重要な場であり、十分な時間をもって面談を行う必要があるとされるところであるが、実態としてはかなり短いと考えられる。面談の確実な実施と併せて、面談の目安時間や、面談で話し合うべき事項のガイダンスなど、面談の充実のための工夫が必要と考えられる。

期首面談についての認識として、被評価者・評価者双方の期首面談について有益であったと思う点（複数回答可）については〔図2-10〕の通りである。

期首面談本来の目的である、目標について

〔図 2-9〕期首面談の実施状況及び要した時間

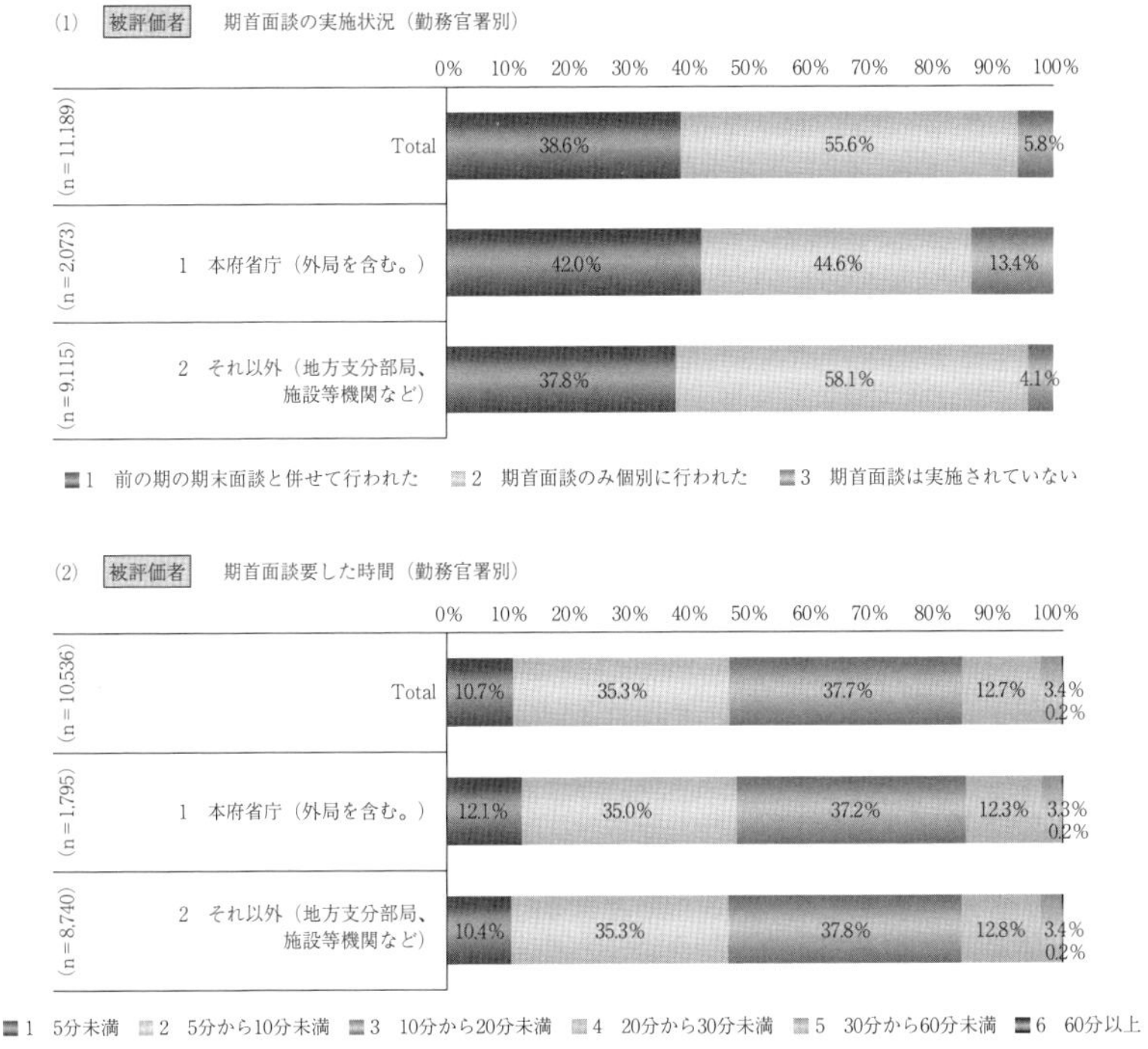

〔図 2-10〕期首面談について有益であったと思う点

※複数回答可

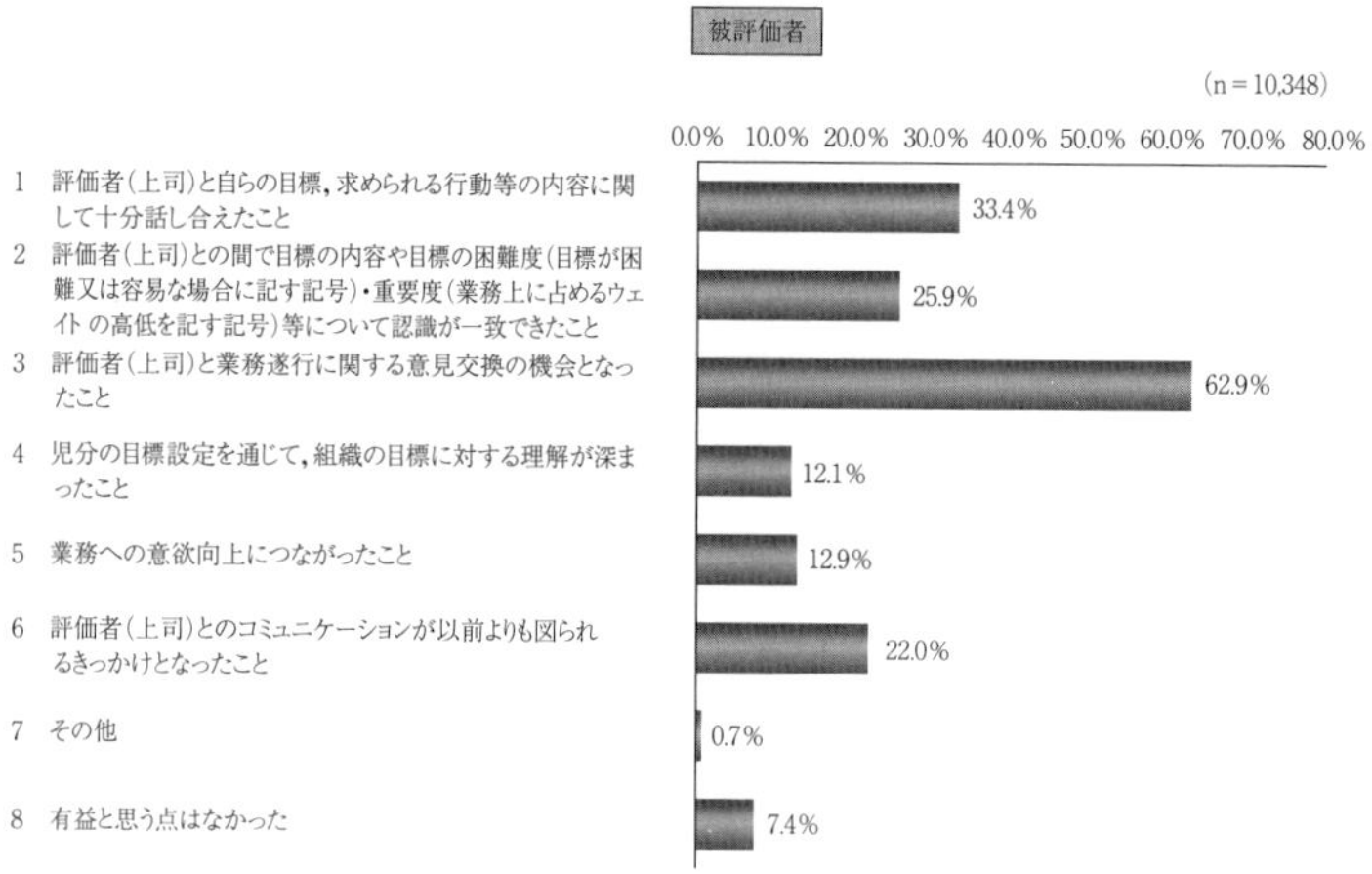
被評価者
(n＝10,348)
0.0% 10.0% 20.0% 30.0% 40.0% 50.0% 60.0% 70.0% 80.0%
1 評価者(上司)と自らの目標，求められる行動等の内容に関して十分話し合えたこと 33.4%
2 評価者(上司)との間で目標の内容や目標の困難度(目標が困難又は容易な場合に記す記号)・重要度(業務上に占めるウェイト の高低を記す記号)等について認識が一致できたこと 25.9%
3 評価者(上司)と業務遂行に関する意見交換の機会となったこと 62.9%
4 児分の目標設定を通じて，組織の目標に対する理解が深まったこと 12.1%
5 業務への意欲向上につながったこと 12.9%
6 評価者(上司)とのコミュニケーションが以前よりも図られるきっかけとなったこと 22.0%
7 その他 0.7%
8 有益と思う点はなかった 7.4%

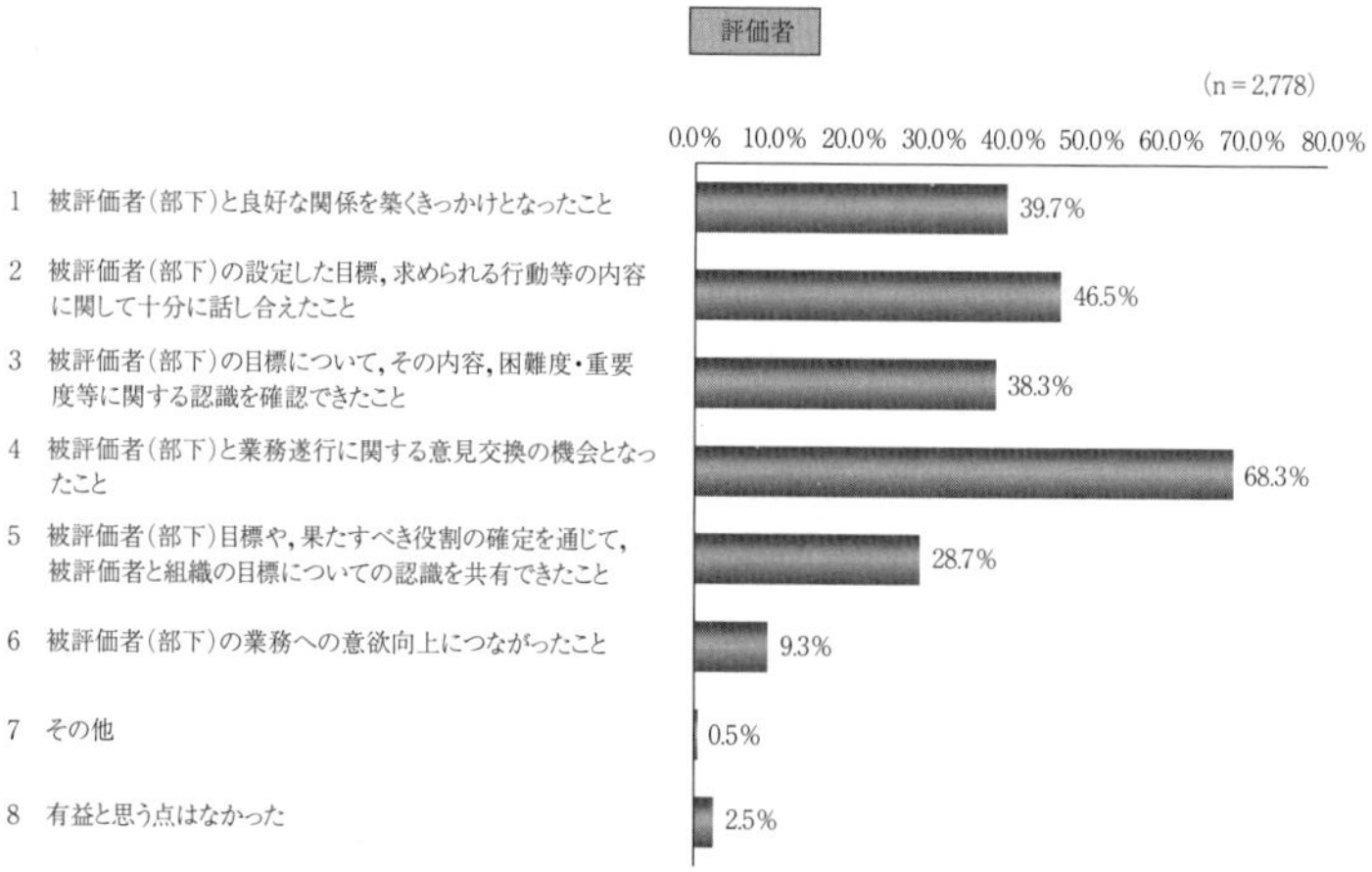
評価者
(n＝2,778)
0.0% 10.0% 20.0% 30.0% 40.0% 50.0% 60.0% 70.0% 80.0%
1 被評価者(部下)と良好な関係を築くきっかけとなったこと 39.7%
2 被評価者(部下)の設定した目標，求められる行動等の内容に関して十分に話し合えたこと 46.5%
3 被評価者(部下)の目標について，その内容，困難度・重要度等に関する認識を確認できたこと 38.3%
4 被評価者(部下)と業務遂行に関する意見交換の機会となったこと 68.3%
5 被評価者(部下)目標や，果たすべき役割の確定を通じて，被評価者と組織の目標についての認識を共有できたこと 28.7%
6 被評価者(部下)の業務への意欲向上につながったこと 9.3%
7 その他 0.5%
8 有益と思う点はなかった 2.5%

十分話し合い、認識を一致させることができたとの回答（被評価者の1、2、評価者の2、3、5など）がある一方で、業務遂行に関する意見交換の機会となったこととの回答（被評価者の3、評価者の4）が最も多くなっており、上司と部下による日常的なコミュニケーションが十分とられているかについて疑問を禁じ得ない。これは人事評価そのものの問題ではないが、職場のマネジメントにおける課題といえるだろう。

（エ）期末面談、評価結果の開示、指導・助言

評価結果の開示と指導・助言を行う期末面談の実施状況と面談に要した時間についての被評価者の回答は〔図2-11〕の通りである。

おおむね期首面談と同様の結果であり、期末面談の実施率は九割以上であるが、特に本府省庁において未実施率が高い。面談時間も短い傾向にあり、特に五分以内とするものが一割強ある。このことは、期末面談が、評価結果の開示のみならず、助言・指導を通じた人材育成の役

〔図2-11〕期末面談の実施状況及び要した時間

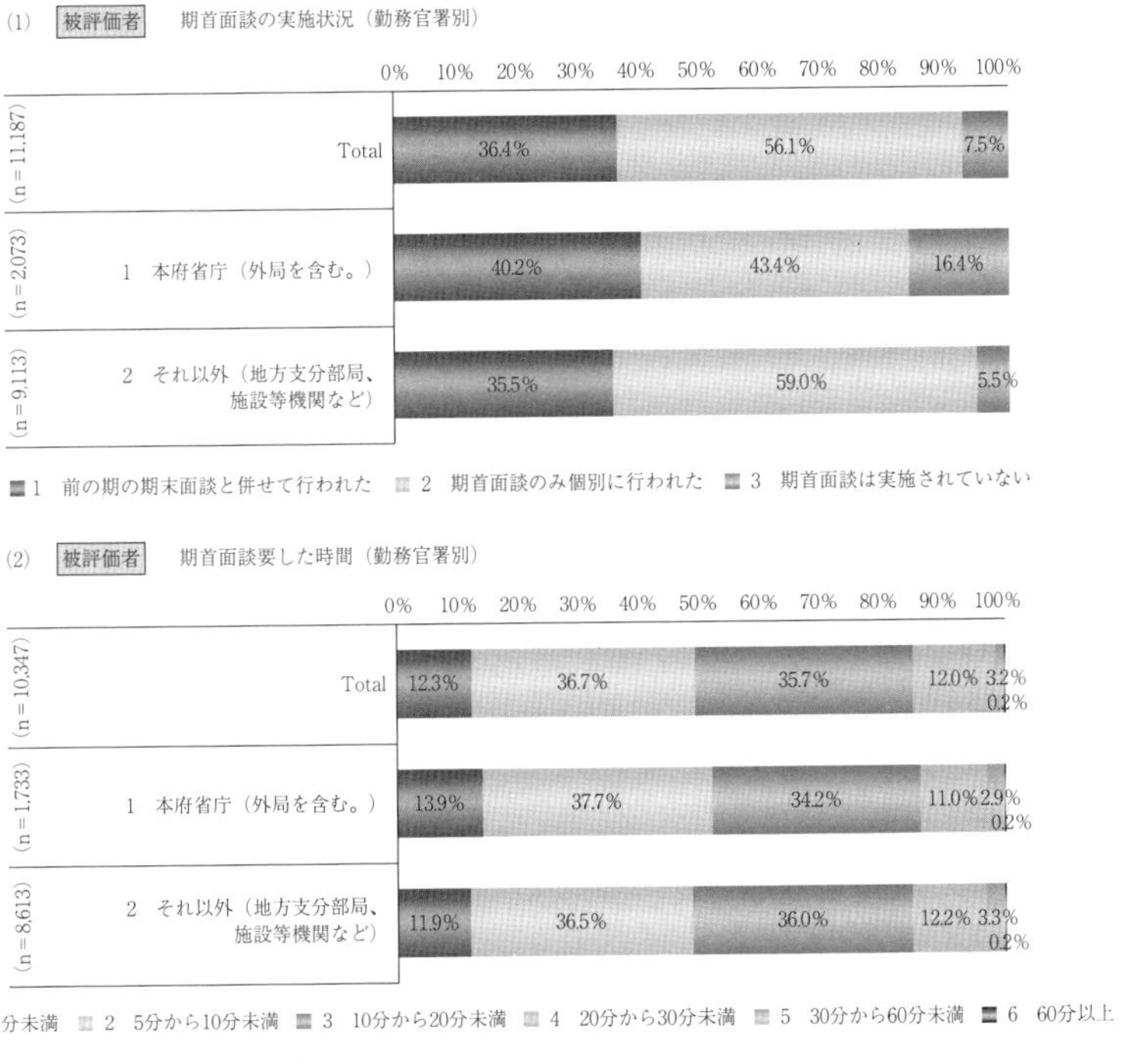

割を期待されていることからすると、これが十分に機能していない可能性を示唆するものだろう。

評価結果の開示状況と開示の希望についての被評価者の回答は〔図２―12〕の通りである。

評価結果のうち評語の開示は、被評価者が希望しなかった場合や規則上開示しないこととされている場合を除き行うこととされ、また単に評語の開示のみならずその理由の提示が行われることが望ましいが、二割強については評語の開示のみで理由の説明が行われていない。被評価者の納得性を高める上でも、面談の中で評語付与の理由についても丁寧に説明がなされることが望ましいと考えられる。

評価結果の開示の希望について、本来必要な意向の確認がなかったとするものが一七・〇％あり、制度趣旨の周知が必要と考えられる。

期末面談における指導・助言の状況（複数回答可）については〔図２―13〕の通りである。

被評価者の回答からは、評価項目の全部又は一部について、被評価者の強み・弱みを中心に行われた

〔図 2-12〕評価結果の開示

(1) 被評価者　評価結果の開示状況

(n=11,190)

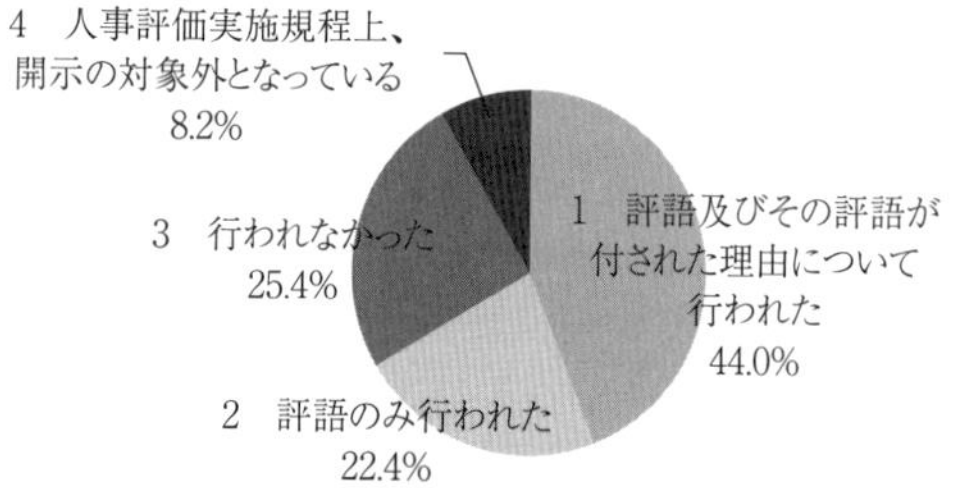

(2) 被評価者　評価結果の開示の希望

(n=10,255)

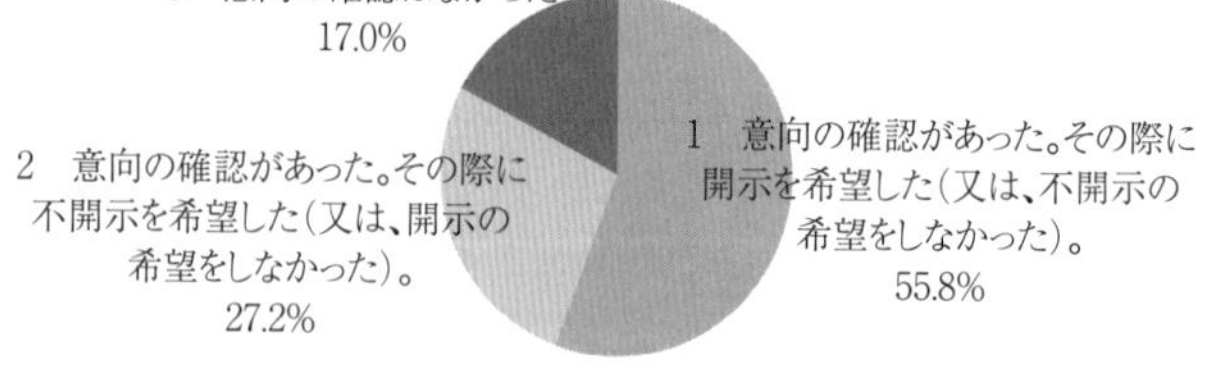

〔図 2-13〕面談の指導・助言状況

(1)　被評価者　評価者からの指導・助言の状況（複数回答可）

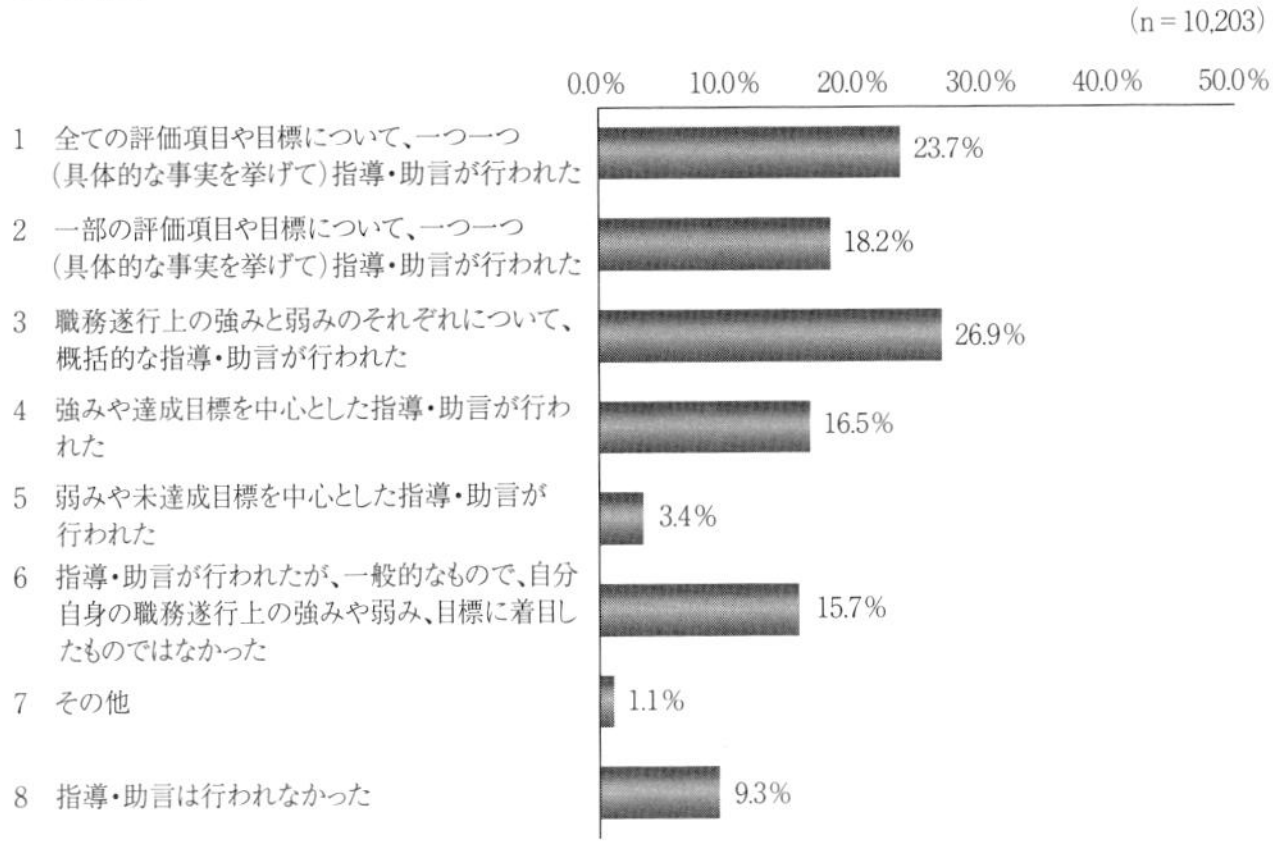

(2)　評価者　被評価者に行った指導・助言の状況（複数回答可）

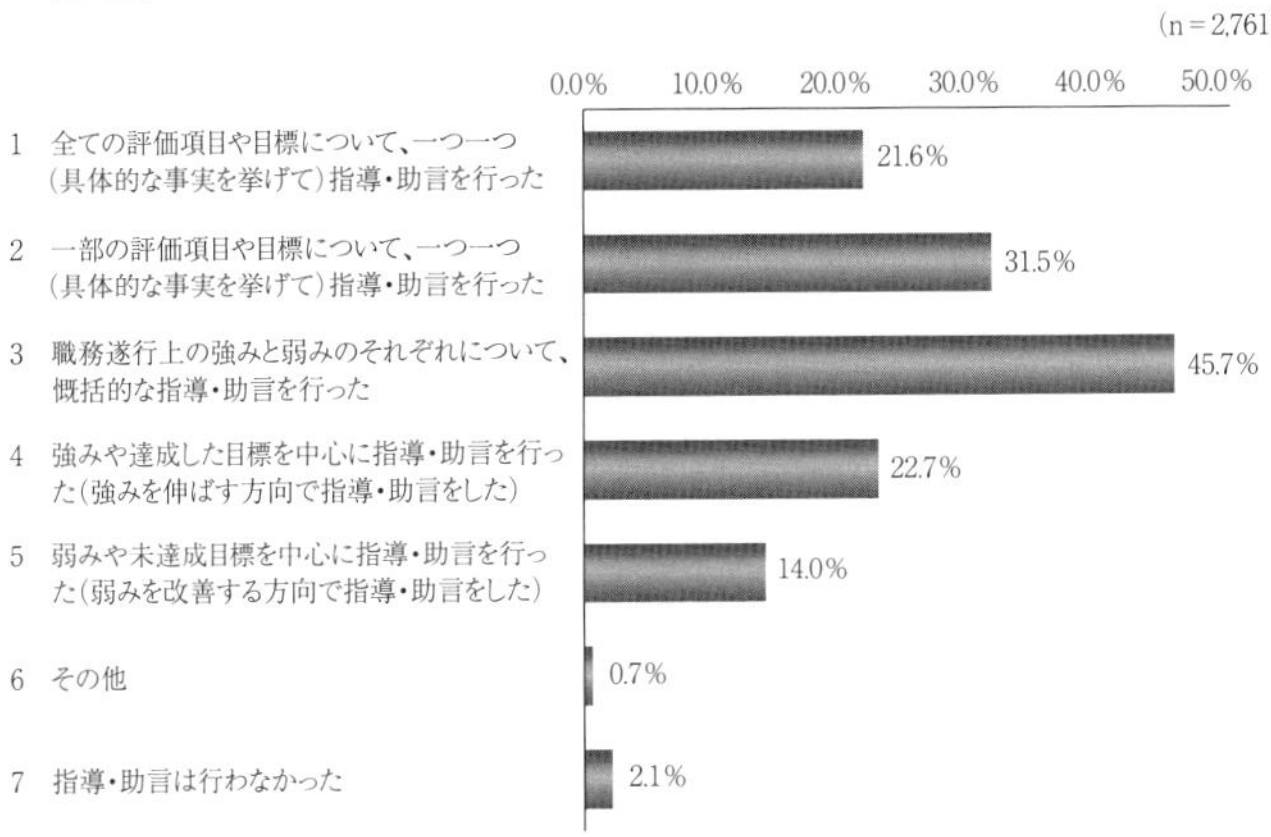

など、様々な形で指導・助言がなされていることがわかるが、自身の目標や強み・弱みに着目しない一般的な指導・助言であったとの回答（6）も一五・七％ある。また評価者の回答の方が指導・助言について肯定的な回答が多く、被評価者と評価者の間で認識のギャップがある可能性も考えられる。

期末面談について、被評価者・評価者が有益であったと思う点（複数回答可）は〔図2-14〕の通りである。

〔図 2-14〕期末面談について有益であったと思う点

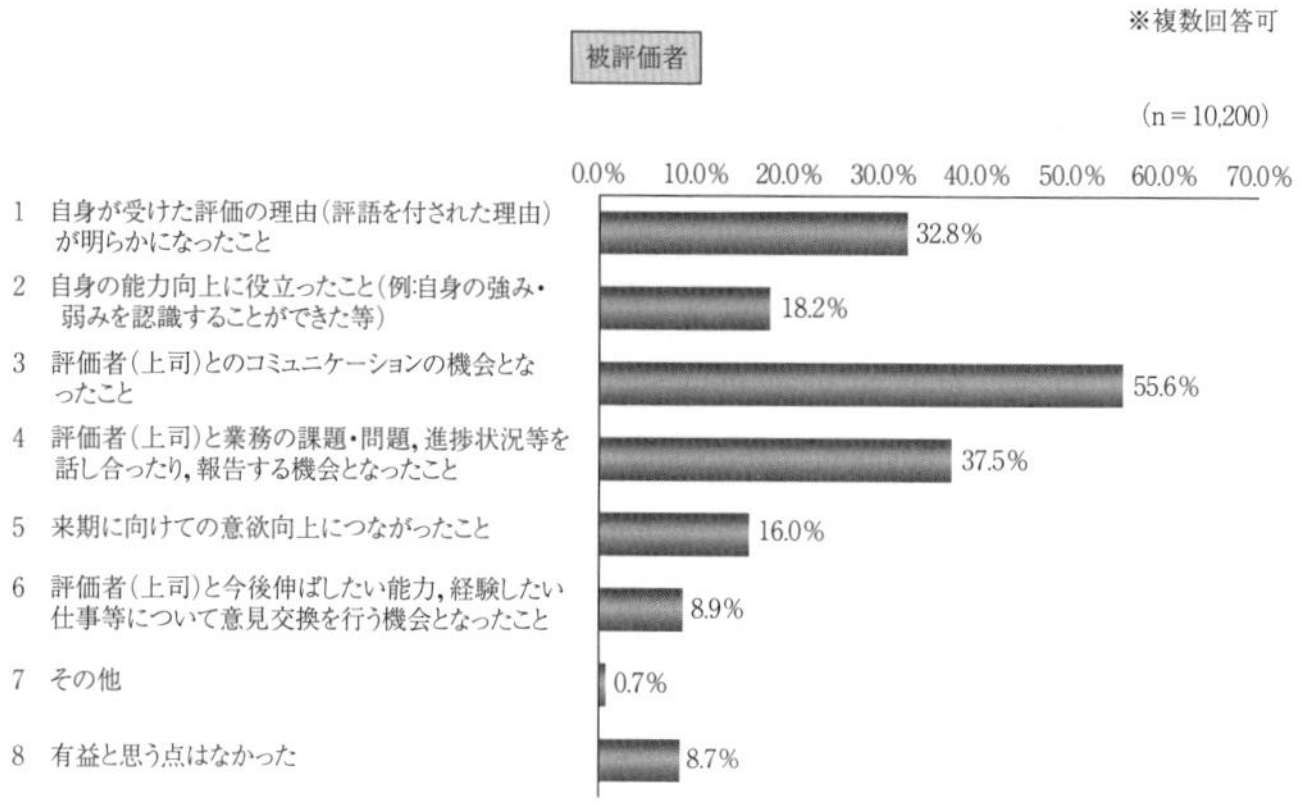

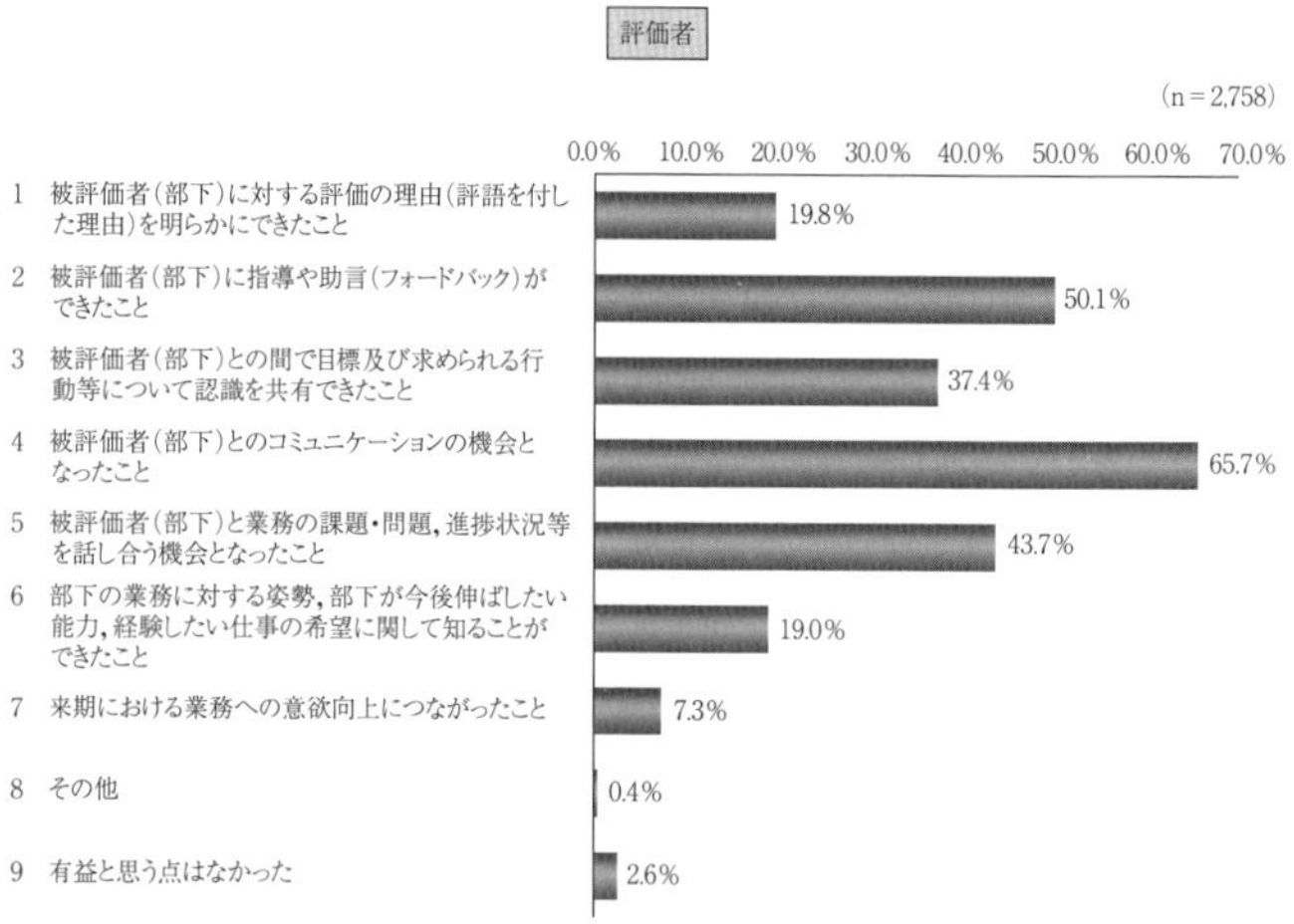

評価の理由が明らかになったとの被評価者の回答、フィードバックができたとの評価者の回答がある一方で、両者ともに最も多かった回答が（上司又は部下との）「コミュニケーションの機会となったこと」となっており、期首面談と同様に、上司と部下による日常的なコミュニケーションに疑念を抱かせるものである。

これらの調査結果を踏まえると、期末面談における評価結果開示の手続や、助言・指導の方法についで評価者にわかりやすく示すことが課題となっているといえるだろう。

（オ）　評価の理由の記載、困難度・重要度の活用

評価者が評語付与に当たってその理由を記載していたかどうか、困難度・重要度を活用していたかについては〔図2-15〕の通りである。

評価者は、特に上位又は下位の評語を付与するに当たっては理由を記載することが求められているが、その必要性の認識がなかったり、多忙を理由に十分な記載がなされていなかったりする場合がみられる。また、困難度・重要度は業績評価において目標の軽重を判断するための重要な要素であるが、有効に活用できたとの認識は半数程度にとどまり、有効でない、活用方法がわからないとの回答がみられ、評価者への活用方法の周知が必要なことを示唆している。

（カ）　評価結果の受止め等

被評価者が付与された全体評語について、思っていたものとの一致・不一致や、納得のいくものであったかは〔図2-16〕の通りである。

能力評価・業績評価ともに自身の予想と一致したとい

〔図2-15〕評語付与の理由記載、困難度・重要度の活用

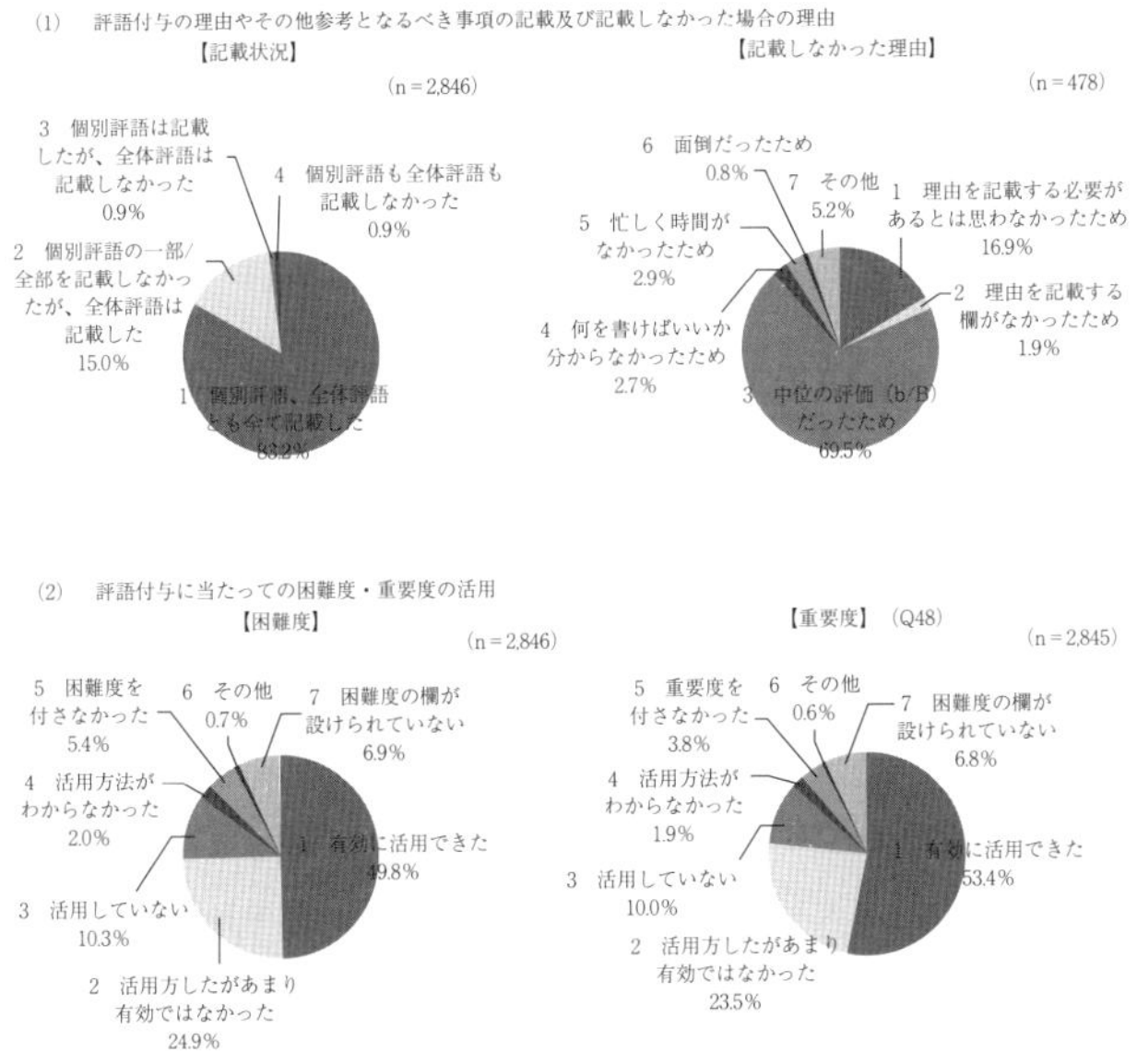

うものが四分の三程度を占めており、一致しなかったとしても納得できたとするものがおおむね半数となっている。もっとも、評語が実質的にAかBかの二択に近くなっており、かつ上位のA評価が約半数を占めていることからすると、納得性が高くなるのは当然のことと考えられる。

（キ）人事評価についての被評価者、評価者、調整者の認識

被評価者に、評価者の評価に対して感じることを聞くと（〔図2-17〕、複数回答可）、評価者による甘い・辛いのばらつきについての指摘が多く、評価者の目線合せが人事評価において常に課題となることが窺える。回答割合は多くないものの、評価者が担当する評価人数が多ければ

〔図2-16〕評価結果の受け止め

(1) 能力評価

① 被評価者　思っていた全体評語と開示された全体評語との一致

(n＝7,413)

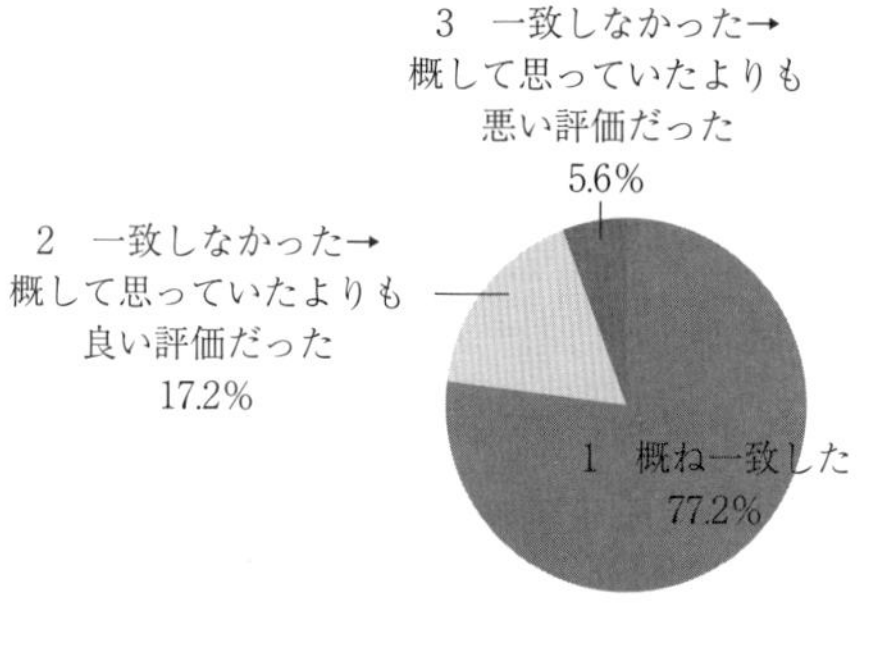

② 被評価者　一致しなかった場合の納得性

(n＝1,683)

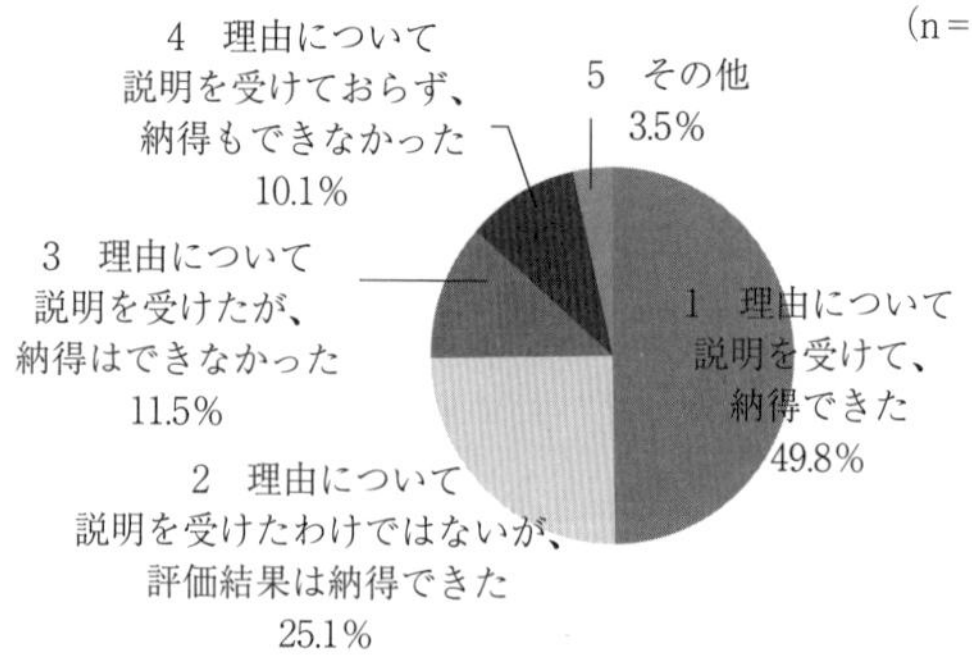

適切な評価がなされないのではないか、人事評価が過去の評価や評判に引きずられているのではないか、チームや職場への貢献が評価されないのではないか、業績が重視されプロセスが評価されていないのではないか、といった懸念がなおあることがわかる。

被評価者に、評価結果の活用に対する感じ方を聞くと（〔図2-18〕、複数回答可）、人事評価の結果が給与（昇給・ボーナス）に反映されている実感があるとの回答が半数近くある一方、任用（昇任等）に反映されている実感があるとの回答は約四分の一となっている。人事評価の任用への反映は性質上給与に比べると低いため、この結果はある程度妥当であるといえるが、問題なのは、人事評価

(2) 業績評価

① 被評価者　思っていた全体評語と開示された全体評語との一致

(n＝7,413)

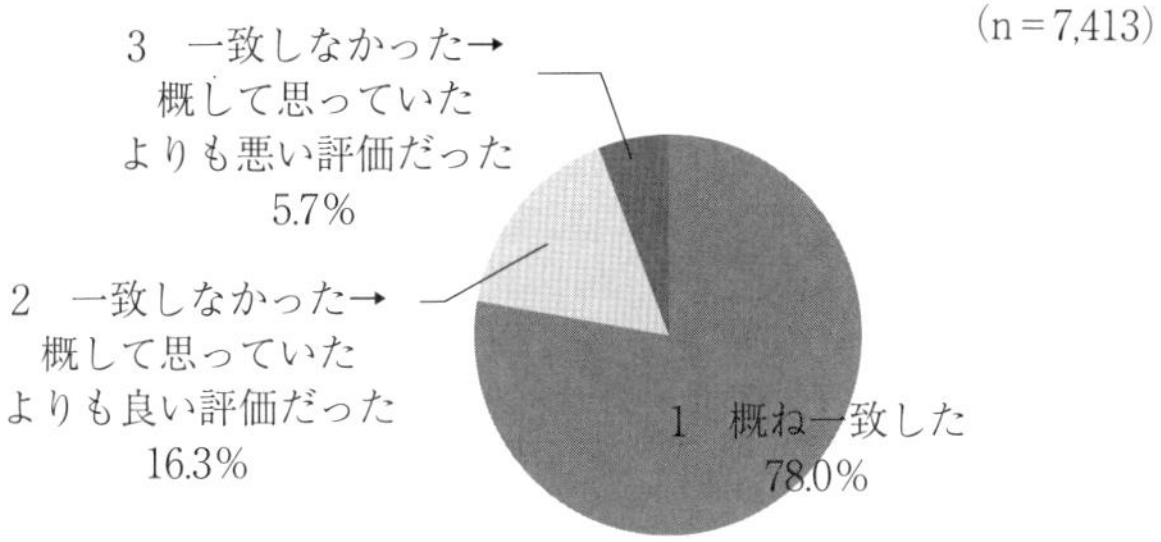

② 被評価者　一致しなかった場合の納得性

(n＝1,630)

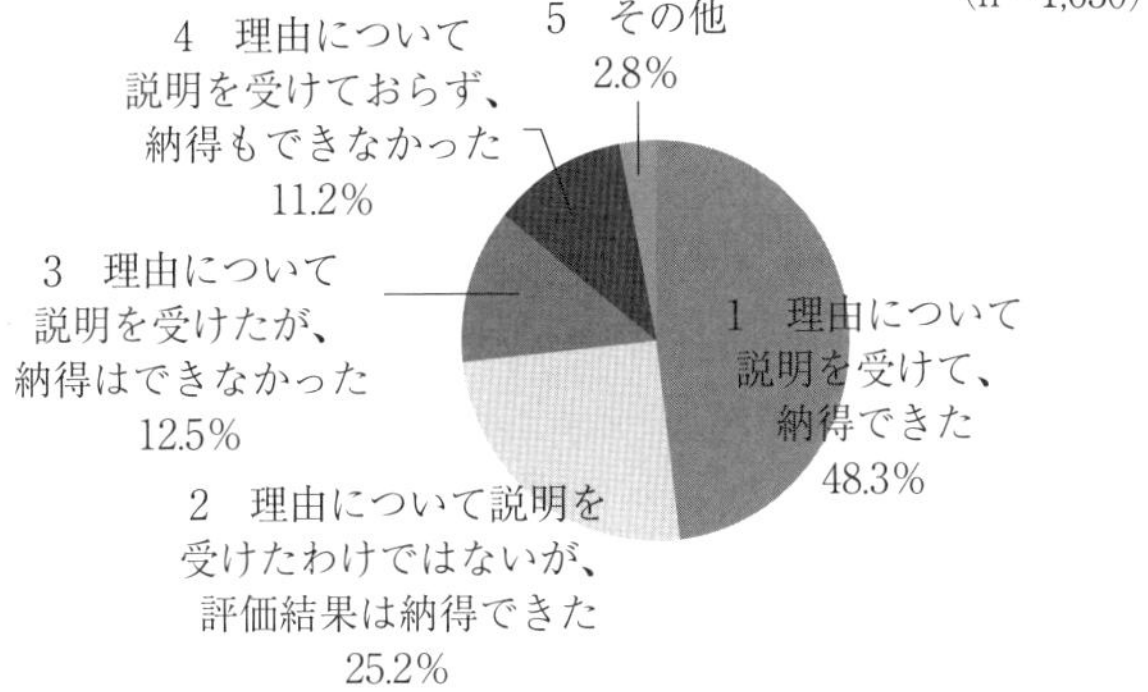

〔図 2-17〕被評価者の評価に対する感じ方

※複数回答可
（n＝11,032）

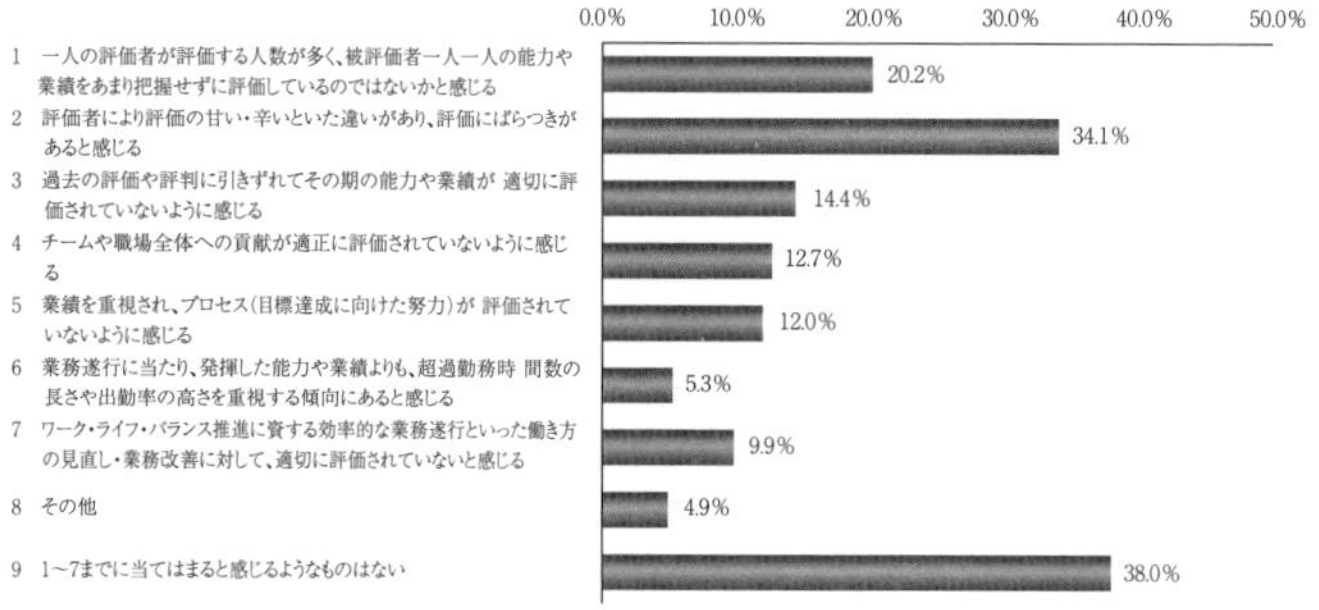

〔図 2-18〕被評価者の評価結果の活用に対する感じ方

※複数回答可

（n＝11,032）

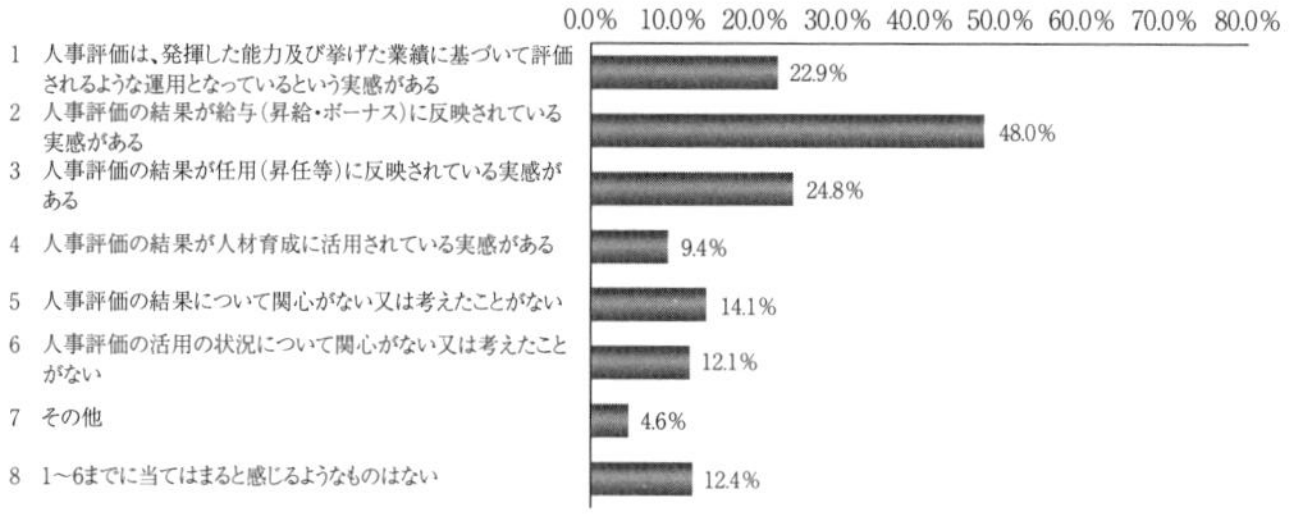

のもう一つの目的である人材育成に活用されている実感が九・四%にとどまることである。人事評価を通じた人材育成の機能強化が課題であることがわかる。

一方で、評価者の認識をみると、人事評価について難しいと感じることとして（〔図2-19〕、複数回答可）、評語の見極め・判断とするものが最も多く、半数近くに及んでおり、評語の制度設計や趣旨の周知が大きな課題であることがわかる。二番目に多くの回答があったのが、「職位に応じた的確な業績目標を設定させること」となっており、業績評価を左右する目標設定も課題であることがわかる。このほか、「他の業務もある中で、時間がかかってしまうこと」との回答も約三割あり、評価者が人

〔図 2-19〕評価者が人事評価に関して難しいと感じること

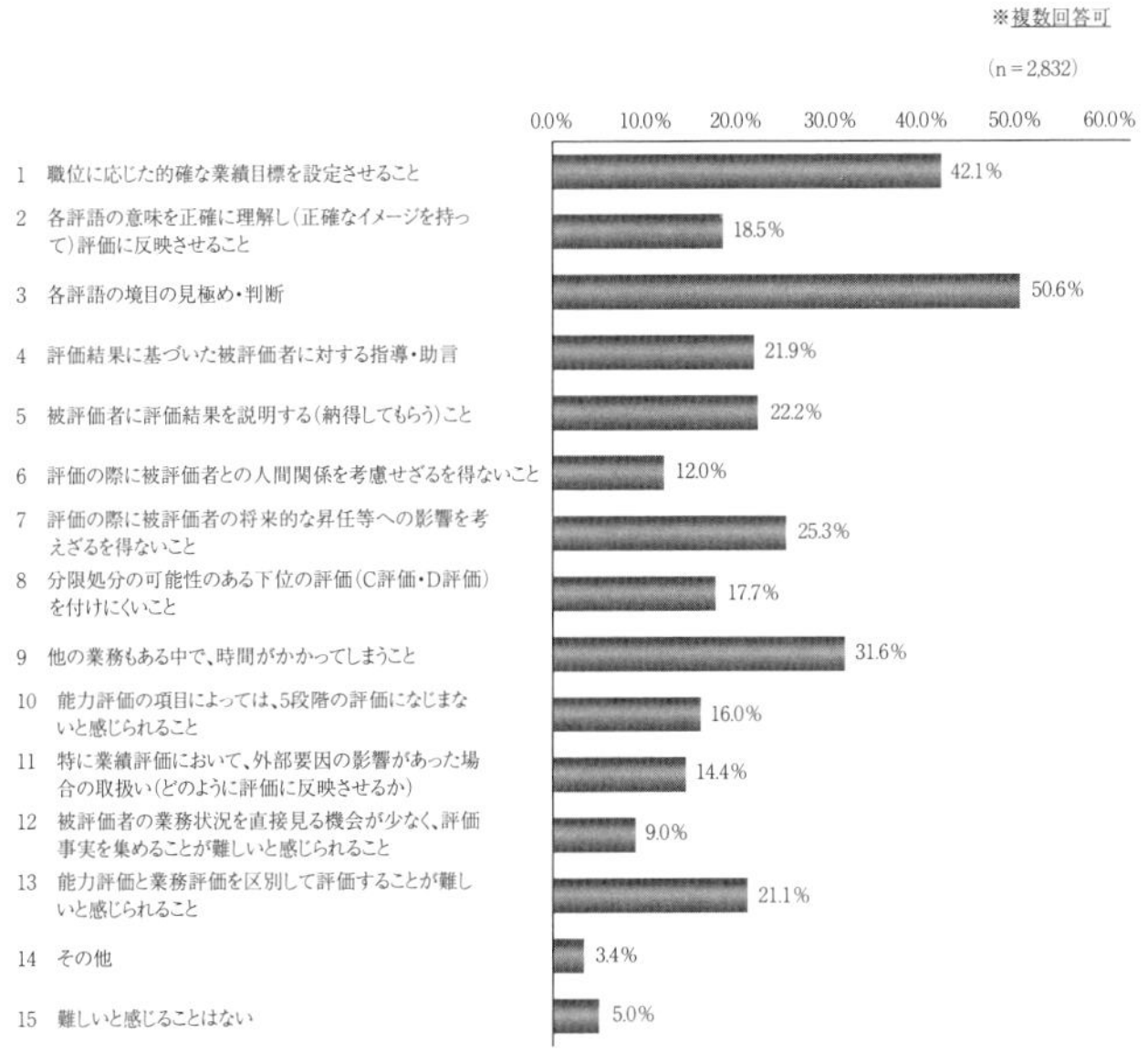

〔図 2-20〕調整者が難しいと感じること

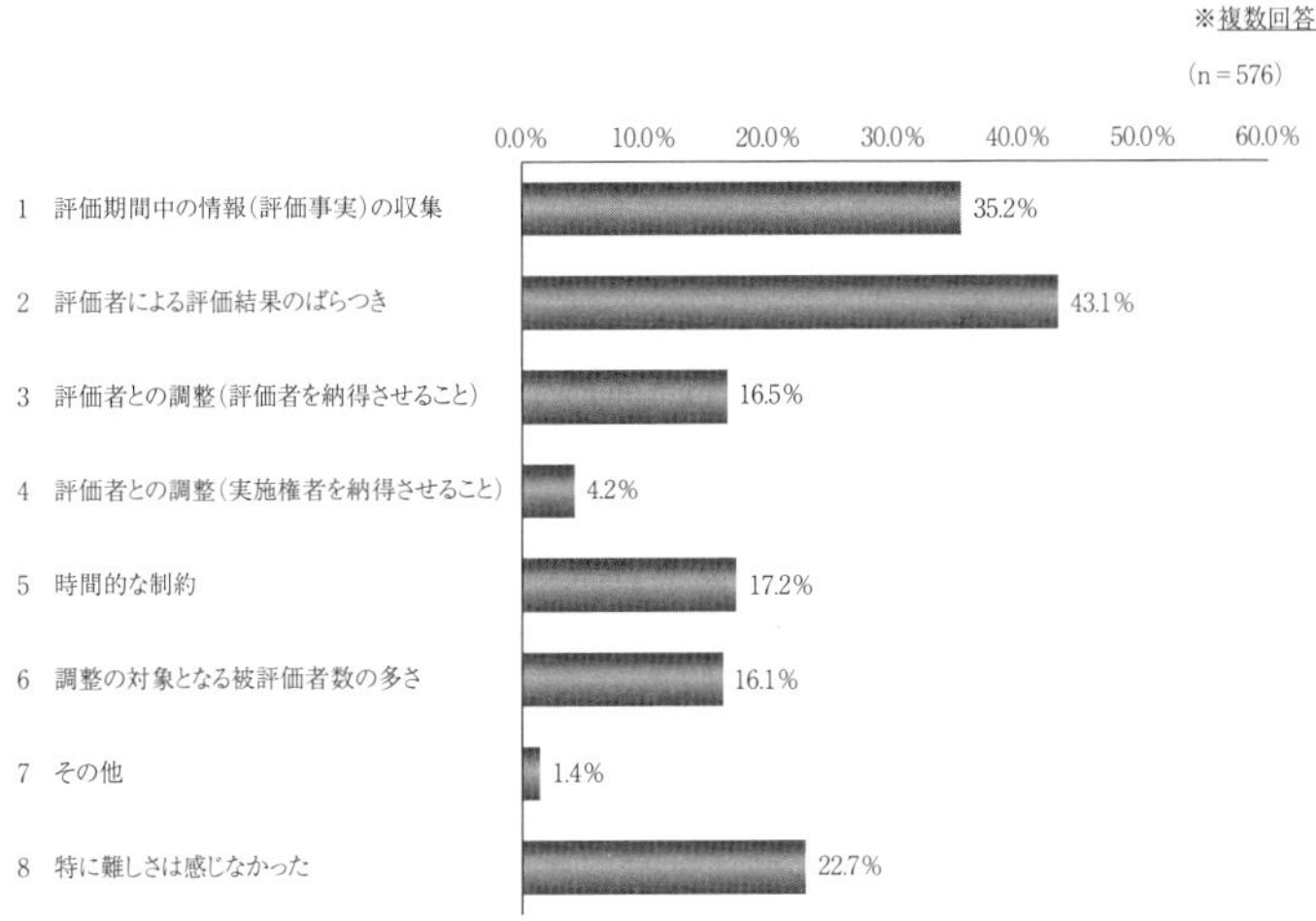

事評価に煩雑さを感じていることもわかる。

調整者については（図2-20）、複数回答可）、多くの評価者の評価を取りまとめる立場であることから、「評価者による評価結果のばらつき」に難しさを感じるものが四三・一％と最も多い。また、組織上、評価者が間に入るために被評価者との距離があることから、「評価期間中の情報（評価事実）の収集」がこれに次ぐ三五・二％となっている。

以上の通り、人事評価の運用状況と意識調査を通じて、国家公務員の人事評価に係る様々な課題が明らかとなった。有識者検討会では、これらを踏まえて改善方策についての議論が進められたが、次章以降は、いったん国家公務員を離れ、民間企業、地方自治体、諸外国における人事評価の最新の動向を明らかにした上で、これらを踏まえて有識者検討会で示された改善方策について紹介する。

（1） 人事評価の改善に向けた有識者検討会の提言を踏まえた改善については、令和四年度一〇月より実施されているが、ここでは改善前の制度について説明する。
（2） 非常勤職員、臨時的任用職員、一部の検察官については、人事評価を行わないことができる（人事評価の基準、方法等に関する政令四条）。
（3） 人事院「国家公務員給与の実態」（令和元年八月）。なお、新規採用者等を除く。
（4） 本府省等の局長級の職員については、それぞれのポストの「職務内容と果たすべき役割」（いわゆるジョブ・ディスクリプション）を定めることになっている。
（5） 期末手当と勤勉手当からなる。
（6） 人事評価の基準、方法等に関する内閣官房令三条
（7） 次官級については二段階（甲・乙）であるため、ここでは便宜上AとBに合算している。

第三章　民間企業における人事評価の動向

国家公務員に人事評価が導入されたのは平成二一年のことである。それは当時において民間企業で行われていた人事評価の実態を調査し、これを一つの手本として制度化したものであった。しかし、それから十余年を経て、民間企業においては、経営環境や雇用情勢の変化、従業員の志向の多様化等に応じて、人事評価について様々な試行錯誤を行い、動向が大きく変化してきた。

令和二年度に開催した「人事評価の改善に向けた有識者検討会」では、文献調査、個別企業へのヒアリング、最新の動きを知る有識者の招聘等により、民間企業における人事評価の動向を把握し、国家公務員の人事評価のあり方の検討に当たっての重要な参考とした。

本章では、こうした民間企業における最新の人事評価の動向について紹介する。当然のことながら、人事評価について民間企業における一致した動きがあるわけではなく、各企業それぞれの工夫や取組があり、また試行錯誤を通じて日々変化しているものであることから、ここでは様々な企業における取組について調査した結果判明した全般的なトレンドについて示すものである。

なお、民間と公務とでは組織目的も職員に求められる行動態様も同じではないことから、民間企業における人事評価の動向を単純に公務に当てはめればよいわけではなく、民間企業の動向を踏まえつつ、これを公務ではどのように活用できるのか、あるいは活用することが適当でないのかについて十分な検討を要すると考えられる。

第一節　人事評価に関する関心の動向

まず、最近において人事評価に関する関心がどのように推移したのかをみる。〔図3-1〕は、人事評価制度に関連して人事専門誌がどのような特集を組んできたのかを時系列でまとめたものである。国家公務員の人事評価制度が導入された二〇〇九年（平成二一年）前後から最近のものまでを整理している。

人事については組織管理、人材開発、労務など幅広い課題がある中で、人事評価は人事専門誌で頻繁に取り上げられており、関心が高いことが窺える。

各誌で取り上げられたキーワードを大まかに整理すると、目標管理制度のあり方やその中で達成度やプロセスをどのように評価していくか、フィードバック面談や評価者の研修をどのように行っていくか、評価要素・評価項目・評価基準をどのように定めていくかといった事項は調査期間のほぼ全体を通じてたびたび取り上げられており、人事評価の恒常的な課題であることが見て取れる。

二〇〇八年（平成二〇年）から二〇一一年（平成二三年）頃は、「コンピテンシー評価」が取り上げられている。コンピテンシーとは、優秀な従業員が持つ行動特性のことである。それまでの成果主義中心の人事評価の反動として、成果そのものに着目するのではなく、高い成果をあげる従業員はどのような能力を持っているかを明らかにし、それを評価の基準にしようとする動きを反映していると考えられる。

その後の二〇一一年（平成二三年）から二〇一四年（平成二六年）にかけては「バリュー評価」、続いて二〇一四年（平成二六年）・二〇一五年（平成二七年）には「アセスメント」というキーワードが取り上げられている。バリュー評価とは、企業の経営理念・経営目標に着目し、それを従業員が体現しているかどうかを行動基準として設定し、

〔図 3-1〕 評価制度に関する人事専門誌の特集の変遷

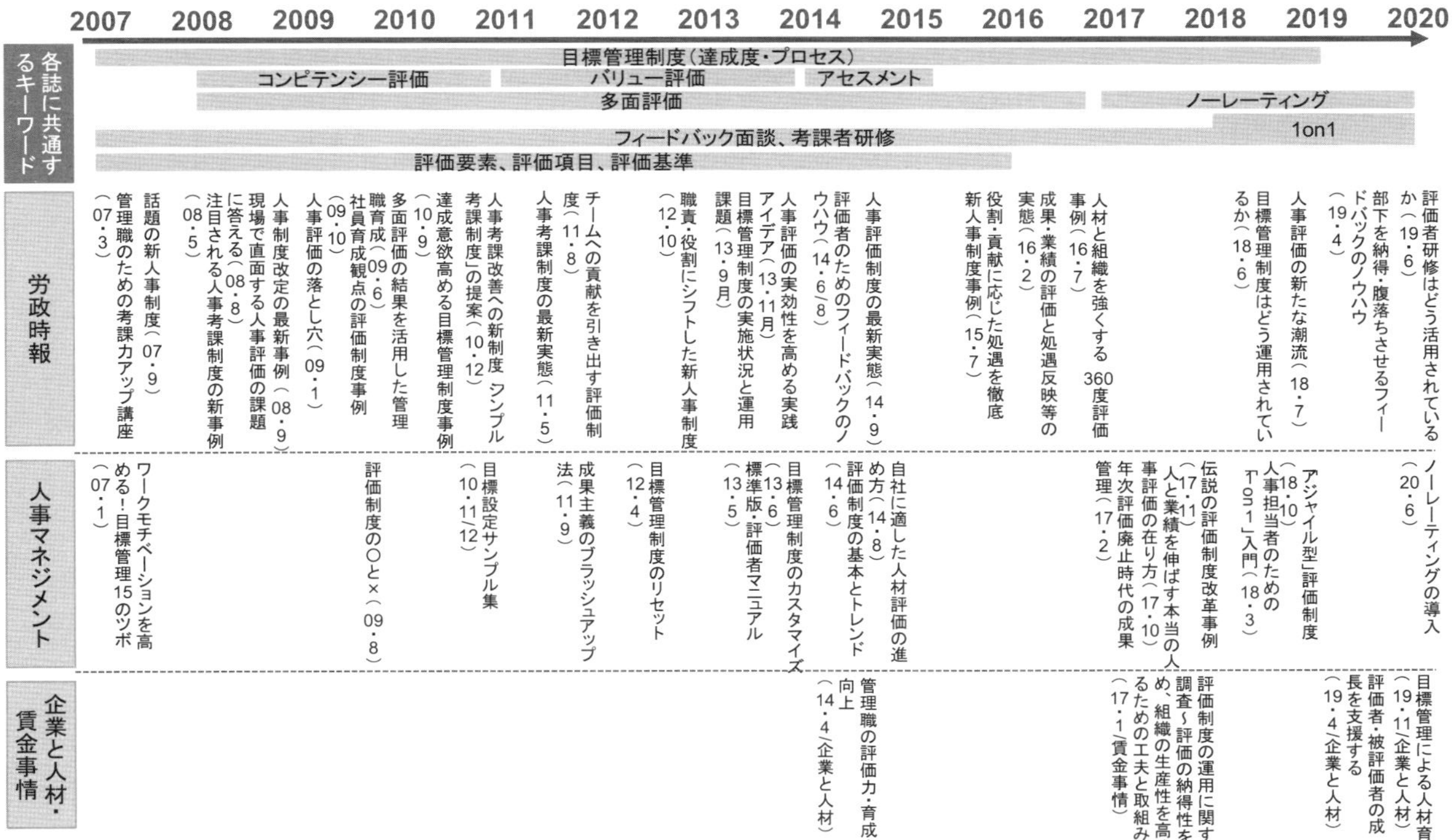

（出典）内閣官房内閣人事局「人事評価の改善に向けた有識者検討会」第2回資料

評価する動きであり、「アセスメント」は従業員の能力を客観的に診断するための手法である。一般的な能力や成果だけではなく企業の経営方針に合致しているかを新たな評価基準とし、なるべく客観的に評価しようとする動きと考えられる。

なお、二〇〇八年(平成二〇年)から継続的に「多面評価」が取り上げられている。多面評価は、従業員を上司から評価するだけでなく、部下や同僚など周辺の様々な関係者からの評価を行うものである。人事評価が普及するにつれて、評価が公正に行われているのかという疑問が出されるようになったことを受けて、上司のみならず多方面からの評価を行うことにより評価の信頼性を向上しようという傾向を表しているものと考えられる。

二〇一七年(平成二九年)からは、「ノーレイティング」が取り上げられるようになっている。ノーレイティングとは、人事評価の主要な要素と考えられてきた数段階によるランク付けを廃止し、上司と部下のフィードバックや面談を重視するものである。ランク付けは評価者・被評価者双方にとって重要な関心事であり、またそのために公正な付与のやり方が常に課題となり、不満も発生しやすい。そのため、最近になって、むしろランク付けにこだわらない新しい評価手法を見出そうとする動きを反映したものといえるだろう。

上司と部下のフィードバックを重視するこのような流れを踏まえて、二〇一八年(平成三〇年)から「1 on 1」の記事が取り上げられるようになっている。1 on 1とは、定期的に上司と部下が行う一対一の面談のことである。従来の人事評価でも通常は上司と部下による面談が組まれているが、期首の目標設定と期末の評価結果の伝達のために行うものとされていることが多い。1 on 1はこれとは異なり、信頼関係や人材育成を目的として、上司と部下が短いサイクルで定期的(一週間~一月に一回など)に面談を行うものであり、その内容も、あらかじめ決めておかず、面談時の状況に応じて業務の進捗や組織課題の改善、能力開発やキャリア支援など多岐にわたることを想定している。この背景には、後述するように、人事評価の目的を人事考課の手段に限定せず、人材育成や組織改革のツールとして幅広く活用していこうとする流れがあり、そのための重要な方法として面談を位置付けていることがある。

以上の通り、人事評価への関心の流れをみると、目標管理制度や評価基準等の人事評価の基本的な枠組みについては現場の悩みを反映して常にテーマとなっている一方で、多面評価やバリュー評価、ノーレイティングといった新しい動きを見て取ることができる。次節では、有識者検討会において行った個別企業へのヒアリングや有識者からの聞取り等を基に、民間企業における人事評価のトレンドについて整理して紹介する。

第二節　民間企業における人事評価のトレンド

一　「人事考課」から「組織改革・育成ツールへ」

民間企業における人事評価の動向を大きくまとめると、人事評価を「人事考課」（昇進や人事配置、給与など従業員の処遇のための情報を得ること）から「組織改革・育成ツール」として活用しようという流れがある。[1]

人事評価の古典的なイメージは、企業が従業員に求める能力や成果の基準をあらかじめ定型的に設定できることを前提に、それにどの程度当てはまっているのかを、いわば「上から」評価するというものであった。また、人材育成については、個々の従業員の足りない能力は研修など、同様に定型的な手法で伸ばしていくという考え方であった。実は、事前に目標を設定し、事後にその目標を達成したかどうかをシンプルに判断する目標管理手法も、このような考え方を体現したものととらえることもできるだろう。

しかし、社会や経済の不確定要素が増え、企業経営の行き先も不透明になってくると、定型的な基準に沿って能力や成果を発揮する従業員だけでは企業が社会経済の変化に十分に対応することができない。むしろ型にはまらない、予想もしなかったような能力を発揮したり、成果をあげたりすることの方が企業の未来につながるので、そのような従業員を評価しなければならなくなるし、そのような人材を育成することが必要となってくる。その際、人材育成に求められることは、代替性のある同じような従業員を多数つくることではなく、専門性や多様性を重視し、幅広い人材を揃えることとなるだろう。そのためには、これまで以上に、個々の従業員について得意分野や適性を活かした育成プランを用意するとともに、従業員ごとに異なるその育成プランを従業員自身が理解し、キャリアパスを意識しながら成長を促すことも必要となる。

こうしたニーズから人事評価のあり方をみると、目標管理は、事前に定めた目標の達成状況を単純に評価するだけではなく、予想外の成果やイノベーション、時には十分な達成ができていなくてもその取組自体を的確に評価できるような工夫が求められることとなる。能力評価についても、汎用スキルのみを評価するのではなく、専門性やその従業員固有の能力を判定することが必要となる。このことは、能力の多様性を評価するものであるため、評価の基準を作ること自体を困難にする課題ともなる。

他方、人事評価は業務中にかなりの時間と手間をかけて行うものである。目標設定に始まり、事前の面談、多くは複数の者による評価作業、そして評価結果伝達の面談などである。これらの作業を通じて行われる人事評価により、単に従業員の昇進や給与のためのものにとどまらない多くの情報が集められる。それは従業員が他の部署で活かせる個性的な能力や成長のポテンシャルなど人材育成のヒントであることもあれば、チームワークがうまくいっているか、現在の業務の進め方に課題はないか、いまの人員体制で足りているのか、といった組織のあり方につながるものもあるだろう。そうであれば、こうした情報を人事評価のもともとの目的を超えて幅広く活用していく、さらには、逆に人材育成や組織の改善につながる情報がより一層集まるように人事評価の仕組みを変えてしまうという考え方にもつながってくる。

民間企業において、人事評価を「人事考課」から「組織改革・育成ツール」として活用しようとする流れは、このような観点からのものと考えられる。その具体的な取組内容は企業において様々であるが、多くみられる取組について、以下に示していく。

二　目標管理の見直しその一――ＯＫＲの導入

目標管理制度は、例えば半年といった中期的な単位で事前に目標を設定し、期末にその達成状況を検証し評価するものである。これはいわゆる成果主義、従業員が達成した成果をもとに給与等の査定を行う考え方と理念的に一致するものであるが、これを厳格に運用すると、従業員の成果が事前に予測できるものであることを前提とし、その範囲でのみ達成度が評価されることとなり、目標設定後に生じた変化への対応や、当初想定されていなかった取組や成果の評価はできないこととなる。

もちろん、目標管理制度の実際の運用は通常そのように硬直的なものとはならず、こうした取組や成果を柔軟に評価したり、国家公務員の業績評価にみられるように、評価シートにあらかじめ「目標以外の業務への取組状況等」といった欄を設け、期末に記入されるような仕組みを用意したりするような運用も行われる。しかし、それでもなお、基本的な枠組みが事前に設定した目標の達成状況の検証にとどまる限り、定められた目標は一〇〇％の達成を求められることになり、従業員の視点が既定の目標を達成することに向けられやすくなってしまう。また、目標や達成度を明確に定める仕組みの下では、期間中に何が起こるかを明確に予測することは多くの場合困難であるにもかかわらず、目標の内容や達成水準をめぐって、評価者と被評価者の間で手間をかけて調整するコストが発生することにもなる。結果として、達成されることが十分見込まれる、予測可能な目標のみが事前に設定されることとなれば、業績を計測する手段として十分に機能しないことにもなる。

こうした目標管理制度の課題への対応として表れてきたのが「OKR（Objectives and Key Results）」という考え方である（〔表3-1〕参照）。一九九〇年代に、アメリカのインテル社で誕生し、その後シリコンバレーの企業などで取り入れられている仕組みである。その最も大きな特徴は、厳格に目標設定することにこだわらず、重要なテーマにフォーカスして目標を定めることである。その従業員が達成すべき大まかな内容を示す定性的な目標（Objective）を定めた上で、その成果を検証できるような定量的な指標（Key Results）を複数定めるというのが一般的な形とされている。

ここで、目標として定める内容は必ずしも達成可能ではないチャレンジングな内容も含むとされる。その結果として、期末時点において目標を一〇〇％達成することを前提とはせず、六〇～七〇％の達成度が求められるものとされる。他方で、大まかな目標を設定するため、従業員にとっては取り組む業務の具体的な方向が見えにくく、上司にとっては業務の進捗状況が把握しづらいという問題が生じる。このため、評価のサイクルを例えば四半期単位とより短くするほか、週一回～月二回程度の頻度で上司と部下のコミュニケーションの

〔表3-1〕目標管理制度の新たな動き

- 企業をとりまく環境が急速に変化する時代において、高付加価値・成果を創出するべくOKR（Objectives and Key Results）が注目されている
  - OKRとは目標設定・管理方法の一つで、米・インテル社で誕生し、Googleなどのシリコンバレーの企業が取り入れている仕組み
- チャレンジングな目標設定、目標達成の度合いをはかる定量指標の設定、高頻度なフィードバック、目標の定期的な見直し、人事評価とは切り離し運用する点が特徴
  - 従来の目標管理（MBO）は査定ツールとして用いられているため、チャレンジングな目標が立てづらい。また、期初に立てた目標は変更しない事が前提であるため、環境変化に素早く対応しづらく、結果として企業にとって重要な事に取り組みづらい仕組みとなっていることが、OKRが注目される背景にあると推察

従来の目標管理制度とOKRの比較

	項目	従来の目標管理制度（MBO）	OKR
1	発祥の時期	1950年代	1990年代
2	目的	人事考課（組織への貢献度を評価し、処遇に反映）	目標達成までのプロセスの管理、チーム力や生産性の向上（パフォーマンス評価、報酬決定ツールとしての役割を切り離す）
3	目標の範囲	原則としてすべての業務	重要なテーマに大胆にフォーカス
4	設定する目標数	特に制限なし	原則としてObject（定性）一つに、Key Result（定量）が三つ
5	マネジメント期間	年度単位または半期単位	原則として4半期単位
6	共有範囲	（多くの場合）上司と部下	組織全体
7	求められる達成度	100%	60～70%程度
8	コミュニケーション	期初、中間、期末	週1回～月2回程度
9	人事考課への活用	ストレートに活用	参考情報として活用

（出典）内閣官房内閣人事局「人事評価の改善に向けた有識者検討会」第2回資料

機会を持ち、業務のすり合わせをする仕組みがセットとなっている。人事配置や給与等への反映についても、評価結果を直接反映するのではなく、参考情報として活用するものとされる。

ＯＫＲは、目標管理制度の硬直的な運用を回避し、変化への対応や新たな分野へのチャレンジを評価するための試みとして注目すべき考え方である。特に、厳格な目標設定にコストをかけず、上司と部下の頻繁なコミュニケーションを通じて業務の進捗をコントロールするという方向性は非常に有効であると考えられる。ただ、トレード・オフではあるが、厳格な目標管理を緩めた結果として、達成度の評価基準が曖昧になり、上司の匙加減次第で評価が変動してしまうおそれもある。また、評価結果の活用についても明確なルールがなく、上司の考え方次第となるため、従業員の納得性が乏しくなることも短所といえる。アメリカの企業では、部下の給与査定について直属の上司が権限を持っているため、このような仕組みも比較的受け入れられている可能性もあるが、日本の多くの公務組織においては、直属の上司ではなく人事当局が人事配置や給与査定を取りまとめているため、組織を通じた一定のルールでこれらが行われていないと、職員の納得感が得られにくい。日本の国家公務員において目標管理制度の柔軟化を考える際には、こうした課題を踏まえながら、制度を構築していくことが必要と考えられる。

三　目標管理の見直しその二――新たな価値創造の評価

二で示した、規定の目標達成に集中しがちで新たな取組を誘導しにくいという目標管理制度の問題点への対応として、目標設定とその評価を柔軟化するＯＫＲの考え方のほかに、新たな取組を直接評価する仕組みを導入している例がみられる。

その一つはチャレンジ目標、あるいはストレッチ目標といわれるものの設定である。(2) これは、従業員に対し、担当業務について通常達成すべき目標とは別に、その従業員が、新たなスキルを身に付けるなどしてより高い能力が求められる業務に取り組んだり、業務上の困難な課題に取り組んだりするような目標を設定させるものである。達成が容易でない目標を設定させることから、通常の目標のように達成を当然のものとするのではなく、達成しなくても必ずしも低い評価とならない。このため、取り組んだこと自体を評価する仕組みとした上で、この評価方針を事前に周知することが必要となる。このようなチャレンジ目標、ストレッチ目標の設定は、従業員がより大きな成果に向けた挑戦を促すことに加えて、業績評価の枠組みの中でありながら、従業員が自らの能力を向上させようとする能力開発の動機にもなり、組織全体の人材育成にもつながっていく点に、大きな意義があるといえる。

他方で、従業員が能力開発をしてより困難な業務に取り組む、あるいはこれまでになかった新しいことに取り組む意欲を持っていたとしても、事前に目標を設定することまでは躊躇する（たとえ評価において配慮されることがわかっていたとしても）場合もあるであろう。このため、事前の目標設定によらず、想定外の成果について意識的に評価する仕組みを導入している企業もある。例えば、通常の目標管理とは別の項目を設け、従来の業務を大きく改革するような成果をあげた場合に特に高く評価するような取組である(3)。

このような新たな取組に係る目標設定や評価の仕組みに近いものは、実は、現在の国家公務員の人事評価制度の中にも組み込まれている。目標設定に当たっては、いくつかの目標に「困難」という指定ができるようになっており、また、前述の通り、評価シートには「目標以外の業務への取組状況等」という欄が設けられ、職員に申告の機会を与えている。しかし、「困難」とする目標の設定は、あくまで任意であり、またチャレンジ目標またはストレッチ目標として設定することを推奨しているわけではないため、職員は自分の設定した目標の中から比較的難しそうな目標に「困難」指定をする程度にとどまってしまい、あえて挑戦することを誘導するような機能は十分に果たされていないと考えられる。また、「目標以外の業務への取組状況等」は、例えば新たな業務を担当させられることとなったり、災害などの緊急事態に組織の指示で対応したりすることなども含まれており、自主的な新しい取組を積極的に評価するという組織のメッセージとまではなっていないと推測される。さらに、「困難」目標についてはうまく達成できなかったときにどのように評価されるのか、「目標以外の業務への取組状況等」については全体の中でどのように評価されるのかについても十分な周知がなされていないのが実態である。職員のチャレンジやストレッチを誘導するためには、これらが推奨されること、これに取り組んだ場合には高く評価される、あるいは失敗しても低い評価とならないことについて、人事評価の仕組みの中に明示的に組み込んだり、メッセージを発信したりすることが必要だと考えられる。

四　能力開発・キャリア形成支援との関連付け

民間企業においては、人事評価を従業員の能力開発やキャリア形成支援と結びつけるための取組がみられる。人事評価はもともと従業員の人材育成も目的としているものであるが、単に評価をして面談を通じて指導するだけではなく、従業員のキャリア意向を確認したり、組織として従業員の育成方針を定めたり、そのために必要な能力開発や人事配置とつなげるための具体的な枠組みを用意していることが特徴である。

例えば、人事評価と並行して、従業員のキャリアや能力開発、成長等に関する面談の機会などを設ける取組がみられる[4]。あるいは、人事評価のための面談の場を活用して、目標設定などとは別に、上司が従業員のキャリア志向を把握するとともに、そのために必要な能力開発について話し合ったり、アドバイスを与えたりする機会を設けたりすることも考えられる。

これらの取組は、企業において従来のように型にはまった人材ではなく多様な専門性を持った人材が求められていること、また終身雇用が揺らいでいる中で、個々の従業員が企業側の一方的な人事配置を好まず、自ら長期的なキャリアプランを考え、それに沿った能力開発の機会や配属を求めるようになっていることを反映していると考えられる。

国家公務員の人事評価において、このような能力開発やキャリア形成支援の仕組みは用意されておらず、自分のキャリアの方向性や将来やりたい仕事などを申告できるようにもなっていない。能力開発については、能力評価や面談を通じて一般的な指導・助言を行うこととされているが、職員個人の希望に応じた能力開発という考え方はないのが現状である。しかしながら、国家公務員についても、定型的でない多様な人材を育成したり、職員のキャリア志向に応じた能力の向上や人事配置の機会を付与したりすることが重要になってきている。この点、人事評価制度は、上司と部下が一対一で面談するという貴重な機会を用意しており、この場を活用して職員のキャリア形成や能力開発の支援を行うことは有効と考えられる。こうした取組を促すために、人事評価の様式に職員のキャリア形成支援や能力開発に関する事項を盛り込んだり、これらを面談で話し合うべき事項として位置づけたりすることも考えられる。

五　多面的な評価

人事評価は、組織のヒエラルキーに基づき、組織の上位者が被評価者を評価するという仕組みの下で出発したが、評価が公正なものであるかどうかを問われる中で、上司による一方的な評価だけでなく、被評価者の部下や同僚など、多面的な評価を併せて行う取組が民間企業において行われている。(5) その人事評価における位置づけは、部下や同僚による評価と上司による評価とを合わせて最終的な評価とするもの、上司による評価を基本とするが部下や同僚からの評価が一定以上低い場合には高い評価結果を与えないとするもの、部下や同僚による評価は人事評価とは切り離し、評価というよりは本人の行動に対する気付きを与えるためのものとするものなど様々な形が考えられる。

こうした多面的な評価を行う意義としては、第一に、複数の視点による公平性の担保である。上司である評価者と被評価者との相性の良し悪しなどにより評価結果が変動することは避けられないことでもあるため、多くは評価者の上司がさらに評価するなど複数者による評価を行っている。こうした複数者による評価に加え、組織の上位者のみならず、指導監督を受ける立場の部下からみてどうか、担当が近い同僚からみてどうかといった異なる視点の評価を加えることにより、より客観的な評価が行われ、評価の公平性に関する信頼を高めることが期待できる。

第二の意義は、多面的な評価は被評価者の能力や業績にとどまらず、様々な行動態様まで把握できることである。組織の上位者は部下の能力と業績に強い関心を持つが、職員が上司や同僚を評価するときは、その能力や業績を厳密に評価するというよりは、むしろその人柄や仕事ぶりなどに関心を持つと考えられる。こうした傾向を活用することにより、被評価者が組織内の一員として周囲と協調しながら仕事を進めていけるか、管理職であればマネジメント能力を発揮できているかといったことも観察することができる。例えば、能力が高く業績も挙げるので上司の受けは良いが、部下に理不尽又は過酷な業務を押し付けたり、チームワークを乱したりする従業員がいたとする。この場合、上司による人事評価だけではこうしたマイナス要素が表れないが、多面的な評価を行うことにより、こうした要素が明らかにされ得る。

第三の意義として、副次的であるが重要なものとして、すべての従業員が評価に参加することで組織の改善に貢献する機会を与えられることがある。上司のみによる人事評価において、下位の従業員は一方的に評価される立場であるが、多面的な評価が導入されると、自らの上位者も含めた周辺の従業員を評価する機会を与えられ、それぞれの従業員の役割やあるべき姿を認識し、それが実現できているかを考えることになる。また、自らの評価が上司や周囲の従業員の行動改善につながれば、組織への貢献を実感することもできる。このことは、多面的な評価を「評価」のみならず本人への「気づき」を与える仕組みとすることで一層有効なものとなる。「気づき」を重視した多面的な評価の仕組みでは、対象者を評価するだけではなく、対象者の優れたところを称賛したり、改善すべきと思うことを提言したりすることができる。それを受け取った側も、自分では気がつかなかった長所や短所を認識し、行動の改善につなげることができる。同僚同士での評価は時に「ピアレビュー」といわれるが、互いの評価を通じて高め合う仕組みととらえることもできる。すべての従業員が評価や気づきの付与をする機会を与えることは、組織の一員としての意識を高め、周囲や組織により貢献しようする意欲を促す点においても、極めて有効といえるだろう。

他方で、多面的な評価における課題としては、評価者の数が多くなるため、全体の負担が大幅に増えることが挙げられる。評価者の範囲を広くとればとるほどより多様な情報が集まるのは確かであるが、広くとりすぎると従業員がそれぞれ膨大な人数の評価をしなければならなくなる。何段階下の部下を評価者とするか、どこまで担当の離れた同僚を評価者とするかを明確に定めることは難しいが、従業員間の日常的な接触の程度を勘案して仕事ぶりを認識できる範囲にとどめないと、多面的な評価も負担がかかるばかりで十分な効果が得られなくなってしまう。負担と効果のバランスを考慮して評価者の範囲を定める工夫が必要と考えられる。

もう一つの課題は、管理職などの立場にある上司が行う評価と比較して、評価能力を十分に持っていない部下の評価は信頼性に劣ることである。部下は、場合によっては上司の立場を十分に理解することができず、一方的に低い評価をしてしまうこともあるだろう。同僚による評価も、被評価者の業務について責任のない立場からのものであることから、信頼性はある程度割り引いて考える必要がある。こうしたことから、多面的な評価を上司による評価と同列に扱うよりも、評価の一部の材料にとどめる、あるいは評価とは切り離し本人に気づきを与えるためのものとして実施する、といった運用がなされていることも多いと考えられる。

国家公務員については、部下が上司の行動を観察し、それを取りまとめて対象者に示す「多面観察」を全府省で行っている。(6) 部下による観察が管理職のマネジメント行動の把握や改善に効果的である点に着目し、人事評価とは切り離した取組として、本府省の管理職を対象として、部下等が管理職のマネジメント行動に関する観察を行い、管理職に自らのマネジメントについての気づきを与えることを目的としている。上司以外の職員による観察の信頼性の懸念や観察作業の負担を考慮し、明確な目的の下で限定的に多面的な評価の仕組みを導入しているといえるだろう。

六　上司と部下のコミュニケーションの強化（1 on 1）

古典的な人事評価では、半年程度の評価期間を設定し、期首に目標設定のための面談、期末に評価結果の伝達と指導・助言のための面談を行う。特に期末の面談は人材育成にもつなげるものとされているが、人材育成を効果的に行う観点からみれば面談の頻度としては十分ではなく、どちらかというと人事評価の手続の中で人材育成も行う程度ともとらえられる。これ以外に企業や官庁で行う人材育成の取組としては、一般的には、研修を受けさせるほか、日々の業務の中でスキルを習得させるＯＪＴ（オン・ザ・ジョブ・トレーニング）によるものが中心と考えられるが、研修に充てられる時間には限りがあり、また、ＯＪＴだけでは従業員自らが習得すべきスキルを明示的に認識したり、課題を把握したりする機会に乏しい。多様な能力を持った人材育成が求められる中、ＯＪＴを人材育成の中核としつつ、上司と部下のコミュニケーションを活発にし、意識的に習得すべき事項や課題の認識、解決策の探求を進めていくことが必要となってきた。

また、二で述べたように、ＯＫＲを導入し、目標管理を緩やかにすると、業務の方向性や進捗状況の把握がしにくくなるので、状況の共有や方向性のすり合わせをより頻繁に行うことが重要となってくる。

こうしたことから、民間企業においては、上司と部下の面談を増やし、より頻繁にコミュニケーションを取らせる動きが生じてきた。こうした動きは、１on１という方法論でも呼ばれている。(7)

1 on 1では、上司と部下が一対一で定期的な面談を行う場を設けるという枠組みがまず重視される。面談においては、あらかじめ議題を設けるのではなく、その場の状況次第で、業務の状況から組織の課題、能力開発やキャリア支援、時にはプライベートも含めた心身の状況に至るまで幅広く話し合うことができるものとされている。また、1 on 1は人材育成の重要なツールとして位置づけられてはいるが、上司から部下に一方的な指導をしたり、答えを与えたりするのではなく、主に部下に話をさせ、上司は聞き役に徹したり、部下が自ら答えを出せるような問いかけをするといった、いわゆるコーチングの技術を用いることが重要とされている。企業では、上司と部下の1 on 1の定期的な実施を義務付けたり、コーチングの技術の研修を実施したりするなどの取組が行われている。(8)

国家公務員の人事評価においては、期首と期末の面談のみが義務付けられており、期間中に頻繁に上司と部下のコミュニケーションをとるための具体的な仕組みは用意されていない。他方で、期末面談の際には評価結果を踏まえた指導・助言を行うこととされ、評価者向けの研修においては、1 on 1における方法とされるコーチングの技術も教えられている。(9)ただ、面談の頻度や時間が少ないこともあって、期末面談では評価結果の伝達が中心となり、きめ細かいコーチングまではなかなか行われていないのが実態と推測される。様々な職種を含む国家公務員のすべてについて、1 on 1のような定期的な面談を機械的に義務付けることについては異論もあろうが、人事評価のプロセスの中で上司と部下のコミュニケーションを高める取組は有効であると考えられる。

七　ノーレイティング

人事評価においては、その評価結果を端的に示すものとして、評語によるランク付け（国家公務員であれば原則S、A、B、C、Dの五段階）が通常行われる。このランク付けが、昇進や給与にも活用されるため、評価者・被評価者双方にとって非常に高い関心事項ともなっている。

ところが、民間の一部の企業においては、このランク付けを廃止する「ノーレイティング」が導入されている[10]。その背景としては、まさにランク付けが評価者・被評価者にとって高い関心事項であること自体にあると考えられる。人事評価はランク付け自体を目的としているわけではなく、それを処遇に活用したり、従業員の能力や業績を見極め、必要な改善などにつなげたりすることが本来の姿である。ところが、被評価者はどうしても自分がどのようにランク付けされるかに関心が行きがちである。被評価者は、高いランク付けを得ると安心してしまい、なお改善が必要な事項や今後の成長のために必要なことに考えが及ばなくなる、逆に低いランク付けを得ると落胆したり不満が生じたりして、やはり冷静に自身の改善事項と向き合うことができなくなる、といったことは容易に想像できることである。その結果、評価者の側も、ランク付けをどのように行うかに関心が行ってしまい、その前提となる事実関係の把握や、被評価者の長所・短所、達成できたこととできなかったことの要因分析などがおろそかになりがちである。

ノーレイティングはこうした課題に対応して、あえてランク付けをせずに、本来評価者が行うべきこれらの把握や分析に集中して取り組むことを目指したものということができるだろう。ランク付けを行わない代わりに、六で述べた上司と部下のコミュニケーションの強化と一体となって、上司は部下の現状をよく把握し、頻繁に面談の機会を設けた上で、より具体的な評価や改善の方向性を部下に示すフィードバックを行うこととなる。

ノーレイティングは、人事評価を人事考課から人材育成の手段として活用しようという流れの中で、注目すべき取組であると考えられる。ただし、ノーレイティングを導入しようとする場合、上司の側に部下の能力や業績を丁寧に把握・分析し、的確に指導するという高いマネジメント能力が要求されることとなる。また、ランク付けがなされない場合、昇進や給与をどのように行うかも問題となる。二のOKRのところで述べたように、アメリカの企業では、部下の給与査定について直属の上司が権限を持っているため、ノーレイティングの下でも上司が自らの裁量で給与配分を行うことができるが、日本の多くの公務組織においては、直属の上司ではなく人事当局が人事配置や給与査定を取りまとめているため、これらを公平な形で行うためのルールが必要である。ランク付けにこだわらず、具体的な評価やフィードバックを重視することは重要であるが、日本の公務組織における人事の仕組みの中でのランク付けの意義については留意が必要だと考えらえる。

八　マネジメントの評価

これまで述べてきたような民間企業における新しい人事評価の流れにおいては、従業員を評価したり育成したりする上司、管理職の役割が大変重要となってくる。このため、民間企業においては、管理職にマネジメント能力を身に付けさせる研修を充実させる一方で、管理職を評価する際には、業務遂行能力に加え、育成などのマネジメント能力を発揮しているかが検証されるようになっている(11)。

国家公務員においても、管理職の能力評価においては、組織統率・人材育成といったマネジメントに関する項目が設けられている。ただ、これらは業務遂行能力と同列の評価項目であるため、例えば、部下に不当に過酷な業務を強いるなど不十分なマネジメントを行いながらも、マネジメント以外の分野で高い能力を発揮すると高く評価されてしまいかねないという懸念がある。国家公務員の働き方改革が喫緊の課題となっている中で、管理職についてはマネジメントをより重視した評価の仕組みを構築することが必要と考えられる。

九　テクノロジーの活用と簡素化

民間企業においてはＩＣＴによる人事評価の効率化や活用がみられる。人事評価のためのシステムを構築し、ウェブ上で評価作業が進められるようにするだけでなく、そこで得られた評価データを迅速に分析して、組織の実態把握や人材の活用に反映させるといったことが行われている。

これらは、人事評価のみではなく、人事管理の様々な分野でＡＩなどを活用しようとするＨＲ（Human Resources）テクノロジーの導入の一環としてとらえることが適切と考えられる。ＨＲテクノロジーの導入については、例えば、従業員の経歴、給与、勤務状況に関する記録など人事部門が保有する人事データを十分に活用できていないとの問題意識から、これらのデータを統合した上で統計解析し、可視化して、戦略的な人事・経営の意思決定や業務効率化などに生かそうとする「ピープル・アナリティクス」が注目されている。これをさらに発展させ、従業員の端末などから得られる行動データも取得し、オフィス環境の最適化や生産性向上に結び付けようという取組もある。[12]

こうした人事に活用できるデータの取得という視点でみると、人事評価は、目標設定や能力や業績の評価、面談等を通じて従業員に関する様々な情報が得られるものであり、ＩＣＴの活用により、プロセスの効率化を行うだけでなく、その内容を利用可能なデータとして取り込むことは、ＨＲテクノロジーの導入の上で有効であると考えられる。

このほか、**六**で述べた高頻度のコミュニケーションを実現するため、例えば、スマートフォンのアプリを導入し、半年や四半期といった期間ではなく、より短い業務遂行の単位でフィードバックをする取組もみられる。[13]決められた期間ごとの人事評価は、実際の業務遂行からのタイムラグがどうしても生じてしまい、時には忘れたころにフィードバックがやってくるといったことも起きてしまうが、ＩＣＴを活用してリアルタイムでのフィードバックが実現できれば、より短いサイクルで従業員の課題認識や改善の取組につなげることができる。

国家公務員については、人事評価のための情報システムの導入は五つの府省庁等[14]にとどまっている。[15]得られたデータの活用や、ＩＣＴによるリアルタイムのフィードバックといったことは、その先の課題になっているのが実情と考えられる。職員の業務負担を軽減する観点からも、人事評価におけるＩＣＴの活用を早急に進める必要があると考えられる。

（1）内閣官房内閣人事局「人事評価の改善に向けた有識者検討会」第六回資料四「育成における人事評価の活用（ボストンコンサルティンググループ提出資料）」三頁参照。

（2）トヨタ自動車では、事前の目標設定に相当する「職責」の要素として、「役割」「到達目標」とともに「チャレンジテーマ」があり、これらを上司とすり合わせることとしている（労政時報三九八九号（二〇二〇年三月）二四頁参照）。

（3）イノベーティブで大胆なチャレンジを促進するため、最終評定時の加点項目として、大きな成果を上げた場合のみ、大きく加点評価する「イノベーティブ成果」という欄を目標管理シートに設けている大日本印刷の例がある（労政時報三九五二号（二〇一八年六月）四二頁参照）。

（4）例えば、三菱商事においては、「貢献度評価」と「成長対話」という二つの枠組みを設け、「成長対話」では本人のこれまでの成長を振り返り、今後どのような能力開発をしたいかを申告し、同僚からも含めてフィードバックをもらう。また、自身のキャリアビジョンを設定し、短中期にどのような仕事をしたいかを申告し、上司がアドバイスやコメントをする。その内容は組織で共有され、異動・配置の検討につなげていく仕組みとなっている（労政時報三九九八号（二〇二〇年八月）六〇頁以降参照）。

（5）前掲注（1）五頁において、評価制度・運用の主なトレンドの一つとして「ピアレビュー」（同僚からの多面的レビューにより気付きなどを確保する）が掲げられている。また同一三頁では、欧州公的機関の例として、「部下からの評価が義務付けられ、それが悪いと平均以上の総合評価にならない」としている例が紹介されている。

（6）平成二九年度以降、全ての府省等において多面観察が実施され、平成三一年度には、本府省等においては、原則として少なくとも課室長級職員を対象として実施している（内閣官房内閣人事局「人事評価の改善に向けた有識者検討会」第一回資料四—二「平成二五年度『人事評価に関する検討会』における議論とその対応状況」九頁参照）。

（7）内閣官房内閣人事局「人事評価の改善に向けた有識者検討会」第二回資料三—二「民間における人事評価制度の目的・役割の変遷」一一頁参照。

（8）前掲注（1）一三頁において、「日本製造業」の例として、「評価フィードバックの効果を高めるために、コーチングに特化した研修を強化」「一方的な『指導』から、観察・傾聴・質問・フィードバックを重視した対話にシフト」等の取組が紹介されている。

（9）内閣官房内閣人事局「人事評価の改善に向けた有識者検討会」第一回資料四―二「平成二五年度『人事評価に関する検討会』における議論とその対応状況」八頁参照。
（10）注（8）引用箇所において、「米国テクノロジー企業」の例として、「レーティング・評価分布を廃止し、高頻度フィードバックや従業員の成長目的を重視」する取組が紹介されている。
（11）注（8）引用箇所において、「欧州公的機関」の例として、「管理職に対する評価項目の中で、育成を重視」する、「部下の専門性向上が義務付けられており、人事考課に大きく影響」させる取組が紹介されている。
（12）ピープルアナリティクス&HRテクノロジー協会『ピープルアナリティクスの教科書：組織・人事データの実践的活用法』（日本能率協会マネジメントセンター、二〇二〇年）、バーナード・マー『データ・ドリブン人事戦略：データ主導の人事機能を組織経営に活かす』（日本能率協会マネジメントセンター、二〇一九年）、稲継裕昭「AI時代の自治体人事戦略」第二一回〜第二四回（月刊『ガバナンス』二〇二〇年一二月号〜二〇二一年三月号所収）
（13）注（8）引用箇所において、「米国コングロマリット」の例として、「年次サイクルの膨大な作業を必要とする評価プロセスを廃止」し、「モバイル上のアプリを使って、リアルタイムで上司・同僚からフィードバックを得る」取組が紹介されている。
（14）府省庁等の一部を含む。
（15）内閣官房内閣人事局「人事評価の改善に向けた有識者検討会」第三回資料四の二「人事評価に係る情報システムの管理・活用事例」参照。

第四章　地方自治体における人事評価の動向

人事評価の改善に向けた有識者検討会においては、地方自治体における人事評価についても参考として紹介され（第五回ほか）、検討会の場で質疑応答がなされ、その後の議論でも幾度も言及されている。本章では、地方自治体の人事評価について述べることとする。

第一節　地方自治体における人事評価

一　地方公務員法の改正経緯

人事評価に関する国家公務員法の改正（「第三章第四節　人事評価」の新設）は平成一九年四月に閣議決定され、同年六月に改正法が成立した。しかし、国家公務員法改正に平仄を合わせる形で準備され、同年五月に閣議決定されて国会に上程された地方公務員法改正案は可決に至らず継続審議を繰り返したのち、平成二一年七月に廃案となった。その後、平成二四年一一月に労働基本権問題とセットにして提出された地方公務員法等改正案は直後の衆議院解散により廃案となった。平成二六年三月に、平成一九年に提出されたものと同内容で基本権問題を切り離した改正案が提出されて同年四月に成立し、平成二八年四月から施行された。国家公務員法の改正から七年遅れての法律改正となった。

二　改正前の勤務評定の規定とその運用

改正前の地方公務員法も第四〇条で勤務評定について規定していた。

「任命権者は、職員の執務について定期的に勤務成績の評定を行い、その評定の結果に応じた措置を講じなければならない。」（旧地方公務員法四〇条）

この規定に基づき、各地方自治体は勤務評定を行うこととなっていたが、実施していない地方自治体も少なくなかった。旧法下の逐条解説においても、勤務成績の評定は「地方公務員制度上きわめて重要な意義を有するものであるが、これに対する反対意見も根強いものがあり、全体として勤務成績の評定が十分に実施されているとはいいがたい。[1]」と書かれている。続けて、「かつて教職員の組合が全国的に長期にわたる反対運動を行ったことがあるが、このような反対がなされる原因としては、一つには勤務成績の評定に関する誤解があること、いま一つには勤務成績の評定結果の客観性が十分信頼されていないことがある。」とする。[2]

誤解は、「主としてそれが職員の人格や人間としての評価を行うものと考えるところにある。」しかし、「勤務評定制度は公務能率の増進を目的とするものであるから、その目的に照らして勤務実績が良好であったかどうか、職務に必要な能力、資質を備えているかどうかをもっぱら判断するものである。すなわち、職務を通じての公務に対する貢献の度合いのみを判断するものであって、それ以下でもなければそれ以上のものでもない。決して職員の人格を評価したり、人間としての価値判断を行うものではないのである。[3]」

勤務成績の評定に対する不信の問題に関しては、「勤務評定について主観的要素をできる限り排除し、その客観性と信頼性を高めるために、あらかじめそのテストを行ってより精度を高める工夫をすること、評定要素の客観化をはかり、二次以降の評定調整者を設けてチェックを行うなど評定制度の合理化を行うこと、評定者の訓練を行って評定者間のバランスをとるとともに、その陥りやすい主観的な欠陥を自覚せしめること、職員に自己申告を行わせて職員自身の判断も参考にするなどの方法を用い、評定制度を実施する方向で前向きに解決すべきである。[4]」とされている。勤務評定によらないで行われている職員の昇任などは、資料なしに主観的に行われているか、あるいは、地方公務員制度の基本理念である能力主義、成績主義の原則に反する完全な年功序列で行われていることになる。[5]

自治省・総務省としても、地方自治体の勤務評定の実施に資するために幾度も研究会を設置し、調査研究を進めたり、また、機関誌（『地方公務員月報』）に先進事例を紹介したりするなどして、その普及に努めてきた。

例えば、研究会の報告書としては、自治省行政局公務員部『地方行政運営研究会第一五次公務能率研究部会報告書　地方公務員の評価システムに関する調査研究――勤務評定の現状と課題』（平成一二年二月）、地方行政運営研究会第一八次公務能率研究部会（総務省自治行政局）『地方公共団体における人事評価システムのあり方に関する調査研究――新たな評価システムの導入に向けて』（平成一六年三月）[6]、がある。

また、先進事例の紹介をまとめたものとして、地方公務員人事・評価制度研究会編『人事評価への取組み――先進自治体の事例』（ぎょうせい、平成一五年）、地方公共団体人事評価システム研究会編『人事評価システムの構築から運用まで――人事評価制度の実施に向けた地方公共団体の取組み』（第一法規、平成一九年）なども刊行されている。

このような取組みにもかかわらず、地方自治体における勤務評定制度の実施率は都道府県や政令指定都市を除けば必ずしも芳しいものではなかった。先に紹介した第一八次公務能率研究部会が全国の地方自治体を対象として行った調査によると、平成一四年時点では〔表4-1〕のような調査結果となっていた。政令指定都市を除く市区では六八六団体中三八三団体が実施（五五・八％）、町村では二、五四三団体中六三八団体が実施（二五・一％）となっており、政令指定都市を除く市区町村全体では三、二二九団体中一、〇二一団体（三一・六％）となっていた。

平成一六年一二月の閣議決定（「今後の行政改革の方針」（平成一六年一二月二四日閣議決定））の中で、8（2）地方行革の推進、において「イ　地方公務員の人事制度については、地方分権の進展、住民の行政に対するニーズの高度化・複雑化等に対応して、公務の能率的かつ適正な運営を確保するため、より客観的な評価制度の導入を通じた能力・実績重視の人事制度の確立や職員の任用・勤務形態の多様化の取組を支援するなど、地方公共団体における改革を推進する。」と書かれていた。この閣議決定を受ける形で平成一七年三月に発出された新地方行革指針（平成一七年三月二九日付総行整第一一号総務事務次官通知「地方公共団体における行政改革の推進のための新たな指針の策定について」）にも、「能力・実績を重視した新しい人事評価システムの導入が求められており、『今後の行政改革の方針』の趣旨も踏まえ、公正かつ客観的な人事評価システムの構築に引き続き積極的に取り組むこと。」と書かれており、総務省からの地方自治体に対する要請はさらに強いものとなった。その後総務省には、平成二〇年以降たびたび「地方公共団

〔表 4-1〕地方公務員の人事評価システムのあり方に関するアンケート調査結果

（平成 14 年 9 月 1 日現在）

（単位：%、（　）内は団体数）

勤務評定実施の有無	都道府県 15次	都道府県 18次	指定都市 15次	指定都市 18次	小計 15次	小計 18次	市区	町村	合計
実施	(37) 78.7	(41) 87.3	(11) 91.7	(11) 91.7	(48) 81.4	(52) 88.1	(383) 55.8	(638) 25.1	(1,073) 32.6
定期的実施	76.6	83.0	91.7	91.7	79.7	84.7	50.6	21.8	28.9
不定期的実施	2.1	4.3	0.0	0.0	1.7	3.4	5.2	3.3	3.7
未実施	21.3	12.8	8.3	8.3	18.6	11.9	44.2	74.9	67.4
計	100.0	100.1	100.0	100.0	100.0	100.0	100.0	100.0	100.0

（注）・ 第 15 次のアンケートは平成 10 年 8 月 1 日現在の調査である。
なお第 15 次は都道府県と指定都市に限った調査のため、市区、町村、合計は第 18 次のみとなっている。
・ 少数点第 2 位で四捨五入している関係で、計が 100%にならないところがある。以下同じ。

（出典）地方行政運営研究会公務能率研究部会『地方公共団体における人事評価システムのあり方に関する調査研究――新たな評価システムの導入に向けて』における「アンケート調査結果」。

体における人事評価」に関連する研究会が設けられ、年度末に報告書が刊行されている(7)。

国家公務員における人事評価の試行が平成一八年に始まったこと、国家公務員法の改正が成立したこと（平成一九年六月）などから、その後地方自治体においても人事評価制度を導入するところが増加傾向にあった。上述の総務省に置かれた人事評価に関連する研究会でも先進事例や、導入の課題の克服事例などが紹介され、さらに、平成二六年度の研究会では平成二六年一〇月に「人事評価制度に関する研究会　中間報告」が出され、そこで参考例として「評語付与方式」と「数値化方式」それぞれについての「人事評価記録書例」「人事評価実施要領（運用の手引き）例」が示され、総務省のホームページにＰＤＦファイルのみでなく、地方自治体で利用できるように、エクセルファイル、ワードファイルも掲載された(8)。

この中間報告前後から、地方自治体においても、国家公務員の人事評価制度に準じる形での人事評価制度が徐々に普及していった。

平成二七年一月一日現在の状況は、〔表4-2〕のとおりである。〔表4-1〕の調査では勤務評定の実施の有無だけが聞

〔表4-2〕団体区分別の人事評価制度の導入状況　(H27.1.1時点)

（単位：団体数。各割合は「団体数」に占める割合。）

	団体数	導入済 (A)	うち目標管理型の人事評価を導入済	未導入団体における状況						(参考)
				試行を実施済又は実施中	試行を平成26～27年度中に開始予定	本格実施予定時期				
						平成27年度中 (B)	平成28年度中 (C)	小計 (B)+(C) (D)	未定	(A)+(D)
都道府県	47	46 (97.9%)	40 (85.1%)	0 (0.0%)	1 (2.1%)	0 (0.0%)	1 (2.1%)	1 (2.1%)	0 (0.0%)	47 (100.0%)
指定都市	20	20 (100.0%)	20 (100.0%)	0 (0.0%)	0 (0.0%)	0 (0.0%)	0 (0.0%)	0 (0.0%)	0 (0.0%)	20 (100.0%)
市区町村	1,721	901 (52.4%)	667 (38.8%)	182 (10.6%)	408 (23.7%)	32 (1.9%)	628 (36.5%)	660 (38.3%)	160 (9.3%)	1,561 (90.7%)
合計	1,788	967 (54.1%)	727 (40.7%)	182 (10.2%)	409 (22.9%)	32 (1.8%)	629 (35.2%)	661 (37.0%)	160 (8.9%)	1,628 (91.1%)

（出典）総務省「地方公務員法改正に伴う人事評価制度の施行に向けた準備状況調査結果（平成27年1月1日現在）」

かれていたのに対して、この調査では、国家公務員の人事評価制度同様の目標管理型の人事評価の導入の有無を問うている。これによると、都道府県の八五・一％、政令指定都市の一〇〇％、一般の市区町村の三八・八％で国同様の人事評価制度が導入済みであることがわかる。一般の市区町村においても、何らかの人事評価制度を導入済みの団体は五二・四％となっており、先に見た平成一四年時点（三一・六％）と比べると二〇ポイント以上増えていた。

三　改正地方公務員法による人事評価の規定

改正後の地方公務員法（以下、「地公法」という）第六条は、人事評価について、「任用、給与、分限その他の人事管理の基礎とするために、職員がその職務を遂行するに当たり発揮した能力及び挙げた業績を把握した上で行われる勤務成績の評価をいう」と定義している。そして、第三章（職員に適用される基準）の第三節を人事評価の節として、第二三条（人事評価の根本基準）、第二三条の二（人事評価の実施）、第二三条の三（人事評価に基づく措置）、第二三条の四（人事評価に関する勧告）の規定を置いている。

地公法第二三条の二第二項では「人事評価の基準及び方法に関する事項その他人事評価に関し必要な事項は、任命権者が定める。」と定められており、地方自治体ごとに、さらに、その任命権者ごとに定められることになる。自治体ごとの多様性を認めつつ、法律で基本的なことを規定するという建てつけとなっている。

地公法が改正されてすぐに、総務省から各都道府県知事・政令指定都市市長・人事委員会委員長あてに改正法の公布通知が発出されている（平成二六年五月一四日付総行公第四二号総務大臣通知「地方公務員法及び地方独立行政法人法の一部を改正する法律の公布について」）。さらに、同年八月一五日には運用通知（平成二六年八月一五日付総行公第六七号・総行経第四一号総務省自治行政局長「地方公務員法及び地方独立行政法人法の一部を改正する法律の運用について（通知）」）が発出されている。そこでは、

・人事評価の定義として、能力評価と業績評価を共に実施するものであること
・評価方法に関しては相対評価と絶対評価があり国では絶対評価としているが、地方自治体ではそれぞれの実情に応じた評価方法により評価を実施すること
・業務の特性等を踏まえて、標準職務能力を適切に定めること
・評価期間については、国の取扱いを参考にしつつ、各団体の実情に応じて設定すること
・自己申告、期首面談、期末面談などを行うことが適当であること
・評価者訓練等の受講経験を得られるように努めること
・国における苦情相談、苦情処理の仕組みを参考に、必要な仕組みを設けること
・人事評価結果の活用については、任用、給与、免職・降任、人材育成に反映すべきこと
・昇給制度、勤勉手当の適正な運用の観点から、

〔図 4-1〕人事評価のねらい

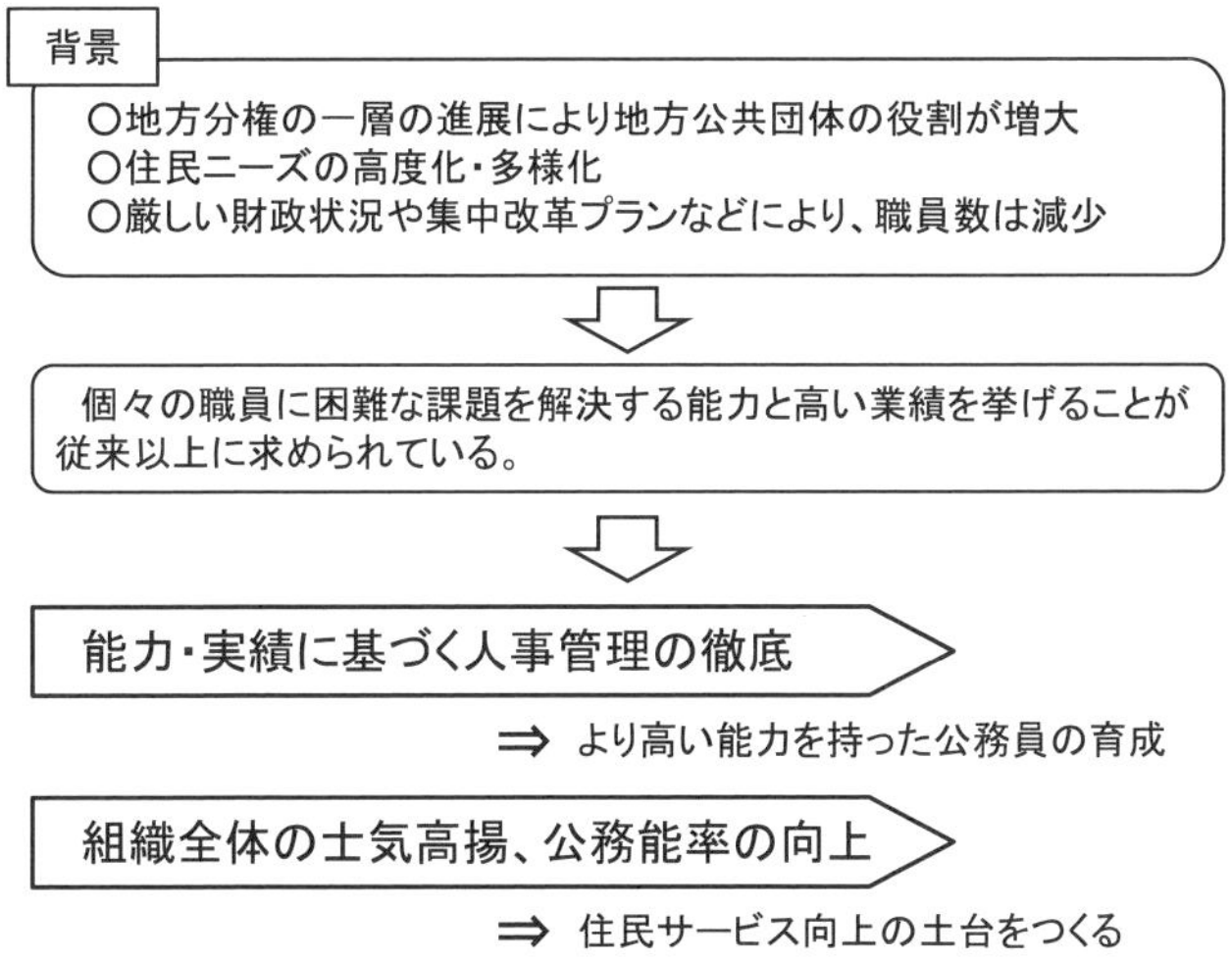
背景
○地方分権の一層の進展により地方公共団体の役割が増大
○住民ニーズの高度化・多様化
○厳しい財政状況や集中改革プランなどにより、職員数は減少
個々の職員に困難な課題を解決する能力と高い業績を挙げることが従来以上に求められている。

能力・実績に基づく人事管理の徹底
⇒ より高い能力を持った公務員の育成
組織全体の士気高揚、公務能率の向上
⇒ 住民サービス向上の土台をつくる

※　国家公務員の人事評価制度は、平成19年の国家公務員法改正により導入、平成21年から実施。
※　地方公務員については、助言等により人事評価制度の導入を促進。

（出典）平成 26 年 6 月 9 日「地方公務員法等の一部を改正する法律に関する説明会」資料 5、総務省自治行政局公務員部給与能率推進室「地方公共団体における人事評価制度の導入等について」1-2 頁。以下、〔図 4-2〕〔図 4-3〕について同じ。

〔図4-2〕人事評価制度の構築

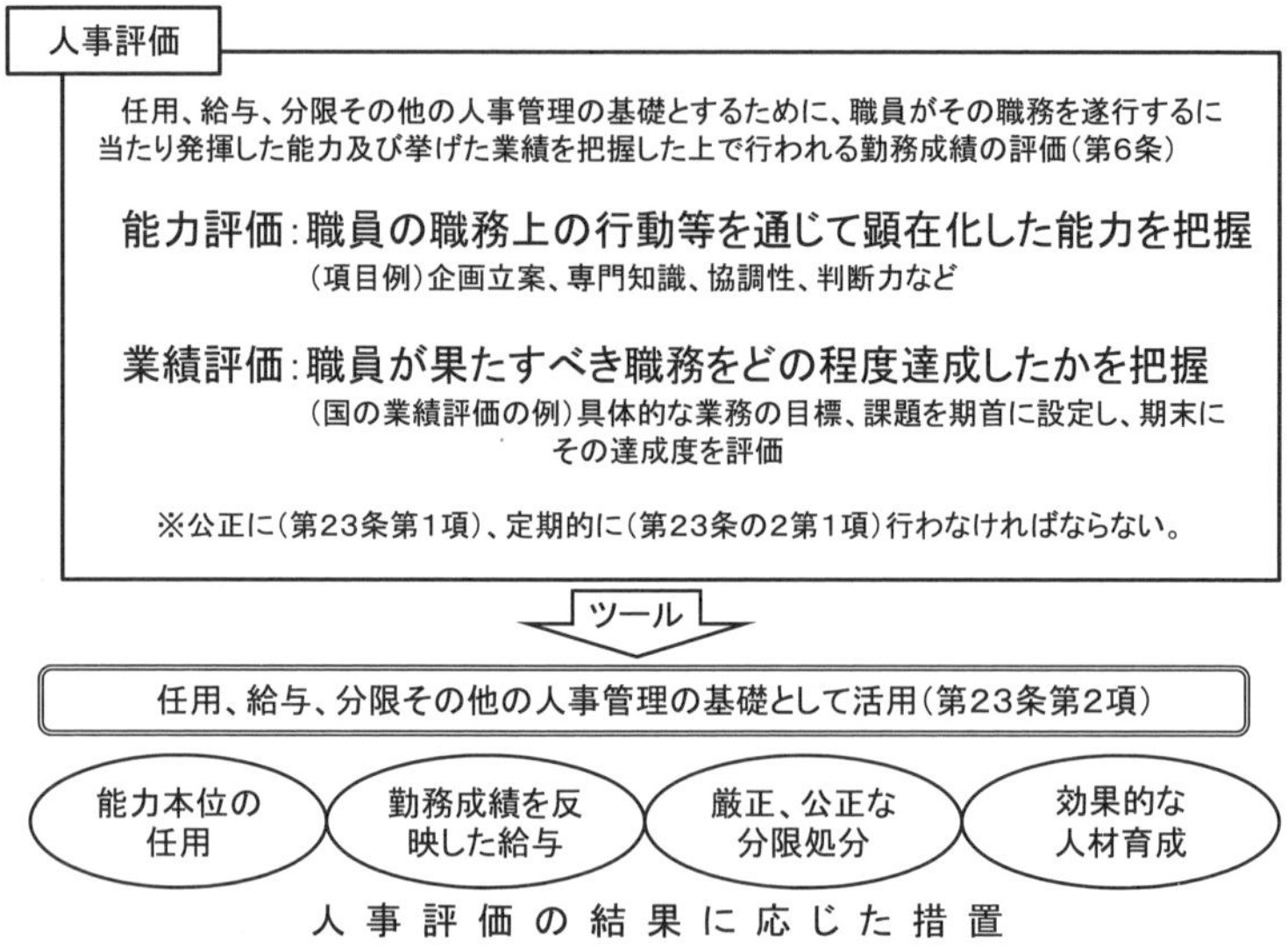
人事評価
任用、給与、分限その他の人事管理の基礎とするために、職員がその職務を遂行するに当たり発揮した能力及び挙げた業績を把握した上で行われる勤務成績の評価（第6条）
能力評価：職員の職務上の行動等を通じて顕在化した能力を把握
（項目例）企画立案、専門知識、協調性、判断力など
業績評価：職員が果たすべき職務をどの程度達成したかを把握
（国の業績評価の例）具体的な業務の目標、課題を期首に設定し、期末にその達成度を評価
※公正に（第23条第1項）、定期的に（第23条の2第1項）行わなければならない。
ツール
任用、給与、分限その他の人事管理の基礎として活用（第23条第2項）
能力本位の任用
勤務成績を反映した給与
厳正、公正な分限処分
効果的な人材育成
人事評価の結果に応じた措置

人事評価の結果を給与に反映することが必要であること

・分限事由の一つとして、人事評価又は勤務の状況を示す事実に照らして、勤務実績が良くない場合、と明確化すること

・職務給原則を徹底するため、給与条例で等級別基準職務表を定めること

などが記されている。

この間、六月から全国及び各ブロックにおいて改正法の説明会が開催されている。説明会では〔図4-1〕～〔図4-3〕なども示され地方自治体の理解を求めている。

四　国会における質疑

地方公務員法の改正法案提出時の提案理由では、「地方公務員について、人事評価制度の導入等により能力及び実績に基づく人事管理の徹底を図るとともに、再就職者による依頼等の規制の導入等により退職管理の適正を確保する必要がある。これが、この法律案を提出する理由である。」とだけ書かれているが、国会の委員会質疑でより詳細な質

〔図 4-3〕基本的な仕組み

①評価の方法：能力評価及び業績評価の二本立てで実施

②評価基準の明示：評価項目、基準、実施方法等の明示

③評価者訓練：各評価者への研修等

④自己申告：被評価者が自らの業務遂行状況を振り返り自己申告を実施
面　　談：評価者と被評価者が話し合い、目標設定やフィードバックを実施
結果の開示：結果を被評価者に示し、今後の業務遂行にあたっての指導・助言を実施

⑤苦情対応：評価に関する苦情に対応する仕組みを整備

疑応答がなされている。

そこで、平成二六年第一八六国会の四月一〇日衆議院総務委員会（総務委員会会議録第一四号。以下、「衆」といい、議事録頁数を示す）、四月二四日参議院総務委員会（総務委員会会議録第一七号。以下、「参」といい、議事録頁数を示す）での質疑を中心に、その立法趣旨等を見ておきたい。どちらの委員会にも、新藤義孝総務大臣、関口昌一副大臣、さらに政府参考人として総務省自治行政局三輪和夫公務員部長などが出席して答弁している。

（ア）　勤務評定制度との異同

これまでの勤務評定と今般の人事評価制度とを比較して、その相違点や新たな意義についての質問があった。

これに対し総務大臣は、次のように答えている。「人事評価と勤務評定につきましては、任命権者が職員の執務の状況について定期的に評価を実施するなどの基本的な性質は同様である、このように思います。そして、従前の勤務評定におきましては、評価項目が不明瞭である、あらかじめ明示をされていない、さらには、上司から一方的に評価されるのみで評価結果は部下に知らされない、また、人事管理に十分活用されていないのではないのか、こういう問題点が指摘をされておりました。透明性

の確保等についての課題があるのではないか、このように認識をしているわけであります。これに対しまして、今般導入いたします人事評価は、評価の観点として、能力評価と業績評価の両面から評価をし、人事管理の基礎とすることを規定いたします。また、評価基準の明示や、評価結果の本人への開示などの仕組みを想定しているということであります。人事評価は、従来の勤務評定と比べまして、能力・実績主義を実現するためのツールとして、客観性、透明性をより高めたものになっている、こうした人事評価制度の導入によりまして、能力本位の人事管理が行われ、一層の公務能率の向上が図られるというふうに考えておるわけであります。」(衆、一頁)

（イ）導入の進展について

自治体によって勤務評定、人事評価が導入されていない団体がみられるところ、政府改正案で自治体の人事評価と勤務成績の評価結果を生かすことが大事だが、「活用した人事管理は大きく前進するのか」所見を尋ねられた総務大臣は次のように答えている。「まず、国が平成十九年に法制化しました。そして、地方においてはまだその法制化がなされていないわけでありますが、国に準じて人事評価を取り入れている自治体もございます。ですから、それぞれが自治体の判断によって勤務評定もしくは人事評価を行われているわけであります。しかし、今回は、これを法制化して、そして自治体において決めてください、こういうふうにするわけでありまして、人事評価がきちんと根づいていくということだと思っております。そして、国においては、人事評価の結果は、人事管理の基礎として任免や給与、人材育成に活用しております。したがって、今回の地方公務員法の改正案におきましても、そのところを明確に規定したということでございます。

地方公共団体における人事評価制度の運用に関する研究会というものが設けられまして、報告書が平成二十三年の三月に出されております。『公正・客観的な人事評価の実施は、評価結果を任用や給与等の処遇、人材育成等に活かすことにより、職員のモチベーションを高め、組織の士気や公務能率を向上させる効果があると考えられる。』このように指摘をされているわけでありまして、私どもとすれば、人事評価制度の適切な活用に向けて必要な助言を行ってまいりたい、このように考えております。」（衆、二頁）

（ウ）　自治体の自主性との整合性

国家公務員法に規定されている人事評価はすべての国家公務員に直接適用される。地方公務員法でも人事評価に関する規定が盛り込まれたが、法律で規定することと、各自治体の自主性、自律性との関連はどのように理解すべきか。この点についてもいくつか質問がなされ、次のような答弁がなされている。

副大臣「今回の改正法案においては、人事評価の具体的な基準や方法などは各任命権者が定めるということにしておりまして、地方公共団体においては、当該団体の実情に沿って評価項目の設定など人事評価の仕組みを整備することが適切であると考えておりまして、地方の自主性もしっかり尊重させていただいております。また、国の人事評価制度においては、人事評価の客観性を担保するために、評価者、調整者、実施権者による重層的な評価の仕組みを取るとともに、評価者訓練の実施や評価基準等の公表、評価結果の開示、苦情処理体制の整備などの取組が行われているところでありまして、地方公共団体においても、このような取組を参考にしていただきながら、法の趣旨にのっとり、人事評価の客観性を担保するための措置が講じられるように、総務省としても適切に指導してまいりたいと思います。」（参、二頁）

実際の人事評価は各自治体の定める条例、規則、要綱等に基づいて行われるものであり、そういった自主性を重んじつつも、法の趣旨を適切に反映した制度となるよう、総務省として注視するというものである。

（エ）　小規模団体への導入について

小規模自治体への導入に関しての質問も多く出たが、それに対して政府は次のように答えている。

大臣「私もこの人事評価の中身見ておりますが、かなり詳細ですよね。ですから、そういったものができるというのは、私はいいことだと思うし、評価をきちんと、制度を定着させるのにはいろいろと研修も必要でしょうし、また運用改善が必要だと思います。今お尋ねの小規模自治体に対してどのようにするかは、それはまさに小規模自治体が仕事ぶりに合わせてどのような評価をすべきなのか、そしてそれは能力と業績においてどのような分析をすべきかと。これは是非いろいろお考えをいただきたいと、このように思います。

ただ、私どもとすれば、そういうふうに自分の仕事をいつも客観的に評価しながら、かつ、自治体というのは、売上げが何か上がってとか、そういうものではないんだから、だから仕事における何を評価とするかというものをいつも意識しながら職務をしていただくと。これは悪いことではないと思いますので、この規模に合わせた、そしてそれぞれの自治体の独自のいろんな判断をしていただきたいと、このように考えます。」（参、一七頁）

公務員部長（政府参考人）「小規模団体における評価制度でありますけれども、地方分権の推進に対応して政策形成能力の向上を図る必要がある、そのための人材をしっかりと育成をする必要がある、こういったことは小規模団体においても全く同様のことでございまして、また、小規模団体といいましても、評価においての恣意性の排除、公平性の確保等々につきまして強く求められているということでございまして、そういった議論が、あるいはそういったことを含めた必要性というものがこれまで人事評価に関するいろんな研究会等々でも議論がされてきたところでございます。そういった中には小規模団体にも実際にお入りをいただきまして、それぞれの取組の紹介等もしていただきました。また、私どもが直接小規模な団体とお話合いをしたり意見交換をした中で、（中略）大変工夫をした中で人事評価制度、先進的に取り組んでいらっしゃると、こういう自治体もございますので、私どもとしては、そういったところも十分参考にしながら、しっかりと今後取り組んでいただけるようなきめ細かい助言等をしていきたいと、このように考えております。」（参、一八頁）

（オ）　評価者訓練について

評価者が客観的、公平公正な評価をするためにも、その育成や研修が重要であるとの質問に対して、副大臣は、「人事評価においては、客観性を担保するために、評価者を育成、さらに訓練することは大変重要であると認識しております。評価者の訓練は、それぞれの団体における人事評価制度の内容に沿って、基本的には各団体において行っていただくことになっておりますけれども、総務省としては、国や小規模団体を含めた先行事例などの取り組みの情報提供（中略）を行っている、こうしたこと。さらに、地方公務員の研修機関の活用促進、これは全国市町村国際文化研修所、ＪＩＡＭ、ここで研修を行っております。」（衆、二頁）

（カ）　相対評価か絶対評価か

国家公務員については、絶対評価で人事評価を行っている。この点についても複数の委員から質問が寄せられた。これに対し公務員部長は次のように答えている。

公務員部長「国の人事評価制度におきましては、人事評価は、他の職員との比較ではなく、職員一人一人の職務遂行能力や勤務実績をできる限り客観的に把握して適切に評価をすると、そういう仕組みとする必要があるという観点から絶対評価によって行うということとされております。したがいまして、適当な分布というものが決まっているというわけではありませんけれども、運用状況の検証、改善を図るために開催をされました人事評価に関する検討会、この報告書におきまして、現在の絶対評価を前提に評語区分の趣旨の明確化等の提言がなされておりまして、今後、必要な改善措置を講じていくということとされております。

地方における制度運用に当たりましても、国の検証結果や改善措置が参考になると考えておりまして、総務省といたしましても、地方公共団体が人事評価制度を円滑に導入、実施できますように必要な情報提供や助言などを行ってまいりたいと、このように考えております。」（参、一、二頁）

五　改正地公法施行後の地方自治体における人事評価の実施状況

平成二八年四月に改正法が施行され、地方自治体でも人事評価を行うことが法律上義務付けられた。施行時現在の導入状況は〔表４‐３〕の通りである。

この表だけを見ると、九割の自治体で人事評価制度の導入が進められているとみることができる。四年後の令和二年四月には四団体を除いて人事評価制度が導入されており、令和三年四月にはすべての地方自治体で人事評価制度が導入されるに至った。

ただ、その内容を見ると、必ずしも地公法の規定通りにはなっていない団体も見られる。〔表４‐４〕は令和三年四月現在の人事評価結果の活用状況を示すものである。これを見ると、都道府県、政令指定都市においては、ほぼすべての団体において、人事評価結果を昇給、勤勉手当等に活用済みだが、市区町村では三分の二程度となっている。また、分限への活用は五割程度にとどまっている。

活用状況は地域により大きな差があり、例えば、昇給、勤

〔表 4-3〕団体区分別の人事評価制度導入状況（改正地公法施行時）

（単位：団体数、各割合は「団体数」に占める割合）

	団体数	導入済 (A)	うち目標管理型の人事評価を導入済	未導入団体の状況			
				H28年度中に導入予定			未定
				一部職員に未導入 (B)	全職員に未導入 (C)	小計 (B)＋(C) (D)	
都道府県	47	45 (95.7%)	38 (80.9%)	2 (4.3%)	0 (0.0%)	2 (4.3%)	0 (0.0%)
指定都市	20	19 (95.0%)	13 (65.0%)	1 (5.0%)	0 (0.0%)	1 (5.0%)	0 (0.0%)
市区町村	1,721	1,534 (89.1%)	1,411 (82.0%)	88 (5.1%)	98 (5.7%)	186 (10.8%)	1 (0.1%)
合計	1,788	1,598 (89.4%)	1,462 (81.8%)	91 (5.1%)	98 (5.5%)	189 (10.6%)	1 (0.1%)

※ 全ての階層、職種において人事評価制度を導入している団体を「導入済」として計上している。

（注）調査時点は平成 28 年 4 月 1 日現在。

（出典）「平成 28 年度地方公共団体における多様な人材の活躍と働き方改革に関する研究会（第 2 回）」資料 3 地方公務員法改正に伴う人事評価制度の導入状況等調査

勉手当への反映を見ると、石川県内一九市町、福井県内一七市町、東京都区部二三区では全ての団体で活用されているのに対して、北海道内一七八市町村のうち昇給への活用は管理職員で四八団体（二七・〇％）、一般職員で四五団体（二五・三％）、勤勉手当への活用は管理職員で六五団体（三六・五％）、一般職員で五六団体（三一・五％）にとどまっている。同様に活用率が三割前後にとどまる地域も少なくない（〔表4-5〕参照）。

　これらの地域でも活用率は年々増加はしつつあるものの、様々な事情からその活用へのハードルが高い団体もあり、国家公務員と同様の給与や分限への反映がすべての地方自治体において普及するのはまだもう少し時間がかかると予想される。

第二節　有識者検討会における議論

　内閣官房内閣人事局に置かれた「人事評価の改善に向けた有識者検討会」でもその第五回において、地方自治体の人事評価制度が詳しく紹介され議論が交わされた。まず構成員から、「目標管理・数値化方式による地方公共団体の人事評価」が発表され、続いて事務局から「鳥取県における人事評価の取組」が紹

〔表4-4〕人事評価結果の活用状況一覧

【調査団体数：都道府県（47団体）、指定都市（20団体）、市区町村（1,721団体）、計1,788団体】

	昇給		勤勉手当		昇任・昇格		分限
	管理職員	一般職員	管理職員	一般職員	管理職員	一般職員	
都道府県	47 (100.0%)	47 (100.0%)	47 (100.0%)	47 (100.0%)	45 ※1 (95.7%)	45 ※1 (95.7%)	44 ※2 (93.6%)
指定都市	20 (100.0%)	20 (100.0%)	20 (100.0%)	20 (100.0%)	18 ※3 (90.0%)	20 (100.0%)	18 ※4 (90.0%)
市区町村	1,102 (64.0%)	1,059 (61.5%)	1,242 (72.2%)	1,145 (66.5%)	1,191 (69.2%)	1,181 (68.6%)	917 (53.3%)
合計	1,169 (65.4%)	1,126 (63.0%)	1,309 (73.2%)	1,212 (67.8%)	1,254 (70.1%)	1,246 (69.7%)	979 (54.8%)

※は事評価結果の活用がない県・市を示す。※１岩手県、岡山県、※2岩手県、新潟県、岡山県
※３川崎市、京都市、※４仙台市、川崎市。

（出典）「地方公共団体における人事評価結果の活用状況等調査結果の概要（令和３年４月１日現在）」。〔表4-5〕も同じ。

〔表 4-5〕都道府県別市区町村の人事評価結果の活用状況

団体名	団体数 ※指定都市除く	昇給				勤勉手当				昇任・昇格				分限	
		活用済み				活用済み				活用済み				活用済み	
		管理職員		一般職員		管理職員		一般職員		管理職員		一般職員			
		団体数	割合	団体数	割合	団体数	割合	団体数	割合	団体数	割合	団体数	割合	団体数	割合
北海道	178	48	27.0%	45	25.3%	65	36.5%	56	31.5%	60	33.7%	55	30.9%	51	28.7%
青森県	40	37	92.5%	37	92.5%	39	97.5%	39	97.5%	32	80.0%	32	80.0%	32	80.0%
岩手県	33	21	63.6%	21	63.6%	22	66.7%	21	63.6%	22	66.7%	22	66.7%	19	57.6%
宮城県	34	18	52.9%	18	52.9%	24	70.6%	24	70.6%	21	61.8%	21	61.8%	10	29.4%
秋田県	25	19	76.0%	18	72.0%	17	68.0%	14	56.0%	17	68.0%	17	68.0%	11	44.0%
山形県	35	16	45.7%	16	45.7%	12	34.3%	12	34.3%	16	45.7%	16	45.7%	12	34.3%
福島県	59	22	37.3%	22	37.3%	27	45.8%	27	45.8%	23	39.0%	23	39.0%	16	27.1%
茨城県	44	41	93.2%	40	90.9%	42	95.5%	42	95.5%	34	77.3%	35	79.5%	30	68.2%
栃木県	25	21	84.0%	21	84.0%	24	96.0%	24	96.0%	22	88.0%	22	88.0%	17	68.0%
群馬県	35	25	71.4%	24	68.6%	27	77.1%	25	71.4%	29	82.9%	30	85.7%	35	100.0%
埼玉県	62	39	62.9%	37	59.7%	49	79.0%	44	71.0%	59	95.2%	59	95.2%	22	35.5%
千葉県	53	39	73.6%	36	67.9%	44	83.0%	36	67.9%	36	67.9%	36	67.9%	29	54.7%
東京都(区)	23	23	100.0%	23	100.0%	23	100.0%	23	100.0%	23	100.0%	23	100.0%	23	100.0%
東京都(市町村)	39	39	100.0%	39	100.0%	35	89.7%	34	87.2%	34	87.2%	34	87.2%	23	59.0%
神奈川県	30	23	76.7%	22	73.3%	24	80.0%	20	66.7%	21	70.0%	21	70.0%	15	50.0%
新潟県	29	27	93.1%	27	93.1%	27	93.1%	27	93.1%	24	82.8%	24	82.8%	13	44.8%
富山県	15	13	86.7%	13	86.7%	14	93.3%	14	93.3%	12	80.0%	12	80.0%	9	60.0%
石川県	19	19	100.0%	19	100.0%	19	100.0%	19	100.0%	18	94.7%	18	94.7%	10	52.6%
福井県	17	17	100.0%	17	100.0%	17	100.0%	17	100.0%	16	94.1%	16	94.1%	11	64.7%
山梨県	27	23	85.2%	23	85.2%	25	92.6%	25	92.6%	25	92.6%	25	92.6%	25	92.6%
長野県	77	63	81.8%	62	80.5%	67	87.0%	64	83.1%	75	97.4%	75	97.4%	72	93.5%
岐阜県	42	40	95.2%	40	95.2%	39	92.9%	39	92.9%	41	97.6%	41	97.6%	40	95.2%
静岡県	33	19	57.6%	18	54.5%	25	75.8%	24	72.7%	17	51.5%	16	48.5%	8	24.2%
愛知県	53	45	84.9%	45	84.9%	52	98.1%	51	96.2%	47	88.7%	47	88.7%	39	73.6%
三重県	29	8	27.6%	8	27.6%	22	75.9%	11	37.9%	20	69.0%	20	69.0%	11	37.9%
滋賀県	19	13	68.4%	12	63.2%	15	78.9%	14	73.7%	12	63.2%	12	63.2%	12	63.2%
京都府	25	15	60.0%	12	48.0%	19	76.0%	16	64.0%	17	68.0%	17	68.0%	13	52.0%
大阪府	41	20	48.8%	18	43.9%	34	82.9%	26	63.4%	29	70.7%	30	73.2%	20	48.8%
兵庫県	40	31	77.5%	27	67.5%	38	95.0%	35	87.5%	36	90.0%	35	87.5%	24	60.0%
奈良県	39	28	71.8%	25	64.1%	32	82.1%	29	74.4%	32	82.1%	31	79.5%	30	76.9%
和歌山県	30	25	83.3%	25	83.3%	27	90.0%	27	90.0%	16	53.3%	16	53.3%	15	50.0%
鳥取県	19	15	78.9%	14	73.7%	16	84.2%	15	78.9%	12	63.2%	12	63.2%	7	36.8%
島根県	19	7	36.8%	6	31.6%	8	42.1%	6	31.6%	8	42.1%	7	36.8%	6	31.6%
岡山県	26	13	50.0%	12	46.2%	19	73.1%	17	65.4%	15	57.7%	15	57.7%	12	46.2%
広島県	22	8	36.4%	8	36.4%	14	63.6%	11	50.0%	20	90.9%	20	90.9%	9	40.9%
山口県	19	13	68.4%	13	68.4%	14	73.7%	12	63.2%	12	63.2%	12	63.2%	7	36.8%
徳島県	24	21	87.5%	21	87.5%	16	66.7%	16	66.7%	18	75.0%	18	75.0%	9	37.5%
香川県	17	10	58.8%	10	58.8%	9	52.9%	9	52.9%	16	94.1%	16	94.1%	3	17.6%
愛媛県	20	17	85.0%	17	85.0%	20	100.0%	20	100.0%	20	100.0%	20	100.0%	14	70.0%
高知県	34	27	79.4%	27	79.4%	31	91.2%	31	91.2%	34	100.0%	34	100.0%	33	97.1%
福岡県	58	32	55.2%	31	53.4%	44	75.9%	43	74.1%	29	50.0%	29	50.0%	27	46.6%
佐賀県	20	6	30.0%	5	25.0%	11	55.0%	8	40.0%	12	60.0%	11	55.0%	9	45.0%
長崎県	21	8	38.1%	8	38.1%	9	42.9%	7	33.3%	16	76.2%	16	76.2%	7	33.3%
熊本県	44	22	50.0%	22	50.0%	18	40.9%	18	40.9%	18	40.9%	18	40.9%	19	43.2%
大分県	18	12	66.7%	9	50.0%	11	61.1%	6	33.3%	16	88.9%	15	83.3%	9	50.0%
宮崎県	26	7	26.9%	6	23.1%	10	38.5%	6	23.1%	6	23.1%	6	23.1%	5	19.2%
鹿児島県	43	30	69.8%	23	53.5%	28	65.1%	23	53.5%	33	76.7%	31	72.1%	23	53.5%
沖縄県	41	17	41.5%	17	41.5%	18	43.9%	18	43.9%	20	48.8%	20	48.8%	21	51.2%
平均(※)	1,721	1,102	64.0%	1,059	61.5%	1,242	72.2%	1,145	66.5%	1,191	69.2%	1,181	68.6%	917	53.3%

(※)団体数のみ合計値

（出典）「地方公共団体における人事評価結果の活用状況等調査結果の概要（令和３年４月１日現在）」。

介されている。

前者では本章第一節二で触れた総務省の「地方公共団体における人事評価制度に関する研究会」の平成二六年度中間報告で公表された方式のうち数値化方式の解説とともに、ある自治体の評価結果の分布例が紹介されている。[9]同中間報告では、2で参考例の作成の考え方として、次のように書かれている。

・本研究会でとりまとめた「規程」「人事評価記録書」「実施要領（運用の手引き）」の参考例については、小規模団体をはじめ人事評価制度が未導入の団体での導入の参考となることを念頭に置いたもの。

・既に人事評価制度を導入している団体においては、あくまで参考資料の一つとして提供するもの。

＊なお、「人事評価記録書」に関しては、国の評価記録書[10]をモデルにした「評語付与方式」と、先進団体の評価記録書をモデルにした「数値化方式」の二通りを示している。

同中間報告では、市（町村）長部局職員の人事評価実施規程例が掲載されており、そこでは数値化方式について次のように例示されるとともに、人事評価記録書例も示されている（〔図4-4〕）。

（人事評価における点数の付与等）　＊人事評価記録書（数値化方式）

第七条　能力評価に当たっては評価項目の着眼点ごとに、業績評価に当たっては第二条第三号に規定する目標ごとに、それぞれ評価の結果に応じた点数を付すものとする。

2　能力評価及び業績評価に当たっては、点数を付した理由その他参考となるべき事項を記載するように努めるものとする。

（評価の実施、面談、結果の開示）　＊人事評価記録書（数値化方式）

第一〇条　一次評価者は、被評価者について、点数を付すことにより評価（次項に規定する再評価を含む。）を行うものとする。

〔図 4-4〕

数値化方式

人事評価記録書（一般行政職・課長）例

評価期間	平成　年　月　日～平成　年　月　日
期末面談	平成　年　月　日

被評価者	所属：	職名：	氏名：

1次評価者	所属・職名：	氏名：	1次評価記入日：平成　年　月　日
2次評価者	所属・職名：	氏名：	2次評価記入日：平成　年　月　日
確認者	所属・職名：	氏名：	確認日：平成　年　月　日

（I　能力評価）　※　　　部分が標準配点の行動。

評価項目及び行動／着眼点		配点	自己申告 点数	自己申告（コメント：必要に応じ）	1次評価者（所見）	1次評価者 点数	2次評価者 点数
＜倫理＞　全体の奉仕者として、高い倫理感を有し、服務規律を遵守して公正に職務を遂行する。							
服務規律	イ）下記のいずれにも該当しない場合。	5					
	ロ）職場の士気を低下させるような服務規律に反する行為が複数回ある。	2					
	ハ）職場の士気を低下させるような服務規律に反する行為が度々ある。	0					
＜構想＞　主体的に課題を見出し、住民の視点に立って、課題に対応するための方針を示す。							
企画実行力	イ）通常の範囲を大きく超え、主体的に課題を見出し、調査分析等により解決策を考え、適合する方法により実施している。	7					
	ロ）イ、ハに該当しない場合。	5					
	ハ）組織目標や上司の指示に対して、適合する方法により円滑な事務の執行を図ることができないことが複数回ある。	3					
＜説明・調整＞　所管行政について適切な説明を行うとともに、組織方針の実現に向け、関係者と調整を行い、合意を形成する。							
説明応対	イ）親切、適切な応対や十分な説明により、苦情、トラブルを招くことがない。	5					
	ロ）不適切な応対又は説明不足により、苦情やトラブルを招いている事実が複数回ある。	3					
	ハ）ロの事項について、改善されない。	1					
折衝	イ）説明や調整を十分行い、事業や施策のスケジュールの遅れ又は苦情トラブルを招くことがない。	5					
	ロ）説明不足や調整が不十分であることにより、事業や施策のスケジュールの遅れ又は苦情トラブルを招いている事実が複数回ある。	3					
	ハ）ロの事項について、改善されない。	1					
＜業務運営・判断＞　業務遂行に必要な知識を有し、IT等を活用して効率的に業務を進めるとともに、自らの役割を認識し、適切な判断を行う。							
業務知識	イ）業務の遂行に必要となる知識を有しており、それを活用して業務を正確かつ円滑に処理している。	8					
	ロ）業務知識の不足により、他からのサポートがないと軽微なミスをしたり、職務遂行に軽度の支障をきたしている事実がある。	6					
	ハ）ロの事項について、改善されない。	3					
IT技能	イ）ITの利用にあたって、他の職員に依存しなくても業務を正確、円滑に処理し、業務遂行及びセキュリティ確保に支障をきたすことがない。	2					
	ロ）ITの利用にあたって、業務遂行及びセキュリティ確保に支障をきたしている事実がある。	0					
役割意識	イ）面倒な仕事を他人に押し付けたり責任を回避したりせず、自己の役割を果たしている。	3					
	ロ）面倒な仕事を他人に押し付けたり責任を回避したりして、自己の役割を果たしていない事実がある。	1					
＜組織統率・人材育成＞　チームワークを発揮するとともに、部下の指導・育成を行う。							
チームワーク	イ）自らの担当業務を超えて、他部署や他職員の業務に対し、自ら進んで支援し、組織全体の業務遂行に取り組んでいる。	6					
	ロ）自ら進んで又は要請や依頼があれば協力し、全体の業務遂行やチームワークに支障を来すことがない。	5					
	ハ）業務遂行の過程でチームワークに支障をきたす非協力的な行為が複数回ある。	3					
	ニ）ハの事項について、改善されない。	1					
指導・監督	イ）通常の範囲を大きく超え、部下の指導監督を行っている。	8					
	ロ）部下の業務内容等を十分把握し、職位に応じた業務分担や能力適正に応じた指導監督を適正に行っている。	7					
	ハ）部下の活用・育成が十分でなく、組織としての成果を上げていない事実が複数回ある。	5					
	ニ）ハの事項について、改善を行わない。	3					
人事評価	イ）部下の業績や能力について、客観的事実を基に公平な観点から適正な評価を行っている。	5					
	ロ）被評価者の業績や能力について、適正な評価を行っていないと判断できる事実が複数回ある。	3					
	ハ）ロの事項について、改善する努力を行わない。	1					

【合計点数等】

1次評価者		2次評価者	
（所見）	（合計点数） 0	（所見）	（合計点数） 0

評価期間	平成　年　月　日～平成　年　月　日

被評価者	所属:	職名:	氏名:

期首面談	平成　年　月　日
期末面談	平成　年　月　日

1次評価者	所属・職名:	氏名:	1次評価記入日: 平成　年　月　日
2次評価者	所属・職名:	氏名:	2次評価記入日: 平成　年　月　日
確認者	所属・職名:	氏名:	確認日: 平成　年　月　日

（Ⅱ　業績評価）

【1　目標】

番号	業務内容	目標（いつまでに、何を、どの水準まで）	レベル	ウェイト	自己申告（達成状況、状況変化その他の特筆すべき事情）	1次評価者（所見）	1次評価者 達成度	1次評価者 評価	1次評価者 点数	2次評価者 達成度	2次評価者 評価	2次評価者 点数
1								0	0.0		0	0.0
2								0	0.0		0	0.0
3								0	0.0		0	0.0
4								0	0.0		0	0.0

被評価者	所属:	職名:	氏名:

【2　目標以外の業務への取組状況等】

番号	業務内容	レベル	ウェイト	自己申告（目標以外の取組事項、突発事態への対応等）	1次評価者（所見）	1次評価者 達成度	1次評価者 評価	1次評価者 点数	2次評価者 達成度	2次評価者 評価	2次評価者 点数
							0	0		0	0
							0	0		0	0
							0	0		0	0

【3　合計点数等】

1次評価者		2次評価者	
（所見）	（合計点数）0.0	（所見）	（合計点数）0.0

総括表	1次評価	2次評価	合計
能力評価	0	0	0.0
業績評価	0.0	0.0	

（出典）総務省「地方公共団体における人事評価制度に関する研究会（平成26年度）」中間報告「人事評価記録書例」「数値化方式・一般行政職・課長」
https://www.soumu.go.jp/main_sosiki/kenkyu/chihoujichi_jinji/index.html#tyuukan

2　二次評価者は、一次評価者による評価について、不均衡があるかどうかという観点から審査を行い、二次評価者としての点数を付すことにより調整（次項に規定する再調整を含む。）を行うものとする。この場合において、二次評価者は、当該点数を付す前に、一次評価者に再評価を行わせることができる。（以下略）

数値化方式においては、目標管理よりも能力評価の設定の仕方が特徴的であり、各項目に配点を設け、絶対評価により点数を決定する形となっている。この方式を議論した際、何となくの印象、感覚で評価者が点数を付けたり、また、それにより被評価者の納得感が下がらないように、評価者が裁量によって評価できるというよりも、事実に即して、自分も納得しながら判定できる形にしたという。[11] 例えば、「服務規律」の項目の場合、職場の士気を低下させるような行為が何もなければ五点、そうした行為が複数回あると二点、度々あると〇点、という形で、事実に即して判断しやすくなっている。項目ごとの配点も、項目の重要度に即して点数を変える形になっている。[12]

目標管理の雛形は国とほとんど変わらないが、目標を難易度と達成度で数値化させて評価し、全体の点数に足し合わせる点が異なる。能力評価も業績評価も標準が五〇点としている。難易度に関してはS／A／B／Cの四段階あり、雛形上はBが標準となっている。Cは、病気で限定的な勤務の者などを念頭に、標準未満の難易度の目標を想定して設計したが、実際はほとんど使われていない。A以上の目標の全体に占めるウェイトは、概ね二割から三割と考えている。必ずその中に収めるということではないが、超える場合については、別途上司に説明を課して全体の調整を行う形になる。更に、Aを超えるSの難易度を付ける場合には、全庁的に説明をして承認を得ることとすることで、AやSの難易度が安易に付かないようになっている。[13]

事務局からは鳥取県の人事評価について紹介があった。鳥取県では、人事評価制度を「鳥取県職員の人材育成、能力開発に向けた基本方針」における人事施策の主要な柱のひとつとして位置づけている。評価区分は、行動評価と実績評価の二区分（管理職は行動評価と同様の方法で別途「マネジメント評価」を実施）としている。行動評価の評価項目は、「基本方針」における「特に重要な（大切にしたい）能力、姿勢」と連動させている（〔図4-5〕）。職種・職位に限らず共通化する一方、各項目に掲げるキーワード・求められる行動（国の制度の整理表における着眼点、評価要素に該当）は「基本方針」の「職位（管理職／課長補佐級／係長級／一般職員（主事・技師級）の四種類）ごとに求められる役割と人物像」「職位ごとに身につける主な能力」を基に詳細に設定している（一般職員（主事・技師級）の評価については、経験年数等に応じて「基礎づくり期」「基礎能力定着期」「能力活用期」の三つに分けてキーワード・求められる行動を設定している）。なお、管理職については、六つ目の項目として「イクボス・ファミボス度」が加えられる。

実績評価は、（1）業務の成果、（2）創意工夫・業務改善の二つの項目から行う（管理職は（1）のみ）。

管理職（ライン職）の人事評価表は〔図4-6〕の通りである。

鳥取県の人事評価制度においては、期首目標は、人事評価表ではなく、「業務管理・キャリア開発シート」に記入する。このシートは、業務目標の進行管理に加え、今までに

〔図4-5〕特に重要な（大切にしたい）能力、姿勢（鳥取県）

★「鳥取県職員の人材育成、能力開発に向けた基本方針」と「人事評価の評価項目」の連動★
人事評価の行動評価の評価項目は、人材育成基本方針における「特に重要な（大切にしたい）能力、姿勢」と連動しています。

特に重要な（大切にしたい）能力、姿勢

基本的な姿勢	■ 県民の幸福（充実した生活、安心）の実現に向けた高い使命感や誇り ■ 公務員としての役割を果たす高いコンプライアンス意識
対話・調整・協調	■ 円滑なコミュニケーションや協働・連携の基礎となる対話力、調整力 ■ 組織チームワークにつながる協調性・貢献力
業務（組織）マネジメント	■ 組織目標・業務目標の達成に向け、組織や業務を的確にマネジメントする力
企画立案・業務の遂行	■ 環境変化の中で、地域や組織の課題に気づき、論理的に考察、判断し、その解決策を見つける力 ■ 県民視点に立って課題の把握や解決方策を検討、具体化し、実行する力 ■ 業務の高度化、複雑化に対応できる高い専門能力（専門性） ■ 成果を生み出すために、自らの能力を高め、最大限に発揮しようとする意欲や行動力
人材育成	■ 仕事を通じて職員を指導し、育てる能力（人材育成能力）

→ 行動評価の評価項目

「鳥取県職員の人材育成、能力開発に向けた基礎方針」抜粋

（出典）内閣人事局第五回人事評価の改善に向けた有識者検討会　資料一―二「鳥取県における人事評価の取組」別紙一「人材育成に向けた人事評価等の取組み【制度概要】」二頁

従事した業務・成果等についての分析・評価、今後の勤務・研修等の希望の申告を行い、上司から指導・助言を受けることで、自己の能力開発・キャリア開発にも活用するためのものである。業績評価においても人材育成とつなげているところが特徴的である。記入項目としては、(1)今年度の業務について、(2)自己のキャリアビジョン及び経歴、(3)部下職員の能力開発につ

〔図 4-6〕鳥取県の人事評価表

様式第１号

人　事　評　価　表

（管理職（ライン職）用）

評価日		令和　年　月　日	配置年月日	平成・令和　年　月	評価者	指定評価者	職名	氏名
被評価者	所属		内部組織		評価者１			
	職名		年齢（年度末時点）		評価者２			
	氏名		職員コード		総括評価者			

		評価項目	キーワード	自己評価 評価 上期	自己評価 評価 下期	自己評価 評価根拠	評価者による評価 評価者１ 評価 上期	評価者１ 評価 下期	評価者１ 評価根拠	評価者２ 評価 上期	評価者２ 評価 下期	評価者２ 評価根拠	総括評価者 評価 上期	総括評価者 評価 下期	総括評価者 評価根拠
人事評価	行動評価	基本的な姿勢	○県民視点 ○公務員としての自覚 ○礼節のある態度・行動 ○組織の総括責任者として責任転嫁・回避のない行動 ○職員の先頭に立った行動 ○組織的判断・決定に従った公正・公平な職務遂行 ○法令・服務規律の遵守 ○ハラスメント防止、個人情報保護等の意識 ○社会貢献活動への積極的取組			<上期評価> ●基本的な姿勢 ●対話・調整・協調 ●企画立案・業務の遂行 <下期評価> ●基本的な姿勢 ●対話・調整・協調 ●企画立案・業務の遂行 <年間総括評価>			<上期評価> ●基本的な姿勢 ●対話・調整・協調 ●企画立案・業務の遂行 <下期評価> ●基本的な姿勢 ●対話・調整・協調 ●企画立案・業務の遂行 <年間総括評価>			<上期評価> ●基本的な姿勢 ●対話・調整・協調 ●企画立案・業務の遂行 <下期評価> ●基本的な姿勢 ●対話・調整・協調 ●企画立案・業務の遂行 <年間総括評価>			<上期評価> ●基本的な姿勢 ●対話・調整・協調 ●企画立案・業務の遂行 <下期評価> ●基本的な姿勢 ●対話・調整・協調 ●企画立案・業務の遂行 <年間総括評価>
		対話・調整・協調	○関係者の主張・意見の傾聴 ○論理的かつ明解な説明 ○外部への情報・施策の発信 ○重要事項の関係者からの納得・協力 ○外部・他所属との高度・困難・複雑な調整・折衝												
		企画立案 業務の遂行	○県政全般の広い視点での重要施策等の企画・立案 ○所管業務・組織上の課題の認識 ○県政全般の広い視点で論理的な分析・検討 ○時宜に即した正しい判断 ○臨機応変・迅速な意思決定 ○重要課題の解決、方針等の幹部への的確な説明・協議 ○上司への判断の提示と必要に応じた適切な相談 ○幅広い視野、高度な知見等の活用 ○自己の能力・専門性の向上												
		行動評価の全体評価（ア）		年間			年間			年間			年間		
	マネジメント評価	人材育成 人材マネジメント	○部下の能力・適性の把握 ○適正な人事評価 ○部下が成長する機会の提供 ○部下の能力・意欲の向上 ○能力開発、キャリアビジョン等の助言 ○適切な業務配分・配置による組織力の発揮 ○部下の健康面等への関心、配慮 ○職場環境の改善 ○安全衛生への配慮			<上期評価> ●人材育成・人材マネジメント ●業務（組織）マネジメント） ●イクボス・ファミボス度 <下期評価> ●人材育成・人材マネジメント ●業務（組織）マネジメント ●イクボス・ファミボス度 <年間総括評価>			<上期評価> ●人材育成・人材マネジメント ●業務（組織）マネジメント） ●イクボス・ファミボス度 <下期評価> ●人材育成・人材マネジメント ●業務（組織）マネジメント ●イクボス・ファミボス度 <年間総括評価>			<上期評価> ●人材育成・人材マネジメント ●業務（組織）マネジメント） ●イクボス・ファミボス度 <下期評価> ●人材育成・人材マネジメント ●業務（組織）マネジメント ●イクボス・ファミボス度 <年間総括評価>			<上期評価> ●人材育成・人材マネジメント ●業務（組織）マネジメント） ●イクボス・ファミボス度 <下期評価> ●人材育成・人材マネジメント ●業務（組織）マネジメント ●イクボス・ファミボス度 <年間総括評価>
		業務（組織）マネジメント	○広い視点に立った組織目標の設定 ○組織目標の達成に向けた進捗管理・指揮 ○施策・事業、業務過程、組織体制の見直し ○所属全体の業務の効率化 ○PDCAサイクルの実践 ○リスクマネジメント（土木職、電気・機械技師のみ）												
		イクボス・ ファミボス度	○部下の家庭生活、地域活動等への配慮 ○育児休業制度等の利用の助言・推奨 ○コミュニケーションの活性化等の職場づくりの実践 ○自らのワークライフバランスの実践												
		マネジメント評価の全体評価（イ）		年間			年間			年間			年間		
	実績評価	業務の成果	○役割の達成（「イクボス・ファミボス」としての役割を含む。） ○業務キャリア開発シート等の業務目標の達成			<上期評価> <下期評価> <年間総括評価>			<上期評価> <下期評価> <年間総括評価>			<上期評価> <下期評価> <年間総括評価>			<上期評価> <下期評価> <年間総括評価>
		実績評価の全体評価（ウ）		年間			年間			年間			年間		
	集計点＝(ア)×０．３＋(イ)×０．３＋(ウ)×０．４														
	総合評価			上期	下期	年間	上期	下期	年間	上期	下期	年間	上期	下期	年間
				<総合評価>集計点1.0以上1.5未満･･･［S］、集計点1.5以上2.5未満･･･［A］、集計点2.5以上3.5未満･･･［B］、集計点3.5以上4.5未満･･･［C］、集計点4.5以上5.0以下･･･［D］											

		項目	評価者１	評価者２	総括評価者
育成記録・適性・留意事項等	指導・助言の記録	本人の職務上の指導に関し配慮してきた点及び職員の能力開発・研修の成果等 ・具体的な育成指導事項 ・業務のアドバイス ・キャリアビジョンの形成 ・受講を勧めた研修・研修を受けたことによる成果　等			
	業務の適性	現在の業務の適性と留意点、職員に向く業務 ア　非常に適している イ　適している ウ　普通 エ　やや適していない オ　全く適していない ※適性を選択した理由や留意した事項、今後経験させたい業務等を具体的に記載してください	適性	適性	適性
	上位職位への適性	現在より上位の職位に対しての現時点での適格性・能力の状況、更に必要と考えられる能力等			
総評		評価結果と業務の適性等を総合的に判断し、総合的所見を記入してください。 また、以下の３点について留意事項があれば記入してください。 ①今後、指導を行う上において留意が必要と思われる点 ②健康状態、家庭事情及び出勤状況等で留意すべき点 ③その他特記事項			

行動特性（該当項目にﾁｪｯｸすること）	評価者１	評価者２	総括評価者
明朗			
理性的			
親切			
慎重			
誠実			
機敏			
謙虚			
忍耐強い			
几帳面			
能弁			
頑固			
軽率			
内気			
神経質			
高慢			
あき易い			
粗雑			
感情的			

いて、（4）職場環境について、の四項目からなる。組織目標（ミッション）を踏まえて目標を設定し、期首面談において確定する。

評価は、（1）自己評価→（2）被評価者の直接監督者→（3）（2）の直接監督者→（4）所属長又は部局長という形で、自己評価＋三名の評価者で評価を行う。行動評価（マネジメント評価）・実績評価ともに年二回（上期、下期）行い、下期評価の際に併せて年間総括も実施する。上期・下期・年間総括ごとに、さらに各評価を合わせた総合評価を行う（国の制度では、能力評価・業績評価を統合した評価までは行わない）。

検討会の場ではこれらの紹介及び民間企業の事例の紹介後に意見交換が行われ活発な意見が出されていた。いくつかのものをあげると次のとおりである(14)。

・見える化を進めていく数値化方式について。今の制度の枠組み、評価の物差しや尺度について変更をし、それを職場に定着させる際に、新しい制度が複雑であると定着度が低くなってしまうこともあるため、その辺のさじ加減を合わせて議論できればいいと思う。

・民間と地方公共団体を比べた場合、民間はベースに営業利益があり、その中で成果主義の要素があり、行き過ぎた成果主義をどうやって人事評価の中でマイルドにして、長期的な人材育成に結び付いていくかという視点が非常にあるのではないかと思う。これに対して公務員は、ベースに目標管理や成果主義的な発想がなく、人材育成もだが、成果主義的な要素もしっかり組み入れた制度設計をしないと上手くいかない点に留意しなければならないのではないか。

・時間ウェイトも含め、数値化方式は、導入前は非常に手間がかかるため拒否感があるが、実際にやってみるとそれほど難しくはなく、数値化により透明化することによって、安心感は得られやすいと感じている。

・鳥取県の事例について、評価制度の役割として、人材育成やキャリア形成と処遇制度を機能させるという大きく二つある。鳥取県では、そうした役割が制度として構築されていると思う。特に民間の企業などでは、処遇制度は、様々な議論を労使で行い、双方の当事者が合意をして決めるのが一般的。国家公務員についても、しっかりと議論をし、当事者双方の理解の上に制度を作っていくことも、運用していく上で極めて重要である。

（1） 鹿児島重治『逐条地方公務員法（第六次改訂版）』（学陽書房、平成八年）六五四頁。

（2） 勤務成績の評定に対する教職員組合の反対運動は『教員勤評闘争』とも呼ばれるもので、学校教員の勤務評定をめぐる愛媛県教育委員会と愛媛県教職員組合との間の対立に端を発する。その後、当時の文部省と日本教職員組合・日本高等学校教職員組合との対立に発展して政治課題ともなった。蝋山正道は、「相互不信のために、勤評闘争は泥沼のように反体制運動として展開する。すなわち一方文部官僚とその背後にある保守党と、他方、日教組とそれを支持する革新政党との対立であり、保守・革新の権力的対立という戦後政治史の継続なのである。」とする（『日本の歴史⑮ よみがえる日本』（中公文庫、昭和四九年）二四三頁）。教員勤評闘争について詳しくは、稲継裕昭『自治体の人事システム改革』（ぎょうせい、平成一八年）一二九〜一三三頁を参照のこと。

（3） 鹿児島・前掲注（1）書六五四頁。

（4） 鹿児島・前掲注（1）書六五五頁。

（5） 鹿児島・前掲注（1）書同頁。

（6） https://www.soumu.go.jp/iken/jinzai/houkoku18.html（最終閲覧：令和五年十月一日）。なお、同報告書は市販もされた。地方公共団体人事評価システム研究会編『地方公共団体における人事評価システムのあり方――導入のための提言とモデル例』（第一法規、平成一八年）。

（7）https://www.soumu.go.jp/main_sosiki/jichi_gyousei/c-gyousei/jinzai.html　平成二一年三月「地方公共団体における人事評価の活用等に関する研究報告書」、平成二三年三月「地方公共団体における人事評価制度の運用に関する研究会報告書」、平成二五年三月「平成二四年度　地方公共団体における人事評価制度の運用に関する研究会報告書」、平成二七年三月「地方公共団体における人事評価制度に関する研究会　平成二六年度報告書」、平成三〇年三月「人事評価の人材育成への活用に関する研究会　平成二九年度報告書」、平成三一年二月「人事評価の活用に関する研究会　平成三〇年度報告書」など。

（8）https://www.soumu.go.jp/main_sosiki/kenkyu/chihoujichi_jinji/index.html#tyuukan

（9）内閣官房内閣人事局「人事評価の改善に向けた有識者検討会」第五回資料一—一「目標管理・数値化方式による地方公共団体の人事評価（辻構成員ご発表資料）」

（10）国家公務員の人事評価の記録様式については、第二章第一節三を参照のこと。

（11）人事評価の改善に向けた有識者検討会（第五回）議事要旨一～二頁。

（12）同上。

（13）同上。

（14）前掲注（11）二～九頁。

第五章　諸外国国家公務員における人事評価の動向

諸外国の公務員における人事評価はどのようになっているのか。本章では米英独仏の国家公務員（連邦公務員）の例を見ていくこととする。

第一節　アメリカ合衆国連邦公務員における人事評価[1]

一　アメリカ合衆国連邦公務員制度の概要

アメリカ合衆国連邦公務員は「除外職」（政治的任命職、郵政公社職員や賃金職員（ブルーカラー）、外交官など）を除けば、「上級管理職（SES：Senior Executive Service）」と「競争職」に大別される。上級管理職（ＳＥＳ）はカーター政権において公務に対する批判の高まりへの対応の一つとして成立した公務員改革法（一九七八年）により設けられたものであり、統一的に幹部職員のマネジメントを行うことを狙いとして導入された。競争職の大部分は一五等級からなるＧＳ（General Schedule）俸給表が適用され（ＧＳ適用職員）、各等級に一〇号俸が用意されている。

二　人事評価制度

連邦公務員の人事評価制度は、一九一二年の法律が各行政機関共通の評価制度創設を求めたことに始まる。その後、一九三五年の統一的能率評価制度が導入され（業績、生産性、資格・能力の三要素を五段階で評定）、一九五〇年の勤務評定制度の導入（人事委員会の事前承認の下、機関ごとに三段階評価の制度を策定）などを経て、上述した一九七八年の公務員改革法で現行の人事評価制度（performance appraisal）が確立された。(2)

一九七八年の公務員改革法では、従前の勤務評定（performance rating）に代えて人事評価（performance appraisal）を導入して人事・処遇の基礎とする新しい評価制度を導入し、GS適用職員及び新設の上級管理職（SES）それぞれについて、法律及び人事管理庁の規則(3)で定める枠組みの下、各省庁が具体的制度を定めるものとされた。GS適用職員と上級管理職（SES）とで詳細は異なるが、いずれも目標管理的手法で、個々の職員の職務に応じてあらかじめ設定された項目・基準に基づいて評価を行い（絶対評価。分布率設定は禁止されている）、評価結果は給与等に活用されるほか、成績不良者への対応が制度化されている。人事評価制度の詳細はその後改正が重ねられているが、大まかな枠組みは現在まで共通である。

当初の上級管理職（SES）の俸給表は六段階の額で設定され（個人の資格により格付け）、定期昇給がない仕組みとされるとともに、評価に基づく報奨制度が導入された。また、GS一三—一五等級の管理監督職員に成績給制度（Merit Pay System. 官民比較に基づく給与改定や定期昇給を抑制し、その分の原資を業績に応じて分配）が導入されたが、運用上の困難等もあって、一九九三年に廃止されている。(4)

（ア）　上級管理職（SES）の人事評価

上級管理職（SES）の俸給制度は創設時に六等級構成（各等級は単一の金額）とされたが、二〇〇四年に最高額と最低額による給与幅で規定される単一のバンド給となり、そのバンド内のどの額が支給されるかは人事評価で決定されることとなった。さらに、人事管理庁の認定を受けた評価制度を有する省庁では上限額が高く設定されるので、以前よりも高い給与が支給可能となっている。

上級管理職（ＳＥＳ）の人事評価については、法令を具体化した制度モデルを人事管理庁が各行政機関に示している[5]。それによれば、評価は原則年一回行われ、期首に評価者が被評価者と協議して業績計画（performance plan）を策定する。計画には、評価に用いる重要要素（critical elements）として幹部としての要件に相当する五要素とその評価基準（performance standards）、各要素のウェイトが記載される[6]。要素のうち、「結果志向」については、当該期間に期待される具体的業務成果が組織目標と整合するよう個別に定められ、最もウェイトが置かれる。期中には、少なくとも一回、計画の進捗レビューが行われる。期末には、評価者が各要素を五段階で評価し、これらを点数換算しウェイト付けして合計した点数により、レベル５（最上位）からレベル１（最下位）までの五段階の全体評語（summary rating）が付される。評価者による一次評価は各行政機関に置かれる業績審査委員会（任命権者が指名する三人以上の委員で構成、過半数は職業公務員）に提出され、委員会の勧告を考慮した上で、任命権者が最終的な評価を確定する。決定した評価は被評価者に書面で通知され、評価結果に対する不服申立てはできない。なお、各行政機関は組織ごとの業績についても評価を行い、上級管理職（ＳＥＳ）の人事評価に当たり考慮することとなっている[7]。

毎年の給与や報奨の決定は、レベル３以上の者を対象に、評価に応じた形で決定される。レベル２以下の評価を受けた場合、評語やその回数に応じ、上級管理職（ＳＥＳ）内での再配置や上級管理職（ＳＥＳ）からの排除等の対象となる[8]。

（イ）　ＧＳ適用職員の人事評価

ＧＳ適用職員についても、通常年一回評価が行われ、期首に各職員の業績計画で評価要素と各要素に係る評価段階・評価基準が定められる。全体評語は二～五段階（良好・不可の二段階を設けることは必須。その他の段階の設け方により八パターンが可能）の中から各機関が定めるが、実際には五段階評価が多数である。個別要素の評価から全体評語を決定する具体的方法は機関により異なり、上級管理職（ＳＥＳ）と類似の方式のほか、個別要素の評価の組合せにより全体評語決定基準を設ける方式なども見られる。評価結果は被評価者に書面で通知される。

法令上、定期昇給、業績報奨やキャリア昇任については「良好」以上であること、特別昇給については最上位の評価であることが要件となる。他方、重要要素のいずれかが「不可」とされた場合、上司が本人と話し合って作成する改善計画（不可とされた要素について達成すべき水準とその期限等を定めるもの）に基づき改善の機会が与えられるが、所定の期間内で要求水準に達しない場合は、降格又は免職され得る。

人事評価の運用実態は、多くの職員が上位の評価を受けている一方、下位の評価を受ける者は極めて少ない。こうした実態に関しては、標準以下の評価では職員の納得を得にくい、勤務成績不良者への対応は難しいなどの実情もうかがわれる(9)。

第二節　イギリス国家公務員における人事評価(10)

一　イギリス国家公務員制度の概要

イギリスにおいては、従来は、採用や給与等の人事管理について一元的な管理が行われてきた。給与については、財務省と組合との一元的な交渉によって公務員全体に適用される俸給表が決定される仕組みであり、また、採用についても人事委員会の採用試験による一元的な管理が行われてきた。

しかしこのシステムは、一九八〇年代以降激変し、各省への分権が急速に進められていった。採用については、下位のグレードの採用は公務員省が廃止された翌年の一九八二年に出された勅令で各省への権限委任が進み、それは一九九一年の勅令でさらに中位グレードにまで広げられた。[11]現在ではファストストリーム試験（幹部候補を採用する試験）を除いて、公務員共通の試験というものはなくなっている。また、一九九三年から一九九六年にかけて、給与並びに給与関連の勤務条件の決定権限が委譲[12]されるなど、上級公務員（SCS：Senior Civil Service）以外の一般職員については、各省や各エージェンシーにそれぞれの人事制度を定める権限が付与された。国家公務員管理規範等が定める基本的な原則の枠内で、具体的に各省や各エージェンシーがそれぞれ人事制度、俸給表（Pay Band）、休暇日数等を定めている。

上級公務員（SCS）とは、各省・各エージェンシーの課長（Deputy Director）級ポスト以上に在職する幹部公務員の総称で、一九九四年の「公務員白書」を受ける形で、一九九六年に従来のグレード5（本省課長級：Assistant Secretary）以上のグレードを統一した単一の職員グループとして創設された。[13]上級公務員（SCS）の人事管理は所属省、エージェンシーが行うが、任用、給与、勤務時間、業績評価、昇進、退職等の人事制度については、国家公務員管理規範に共通の枠組みが設定され、俸給表（Pay Band）、休暇日数等については具体的な内容が規定されている。[14]

二　人事評価制度

上級公務員（SCS）については、国家公務員管理規範（職員の勤務条件について、各省庁が遵守しなければならない事項を規定。国家公務員担当大臣が制定する）において、内閣府が定める政府統一の評価制度・手続により、各省が実施することが規定されている。一般職員については、内閣府から示された優良事例の原則を考慮の上で各省庁・各エージェンシーが制度・手続を定めて実施することができるとされているが、二〇一二年からは、運用における柔軟性は保ちつつ、三段階の評価のグループ分け等制度の中核的要素は統一された。

（ア）上級公務員（ＳＣＳ）の評価システム[15]

評価は一年サイクル（基本的に四月～翌年三月）で、以下の流れにより行われる。

（ⅰ）期首：業務遂行、財政効率性、チームの能率向上、公務への貢献という四つの項目について業績目標を設定し、上司と合意する。

（ⅱ）随時：目標達成度合い、今後のキャリアパス等について上司と面談する（九ボックス評価[16]も活用）。目標を変更する必要がある場合は、上司との合意により変更する。

（ⅲ）中間：前半の公式評価を行い、書面に記録。この時点では成績によるグループ分け（評価結果の相対化）は行われない。

（ⅳ）期末：（ａ）達成した業績、（ｂ）リーダーシップ・ステートメント[17]や公務員コンピテンシー・フレームワーク[18]に示された行動がどの程度執られたか、（ｃ）国家公務員規範に示された公務の価値観をどれだけ具現化できたか、（ｄ）実際の状況に照らして目標達成がどれだけ困難であったか、という基準に基づき、目標達成度が評価される。

評価の一環として三六〇度評価も活用される。評価は上級公務員評価合意様式（SCS Performance Agreement Form）に記録された上で、評価者・被評価者・副署者が署名する。なお、上級公務員（ＳＣＳ）については、内閣府において評価結果の統一的分布率を設定しており、二〇一二年より、等級ごとにTop（上位二五％）、Achieving（上位に次ぐ六五％）、Low（下位一〇％）の三グループに区分する相対評価が行われている。

（イ）　一般職員の評価システム

一般職員の人事管理は各省に分権化されているため、上級公務員（ＳＣＳ）のように統一的な評価システムはなかったが、二〇一二年より、省庁間である程度の統一性を確保する観点から、（ａ）三段階の評価グループ（優秀（Exceeded）、標準（Met）、要改善（Must Improve））に分ける、（ｂ）優秀：標準：要改善の評価の標準的分布率を概ね二五％：六五％：一〇％とする、（ｃ）成果のみならず能力や振舞いにも着目して評価を行う、（ｄ）正当に評価し、チーム内で不均衡とならないようにする、（ｅ）給与への反映は各省庁の判断で行う、こととされた。

しかし、評価の分布率を定めることについては、労働組合や大規模省を中心に批判的な見解があり、制度官庁である内閣府としても、評価そのものよりも人事評価制度を通じた上司と部下との対話に重点を置きたい意向があった。そのため、各省のニーズに適した形で柔軟な制度運用を可能にするため、二〇一七年から、各省の判断で内閣府の設定する分布率によらないこともできることとされた。これを受けて、内務省など複数の省において分布率が廃止されている。

三　人事評価の結果の活用

人事評価制度の主眼は、上司と部下が密にコミュニケーションを取り、目標や期待される成果を明確にし、不十分な点については適時にフィードバックを与えて改善するとともに、上司とのコミュニケーションを通じて職員に自己評価を促すことなどによって、職員の指導、育成、意欲向上を図ることにあるとされている。

評価結果の給与への活用をみると、上級公務員（ＳＣＳ）については、成績下位一〇％の者は昇給せず、上位二五％の者にはボーナスを支給するといったように、評価結果と給与が直ちにリンクする仕組みになっている。他方、一般職員については、評価結果を給与に活用するかどうかは各省庁の判断に委ねられており、評価結果をボーナスに反映している省庁が多く見られ、昇給に反映させている例もある。

昇進については、評価結果は用いられていない。

成績不良者に対しては、上司との面談において問題点を認識するよう促し、改善させるための研修カリキュラムが提供されている。また、管理者に対しては、業績評価の面談における具体的な対話方法等に関する研修が提供されている。なお、評価結果が悪く、改善支援等の措置にもかかわらず改善が見られない職員については、人事当局から当該職員に対して、より適した職務への異動の勧奨、更には分限免職が行われることもある。

第三節　ドイツ連邦公務員における人事評価(19)

一　ドイツ連邦公務員制度の概要

ドイツの公務員は官吏（Beamte）（公法上の勤務・忠誠関係に立ち公権力の行使に関わる業務を担当する）と公務被用者（Tarifbeschäftigte）（労働契約に基づく私法上の雇用関係にある）とに分かれる。前者は主として公権力の行使にあたる警察、司法、刑務、税務、外交等にあたる者のほか上位の役職に就く者の多くが分類され、後者は保健機関や福祉サービス、一般官庁事務・技術に従事する者が分類される。ただ、両者の区別は不明確かつ流動的であり、ある職に官吏を充てるか公務被用者を充てるかは各使用者の判断に委ねられている。

官吏という概念は、連邦政府、州政府、市町村役場に関わりなく、ドイツ連邦共和国基本法（憲法に相当）のもと、統一的な概念として用いられている。基本法のもと、連邦官吏法、連邦給与法等が定められ連邦官吏に適用される。公務被用者については、その勤務条件等について、連邦政府及び市町村役場の職員については公務労働協約に、州政府については州公務労働協約にそれぞれ規定されている。

二　人事評価制度

官吏については、連邦官吏法及び連邦ラウフバーン令に定める原則の範囲内で、各省で職員協議会との協議を行って、人事評価手続の細目を規定したガイドラインを定め、具体的な基準や評価書を定めている。公務被用者には、人事評価は義務付けられていないが、省によっては実施しているところもある。

定期評価は三年を超えない期間ごとに行われ、業績評価と適性・能力判定、総合評価と今後の任務・配置についての提案を記載することとされており、業績評価では仕事の成果とそのやり方、勤務態度、加えて管理職については指導の仕方も評価される。成績区分の段階数については省ごとにガイドラインで定められるが、五～七段階程度に設定している省が多い。上位の成績区分には人員分布率の枠が設定されており、被評価者の給与等級ごと、又は職務段階ごとに、最上位の評語は一〇％、次点の評語は二〇％を超えないこととされているが、各省ではさらに厳しい上限割合（例えば、各五％、一〇％）を設定している場合もある。各省内で相対評価対象グループを作り、評語を割り当てて評価を行う。実際の分布状況は省内イントラネット等で内部公表されている（法令により男女別・フルタイム・パートタイム別等の統計データの公表が義務づけられている）。

被評価者に対しては評価結果が開示され、その内容について評価者と被評価者が話し合うこととされており、被評価者には意見を述べる機会が与えられている。この両者の話し合いの内容を含め、人事評価は文書化し、人事記録に取り込まれることとなっている。人事評価の結果は、任用面においてはラウフバーン内における昇格選考の基礎とされている。

官吏は評価結果に異議がある場合、総務局に申立てをすることができるが、評価者である上司には判断の裁量の余地が認められているため、総務局が調査するのは形式的な瑕疵の有無に過ぎない。異議申立てに対する総務局の判断に不服がある場合は、行政裁判所に訴えることができる。

ドイツ官吏の原則の一つである成績主義は給与制度においても適用される原則であるものの、従来は採用と昇進に限って適用され、給与については業績とは無関係に、年齢による自動昇給が認められてきた。[20] アメリカやイギリスで幹部職員に関して短期的業績給が始まっていた一九八〇年代以降もこれは変わらなかった。

だが、一九九七年に連邦給与法や連邦ラウフバーン令を改正する「公勤務法改革法」が施行され、特別昇給（最高号俸受給者を除く官吏の一〇％以内）と昇給延伸が導入され、また、業績報奨金（一時金）・業績手当（月額制で最長一年）が導入され、勤務実績の給与への反映が始まった。これは財政事情を背景として、コストを意識した効率的な公務遂行を実現するための改正だった。

二〇〇二年には、特別昇給を付与できる職員の割合を一五％に引き上げるとともに、（従来は特別昇給があまり活用されていなかった実態を受けて）特別昇給で使わなかった割合を業績報奨金・業績手当に回すことが可能となった。二〇〇六年に「勤務法再編成法」が制定され、連邦給与法等が改正された。これは、業績給、俸給表の改正により給与における年功主義を修正し成績主義を強化するものだった。ただ、その反映の程度はアメリカやイギリスに比べると大きくはなく、また、人事評価のサイクルも最長三年に一度だけであるために、評価と給与の連動も上記二国に比べるとゆるやかである。

第四節　フランス国家公務員における人事評価[21]

一　フランス公務員制度の概要

フランスではまず身分を付与したうえで個別の官職に就けるという任官補職制をとっている。人事管理は約六〇〇（現在も採用を行っているものは約三六〇）の職員群（corps：コール）を基本単位として行われており、このコールごとに、競争試験に基づき採用を行っている。実際の人事管理はどのコールに属しているかが決定的な意味を持っており、ENA[22]（国立行政学院）卒業生やポリテク（理工科学校）[23]卒業生が属するようなコールと一般のコールとでは、勤務条件や昇進制度について大きな格差がある。

公務員は官吏と非官吏に分けられ、前者には官公吏一般規程が適用される。

昇進は、同一コール内での選考に基づくものとなっており、上位ポストについては空席ポストへの応募が原則である。

二　人事評価制度

フランスでは、従来、数値による評点と文章による総合評価によって構成される勤務評定（notation：ノタシオン）が実施されていたが、年功的な運用などについて多年にわたりその形骸化、機能不全について厳しい批判があった[24]。このため、ノタシオンに代えて二〇〇二年より新たな評価制度（évaluation：エヴァリュアシオン）が順次導入され、国の官吏については、二〇一二年より個別身分規程で別途定められているコールを除きエヴァリュアシオンに完全移行した。

エヴァリュアシオンは、公務員局が所管する法令により評価の枠組みを規定しており、コールごとに設置された人事管理協議会と協議の下、各省ごとに具体の基準や評価書を定めている。評価は目標管理の手法により実施され、年一回、直属の上司が、目標に対する職員の実績、必要な研修、キャリアプラン等について職員と面接することとされている。職員は面接結果に係る上司作成の評価シートの提示を受け、内容を確認の上署名するものとされているが、その際、職員は面接についての所感や人事上の希望等について加筆することも可能である。

この評価シートの様式は各府省において定めることとされており、文書によるコメントによって総合評価を行う方式が採用されている。試験的導入の際にはアルファベットによる評語を付していた時期もあるが、現在では取り止められている。評価結果は、上司と部下のコミュニケーションツールとして活用されることとされている。また、職員本人と職員が所属するコールの人事管理協議会に通知される。評価結果のとりまとめは行われていないという。

職員は、面接結果に係る報告書の内容に不服がある場合、機関の長にその見直しを請求することができる。また、当該請求に対する機関の長の見解に不服がある場合は労使同数人事管理協議会に当該報告書の見直しを請求することができる。

フランスの公務員給与は、従来コールごとに年功的な運用が行われてきた[25]。エヴァリュアシオンの導入により、昇給期間の短縮等にも活用されることとされたが、その活用も俸給制度の見直しに伴い二〇一七年に停止されている。また、二〇〇八年、サルコジ政権下で職能業績手当（ＰＦＲ）が導入されたものの、オランド政権下で見直しが行われている。このように、フランスにおいては、ＮＰＭ（New Public Management）的な人事評価結果の給与への反映は、政権による一時的な試みに終わっているようである。

（1）本項の記述は次の文献に依拠するところが大きい。稲継裕昭・福田紀夫・岸本康雄・浅尾久美子・本間あゆみ・松橋亜祉里「第二章　アメリカ合衆国の公務員制度」村松岐夫編著『公務員人事改革――最新　米・英・独・仏の動向を踏まえて』（二〇一八年、学陽書房）一七～八三頁、とりわけ、六〇～六四頁。

（2）現在の制度枠組みは、一九三五年の勤務評定制度の欠点（識別機能や処遇等への反映が十分ではなかった）を踏まえて導入された。第二次世界大戦後、日本の国家公務員法制定にあたってアメリカ合衆国連邦公務員制度が参照されたが、その際、勤務評定制度の基礎となったのは、一九三五年の評定制度であった（福田紀夫「職階法の廃止と人事評価制度導入の経緯と課題」『別冊　人事行政』二〇一六年三月、四～二四頁）。

（3）5 U.S.C. 第四三章、連邦規則第五部第一章四三〇節

（4）なお、国土安全保障省及び国防総省について、弾力的かつ現代的な人事管理を行えるようにするため、長官に人事制度の大幅な特例措置を設ける権限が認められた（それぞれ、二〇〇二年と二〇〇三年）。これらの省では、大括りの給与バンド制、業績給与制などの導入を図ったが、反対が強く、国防総省の新制度は二〇一二年に廃止され、国土安全保障省では実現に至らなかった。

（5）12 CHCOC Memo : *Senior Executive Service Performance Appraisal System*, January 4, 2012.

（6）人事管理庁は上級管理職（ＳＥＳ）が備えるべき幹部職員の五つの能力として、変革する力（Leading Change）、人を導く力（Leading People）、結果志向（Results Driven）、実務の才覚（Business Acumen）、人と連携する力・コミュニケーション力（Building Coalitions/Communication）を定めている。

（7）業績報奨（俸給年額の五％～二〇％の範囲内）、特別報奨（特別な業務遂行や成果に対するもので原則年一万ドル以下）、成績優秀な上級管理職（ＳＥＳ）に対する大統領報奨（俸給年額の三五％又は二〇％）。

（8）レベル１評価一回で再配置又は排除、三年間にレベル２以下の評価二回又は五年間にレベル１評価二回で排除の措置を取らなければならない。

（9）GAO, *RESULTS-ORIENTED MANAGEMENT: OPM Needs to Do More to Ensure Meaningful Distinctions Are Made in SES Ratings and Performance Awards* (2015), pp. 22-23.

（10）本項の記述は次の文献に依拠するところが大きい。稲継裕昭・合田秀樹・澤田晃一・若林大督・小川純子・高原朋子・福留理恵子「第三章　イギリスの公務員制度」村松編著・前掲注（１）書八五～一四四頁所収、とりわけ、一二五～一二七頁。

（11）Robert Pyper, *The British Civil Service*, Prentice Hall, 1995, p. 30.

（12）　*Ibid.*, p. 16.

（13）　上級公務員（ＳＣＳ）は企画立案、エージェンシーの運営に携わる職員のほか、エンジニア、会計士、医師など様々な職種の職員で構成されている。

（14）　あるポストを「上級公務員（ＳＣＳ）」ポストとするか否かは、各省・各エージェンシーが、当該ポストの複雑・困難度、専門性等を測定する指標である上級官職職務評価指標（Job Evaluation for Senior Posts：JESP）に基づいて評価を行い決定する。

（15）　Cabinet Office（2022）*Senior Civil Service：performance management*（https://www.gov.uk/government/publications/senior-civil-service-performance-management）

（16）　九ボックス評価（9-Box Grid Development Intervention）は、局長級及び部長級職員の能力の測定のために二〇一一年から用いられている能力評価制度。次のレベルへの昇進可能性を縦軸、現在のポジションにおける業績を横軸とする三×三の九つのボックス（全省統一様式）のどこに該当するかによって職員の能力を測定する手法。人事の将来構想を考える際の適任者選定や、幹部の能力開発に役立てられている。九ボックス評価は優秀な職員を見出すことが主目的であり、下位の成績の職員の人材育成等も目的とする人事評価制度とは目的をやや異にしている。

（17）　政府横断的に公務員のリーダーとして求められる行動を規範的に列挙したものとして、二〇一五年に策定された。上級公務員（ＳＣＳ）の人事評価において、これに照らして求められる行動が執られていたかが評価される。

（18）　公務改革計画に基づき二〇一三年から導入されたもの。国家公務員に求められる一〇のコンピテンシー（良い業績につなげるための技術や知識、行動）が（1）方針決定（Set Direction）、（2）他者との関係構築（Engage People）、（3）成果実現（Deliver Results）の三カテゴリーでグループ分けされる。イギリスの上級公務員（ＳＣＳ）の人事評価は目標管理による評価を毎年行っているが、評価に当たっては、目標達成度（何を達成したか）だけでなく、「コンピテンシー・フレームワーク」などに即した行動がなされたか（どのように達成したか）も評価される。内閣人事局「管理職のマネジメント能力に関する懇談会」第二回資料八参照。https://www.gov.uk/government/publications/civil-service-competency-framework

（19）　本項の記述は次の文献に依拠するところが大きい。原田久・吉田耕三・奈良間貴洋・越石圭子・橋本勝「第四章　ドイツの公務員制度」村松編著・前掲注（1）書一四五～二〇〇頁所収、とりわけ、一八四～一八五頁。内閣官房内閣人事局「人事評価の改善に向けた有識者検討会」第四回資料四―二「英米独仏における国家公務員の人事評価制度（平成二五年度）（平成二五年度人事評価に関する検討会報告書における参考資料）。

(20) 以下の記述は下記参照。稲継裕昭「ＮＰＭと公務員制度改革――英米独仏日の状況」村松編著・前掲注（1）書二九四～三〇三頁所収。
(21) 本項の記述は次の文献に依拠するところが大きい。野中尚人・猪狩幸子・府川陽子・井手亮・中村るり「第五章　フランスの公務員制度」村松編著・前掲注（1）書二〇三～二六四頁所収、とりわけ、二五一～二五二頁。内閣官房内閣人事局・前掲注（19）。
(22) エリート官僚養成機関として第二次世界大戦後創設されたＥＮＡ（Ecole Nationale d' Administration）は、マクロン大統領の廃止宣言を受けて二〇二一年末をもって廃止され（ＥＮＡ廃止についてのオルドナンス（国の上級管理職を改革する二〇二一年六月二日オルドナンス二〇二一―七〇二号）、その後継機関となる国立公務学院（ＩＮＳＰ）が設立された。従来、ＥＮＡの卒業生は卒業時の成績に応じて卒業後すぐにグラン・コール（非常に速いスピードで昇進する）に入れたが、ＩＮＳＰ卒業者が入る統一的な職員群として国家行政官群が新設され、二〇二三年以降、現行のＥＮＡの卒業者が入る職員群（ただし、国務院、会計検査院、裁判所関係を除く）が、段階的に新設される職員群に統合されるほか、幹部公務員の人事管理を担う省横断幹部公務員委員会（ＤＩＥＳＥ）が設置されることとなった。中村るり「変わるフランス～ＥＮＡからＩＮＳＰへ」『人事院月報』二〇二二年四月号
(23) 理工科学校（ポリテク：Ecole Polytechnique）は、一七九四年に革命政府により中央技術学校の名のもとに創設されたグランゼコール（エリート官僚養成機関）であり、土木技師、鉱山技師などを育成する。
(24) ○点から二〇点の間で決定される評点が実態として一四点から一九点までしか使われておらず、また、年功により毎年少しずつ機械的に上昇するよう運用されるのが一般的といわれるなどの批判があった。
(25) 以下の記述は、稲継・前掲注（20）参照。

第六章　人事評価の官民比較

——組織目的と人事評価のあり方

本書では、これまで、国家公務員の人事評価制度とその運用実態、地方自治体における人事評価制度、諸外国における国家公務員の人事評価制度について見てきただけでなく、民間企業における人事評価制度の動向も見た。内閣官房内閣人事局に置かれた「人事評価の改善に向けた有識者検討会」には、経済団体、連合、及び民間企業の労働実態等の調査を進めている企業からそれぞれ委員が参加し、学界からは、経営学が専門の学者が二名、行政学で公務員制度に詳しい学者が二名、それぞれ委員として参加していた。毎回の議論の中でも、民間企業に詳しい委員からは、公務員制度に関しての質問や意見が多々なされていた。

そもそも、民間企業における組織目的や人事評価のあり方と公務部門におけるそれとは、何が同じで何が異なるのか。この章ではその点について改めて考えてみたい。

第一節　官民の類似点と相違点

経営学と行政学・公共経営論は、その対象が異なる。公共経営に関する著書を多数出版しているヤン・エリック・レーンによれば、経営学は「明確な構造とリーダーシップを持って財やサービスを生み出そうとするチームに、人々がいかに参加するよう動機づけられるかということを扱う。」(Lane, 2009, p. vii、邦訳一頁)。経営学理論は、多数の社員を抱える企業の内部運営をモデル化しており、「公式組織」が着目されたのも当然であって、政府における官僚制研究と基本的に類似する点も少なくない。

他方で、公共部門の経営と民間企業の経営との間にはいくつかの相違点がある。とりわけ本来の目的が異なる。前者は社会目的を達成するものであるのに対して、後者は、所有者たる株主の利潤を大きくすることが最大の目的である。もちろん、水道事業や地下鉄事業を行う公企業でも利用料を徴収し利益を上げることに注力するが、公共サービスの提供という大前提はあり、つぶれてなくなるわけにはいかない。逆に、企業において社会貢献やSDGsへの貢献などが言われるが、最終的には企業価値を高め、利潤を高めることにつながるからこそ進められるものである。

ニュー・パブリック・マネジメント（NPM）[1]のムーブメントは、官と民の垣根を曖昧にしたが、公共部門の経営に民間企業の経営原理を導入するといっても、完全にイコールになるわけではない。民間企業の場合、利潤をあげてそれを株主に配分する前に、将来のために設備投資をしたり、人的投資の観点から従業員にボーナスとして分配したりすることも可能である。民間企業では、業績向上が組織の利潤の増大につながり、増えた部分から従業員への配分を考え得る。業績と賃金をリンクさせることによって高い努力水準で動機づけをし、それがさらなる業績の向上につながって利潤を増大することが可能だからである。

これに対して、公共部門の場合は事情が異なる。政府活動の原資は税金や使用料などとして非自発的に国民から調達されるので、その使途は活動主体が自由に決められない。国民の代表からなる議会が決めた予算に従って公金が使用され、財・サービスが提供される。人件費も予算項目に計上され、その総額を超えた支出ができない。この非自律性は賃金管理の弾力性を拘束する。業績主義による賃金制度のもと、職員の多くが計画目標を上回る業績を達成した場合に民間企業では人件費を変動させることが要求されるが、公務部門の場合は人件費予算は期首に議会で決まっており、変更ができない。ある部門で別の費目の予算が余ったからといって、それを人件費に流用して、公務員にボーナスとして配分することは許されていない。

このように、組織全体のパフォーマンスが前期に比べて向上した場合、民間企業なら従業員全体の報酬がプラスサムになり得るのに対して、公務部門ではゼロサムにしかならない。後者では、全体としての人件費総額を構成員の間にどのように配分するか、ということが議論となるだけである。この点が、公務部門と民間部門の業績給を考える時の前提として根本的に異なる点となっている。

レーンは、公共サービスの提供のためには必ずしも公共機関が必要というわけではなく民間との契約を通じても提供できその選択肢も増えてきていること、しかしながら他方、政府経営というものは民間経営と明確に異なること、を一貫して主張する。異なる要因として彼は、（1）税金でまかなわれていること、（2）公法による規制があること、の二点を挙げる（ibid., p. 4、邦訳六〜七頁）。（1）は既に上で見たものである。（2）は、公共サービスが市場環境の外でなされるため、その提供方法や質、量に関する調整が公法によってなされることが多い点を挙げている。例えば、各公共サービスには、それぞれの法的枠組み、方法、財源などが法律やそれを受けた政省令で決められている。「一般行政法および特別行政法への依存は公共経営に一般的に見られ、公共経営が公式組織と官僚制に大きく依存している所以である。」（ibid., p. 4、邦訳七頁）。その特性から、民間経営とは異なる部分が出てくるし、人事評価に影響を及ぼす部分もある。

レーンはまた、公共サービスの価値は民主的な選挙過程で判明する政治的選好を反映する傾向にある、ともしている（Lane, 2009, p. 3、邦訳六頁）。日本でも国家公務員人事評価の改善に関する議論が、与党の行政改革推進本部から出てきている。公務員の政治的中立性については、日本国憲法第一五条や、国家公務員法（一〇二条及び人事院規則一四の七）、地方公務員法（三六条）で定められており、猟官制[2]はとられていない。しかし、公務員の人事制度自体は法律をはじめとする法令で決められており、完全に政治と切り離されているわけでもない。この点も、民間と公務とで異なる点である。

民間部門における人事管理諸制度や賃金制度、人事評価制度で参考にすべきところが多くあるものの、やはり、上述の諸点が根本的に異なるため、民間部門での議論をそのまま移入することができない部分も出てくる。

第二節　目標管理に基づく業績評価制度と公務組織の特徴

他にも、民間部門の制度をそのまま移入できない公務部門の特性がある。日本の公務部門では、民間企業の人事管理[3]にならって、国でも地方自治体でも目標管理に基づく業績評価を行っていることが多いが、目標自体の曖昧さがある点と、その適用が難しい部門がある点とに留意する必要がある。

一　目標管理に基づく業績評価

一般に、目標管理は、ドラッカーが一九五四年に「目標と自己統制による管理」を提示したことに始まるとされている[4]。ドラッカーは二つの側面から、目標の意義を説いている。まず、(1) 目標が組織内の従業員の貢献を共通の方向に向ける役割を果たすことである。組織構成員は各々異なった仕事の責任を果たすが、彼らの貢献はすべて共通の方向に向けられていなければならない。各人が取り組む目標が全社目標や部門目標をブレークダウンしたものになっていれば、目標が全社の活動を統制する手段となり得る。

次に、(2) 目標の設定に個々の従業員が参画することによって、従業員の自己統制が可能となることである。目標を自己設定することによって、本人はその達成責任を積極的に受け入れるようになる。また、目標を明示化することによって、それに向けての自己統制が可能となり、高い動機付けを生むことになる。さらにその効果は、自己評価をすることによって強化されるというのである。

この（1）、（2）の側面（それぞれ（1）機能的側面と（2）参加的側面と呼ばれることがある）[5]は、目標管理の論者によって、力点の置き方が異なっている。（1）を強調すると、目標管理は全体目標が強く前面に置かれたトップダウンの統制になりやすく、構成員個人の自己統制が困難になる。逆に（2）が強調されると、構成員個人の意見や活動を重視したボトムアップの管理になるが、全体目標に向けての結集力は弱くなる。この二つの側面は、それぞれ組織の視点と個人の視点を表しており、互いにトレードオフの関係にある。このトレードオフを克服するものとして、奥野明子は特に目標管理におけるコミュニケーションの役割を重視している（〔図6-1〕）。「目標管理では、目標設定の場、目標達成の過程、達成度の評価の場、それぞれの場面で上司と部下が話し合いを通して、また上司の支持的・支援的態度によって上記のトレードオフを克服している」という[6]。

目標管理制度は、単に人事管理や評価だけのツールというわけではなく、企業経営全般の管理システムである。しかし、日本では、人事考課のための道具という認識が強く、目標管理制度が持つ全社の活動の統合という重要な側面が軽視されてしまっているといわれる。つまり、参加的側面が強

〔図6-1〕目標管理の二側面とコミュニケーション

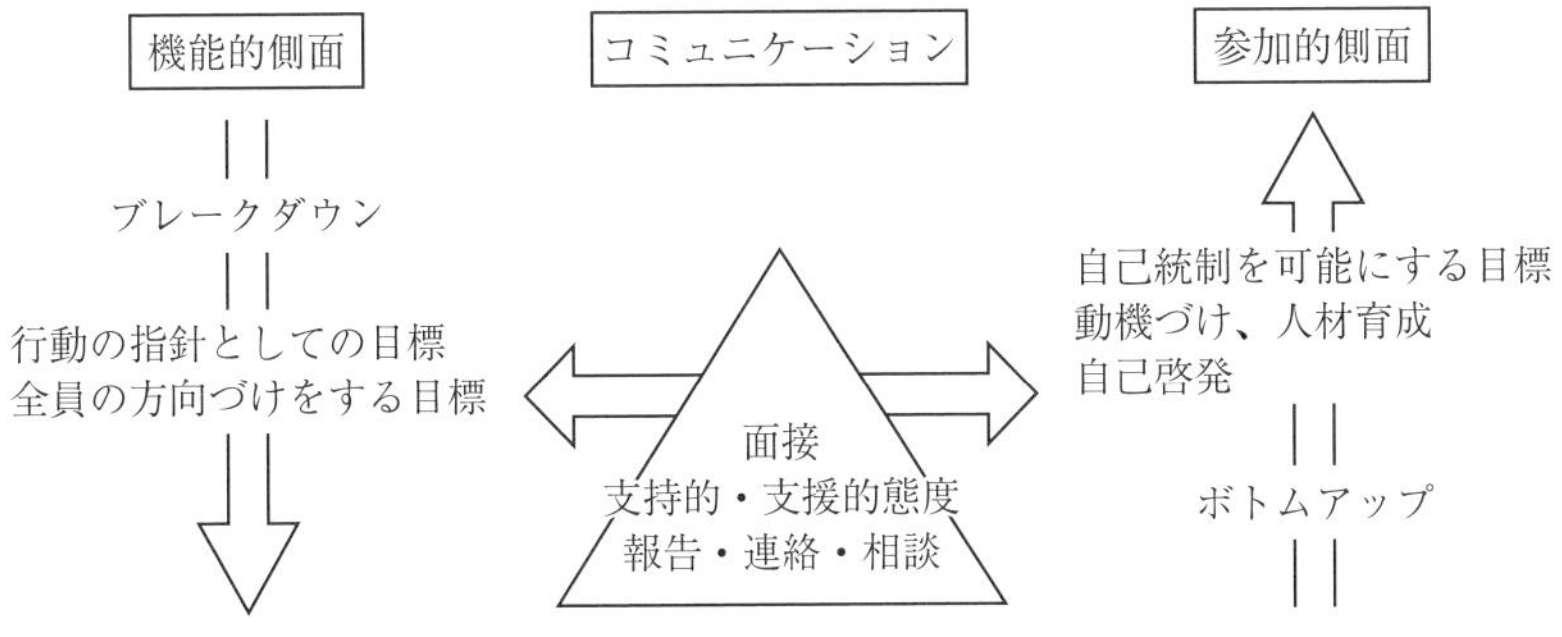

（出典）奥野明子「日本における目標管理の現状と課題」経営研究47巻1号（1996年）99頁。

調され、機能的側面が軽視されているということになる。これは公務部門における目標管理に基づく人事評価についてもあてはまる。

理想的な形の目標管理制度は、〔図6-2〕に示したものである。一連の流れがうまく機能してこそ、目標管理制度は全般管理システムとなり、全社統合と自己統制を兼ね備えたものとなるとされている(7)。

しかし、目標管理制度を導入し始めた国家公務員の人事評価や地方自治体の人事評価の実態をみると、そうなっていない場合も多い。例えば、比較的大規模なX市が始めた目標管理制度に基づく業績評価制度では、被評価者がそれぞれ目標を設定し、その達成度を測るものとしている。設定時においても、評価時においても、全庁的な目標の統合というプロセスは見られず、組織全体での活動の統合という、目標管理制度がそもそも持つ重要な側面（機能的側面）は無視されている。

国家公務員の人事評価制度においても、当初は参加的側面が重視され、機能的側面があまり重んじられていなかったが、令和二年六月一六日付事務連絡で局長等の「職務内

〔図6-2〕MBO（目標管理）の一般的フロー

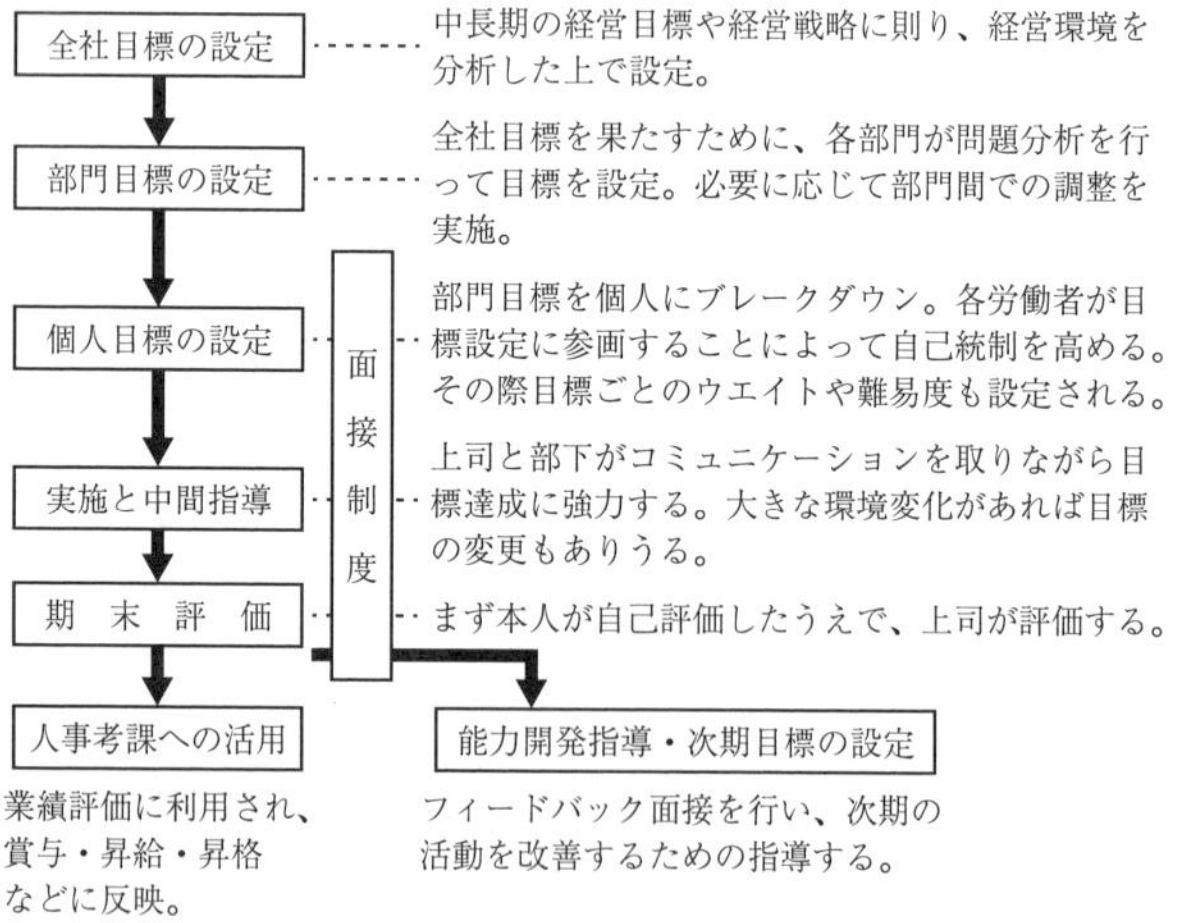
全社目標の設定
中長期の経営目標や経営戦略に則り、経営環境を分析した上で設定。
部門目標の設定
全社目標を果たすために、各部門が問題分析を行って目標を設定。必要に応じて部門間での調整を実施。
個人目標の設定
部門目標を個人にブレークダウン。各労働者が目標設定に参画することによって自己統制を高める。その際目標ごとのウエイトや難易度も設定される。
面接制度
実施と中間指導
上司と部下がコミュニケーションを取りながら目標達成に強力する。大きな環境変化があれば目標の変更もありうる。
期末評価
まず本人が自己評価したうえで、上司が評価する。
人事考課への活用
業績評価に利用され、賞与・昇給・昇格などに反映。
能力開発指導・次期目標の設定
フィードバック面接を行い、次期の活動を改善するための指導する。

（出典　三輪卓己「人事考課制度」（奥林康司・上林憲雄・平野光俊編著『入門人的資源管理（第2版）』中央経済社、2010年、所収）120頁。

容」及び「果たすべき役割」を明示して、局長等以下の職員の人事評価の目標設定にあたっては、それを適切にブレークダウンすることが求められており、ようやく機能的側面をも重視する目標管理制度となったと評価できる（〔図6-3〕）。

二　状況に迫られての目標、曖昧な目標、対立する目標

J・Q・ウィルソンの『官僚制組織：政府機関は何をするのか、なぜするのか』（*Bureaucracy: What Government Agencies Do and Why They Do It*）（一九八九年）[8]は公共組織の目標管理について様々な示唆を与えてくれる。

ウィルソンは、公共組織は主たる目標のほかに「状況に迫られての目標」（Contextual Goals）も追求しているために、効率性を測るという問題が不明瞭になっていると主張する。「状況に迫られての目標」には、情報公開法への対応、個人情報保護法への対応、行政手続法への対応、連邦取引委員会の示す規制など次々に加えられてきた決まりを守るという目標などがあげられている（Wilson, 1989, pp. 129-131）。そのことが、公共経営に様々な影響をもたらしているという。例えば、（1）業務達成そのものよりも種々の制約を満たしているかどうかに、より傾注するようになる。（2）当該省庁の仕事だけでなく様々な他の規制省庁のルールにも配意しなければならない。（3）多くの省庁で効率性よりも公平性がより重要になっている。（4）管理職がより危険回避

〔図6-3〕

局長等の「職務内容」及び「果たすべき役割」の明示等について
（令和2年6月16日事務連絡）

1．局長等の「職務内容」及び「果たすべき役割」の明示について
　本府省局長等の職務内容（組織のミッション）と、局長等が当該職務を遂行する上で果たすべき役割を本年6月中に策定。なお、策定した「局長等の職務内容及び果たすべき役割」については、状況に応じ適宜改定。

2．1．の人事評価への活用について
1）局長等以下の職員の人事評価における期首目標の設定に当たっては、1.により策定した「局長等の職務内容及び果たすべき役割」を適切にブレークダウンすること
2）なお、期首目標の設定に当たっては、従前よりマニュアル等にてお示ししているとおり、事後にその成否を判断できるようにするため、「何を」「いつまでに」「どの水準まで」「どのように（方法・手段）」について、できる限り具体的に記載することを徹底

出典）　人事評価の改善に向けた有識者検討会、第2回資料3-4、14頁。
https://www.cas.go.jp/jp/gaiyou/jimu/jinjikyoku/hyouka_kaizen/dai2/siryou.html

的な選択をするようになっている。（5）多くの省庁でSOP[9]が発展させられて、状況に迫られての目標や制約を破らないように工夫している。（6）様々なルールを守ることを強いられるために、民間企業に比べてより多くの管理職を抱えるようになる。（7）裁量がより上位レベルへと上げられて行き、トップに近いレベルでないと判断がつかないことが増えている（現場で判断したほうが早くて適切であるが、状況に迫られての目標に合致しているかどうかのチェックが必要なため上位に判断が委ねられていく）（Wilson, 1989, pp. 131-134）。

日本の国家公務員の人事評価で、「状況に迫られての目標」は、当初から目標の中に入っていたり、期中にいきなり入ってきて「目標以外の業務への取組状況」欄において申告したりすることもある。しかし、それらには入らないで、評価に当たっての「その他の留意事項」として示され日々の業務を評価する上での要素として相当のウエイトを占めてしまっているものもある。既に、第一章第三節でも見たように、改定前の国家公務員人事評価においても、〔図6-4〕のように、数多くの通知に留意して人事評価をする必要があった[10]。

また、公共組織は、複数の利害が絡むため、きちんと定義さ

〔図6-4〕これまでに発出された人事評価に係る通知について

評価の目線合わせのほか、働き方改革やコンプライアンス等の課題に応じた人事評価の留意点等の明示・周知を図るため、これまでに以下のような通知を発出。

○行政のスリム化・自主的な事業の改善、女性職員の活躍及び仕事と生活の調和の推進に資する働き方の改革等に関する人事評価における取組について（平成26年9月4日閣人人第348号）

○行政手続法令を含む法令の遵守の人事評価への反映について（平成27年3月26日閣人人第224号）

○ワークライフバランスに資する効率的な業務運営、良好な職場環境づくり等に向けた管理職の取組・実績を人事評価へ反映する取組の再徹底について（平成28年9月7日閣人人第705号）

○男性職員による「男の産休」及び育児休業取得を促進するための標準的な取組手順及び人事評価の実施について（平成30年6月28日閣人人第462号）（※注：後掲の令和2年1月31日閣人人第52号により廃止）

○法令等の遵守、行政文書の適正な管理及びハラスメントの防止に関する人事評価への適切な反映について（平成30年7月25日閣人人第539号）

○障害を有する職員の人事評価について（平成30年12月21日閣人人第888号）

○人事評価における能力・実績主義の更なる徹底に向けた取組について（令和元年7月29日閣人人第184号）

○障害者の雇用促進を担当する職員の人事評価について（令和元年9月6日閣人人第285号）

○「国家公務員の男性職員による育児に伴う休暇・休業の取得促進に関する方針」に定める標準的な取組及び人事評価の実施について（令和2年1月31日閣人人第52号）

○業務の抜本見直し等に係る取組の人事評価への適切な反映について（令和2年7月9日閣人人第435号）

○勤務成績が不良な職員に対する対応について（令和2年7月20日閣人人第453号）

（出典）　人事評価の改善に向けた有識者検討会、第2回資料3－4、13頁。

れた明確な目標を与えられないことが多い。ウィルソンによれば、相異なる利害も時が経つにつれて組織の使命のしかるべき位置に収まり、そしてまた新しい目標が、相矛盾しかねない「目標」のリストに付け加えられていく。公共組織の目標は、多くの下位の目標からなっているが、それらは互いに独立していることが多く、場合によっては対立していることすらある。自身の役割あるいは、組織のためにどのような貢献が可能であるかについて、構成員自らが置かれた状況を正確かつ具体的に認知できない場合もある。

上位役職者は、その下の多くの部署を抱えて、場合によっては対立する目標の間の調整が必要になることがある。[11]最末端の職員の場合でも、マイケル・リプスキー（Lipsky, 1983）のいうストリートレベルの官僚制の場合には、複数の目標の間で悩み、エネルギーの振り分けのジレンマに陥ることが多く[12]、目標設定をどうするかに悩む場合も多く考えられる。

三　公共組織の特性と目標管理

公共部門の中でも組織の性質によって目標管理が適合的か否かやその程度も微妙に異なる。

ウィルソンは、政府機関を次の四つに分類した。生産型組織、手続型組織、技能型組織、対応型組織である。この区別は主に、組織のアウトプットや手続が目に見えるか、あるいは測定できるかどうかに基づいている。

「生産型組織」は、業務の手順がはっきりしていてアウトプットも分かりやすい（ウィルソンは社会保障庁を例に挙げているが、日本でいうと例えば国税庁）。

「手続型組織」は、業務の手順ははっきりしているが、目に見える（又は容易に測れる）アウ

〔表6-1〕

		アウトプット	
		測定可能	測定不可
手続き	明確	生産型	手続型
	不明確	技能型	対応型

（出所）　Wilson, 1989, pp. 158 171 に基づき筆者作成

トプットがないものをいう。ウィルソンはＯＳＨＡ（Occupational Safety and Health Organization：労働者健康安全機構）や平和時の軍隊組織などを例に挙げている（Wilson, p. 163）。前者でいうと、管理者は安全検査官や健康検査官が何の検査をしているかをしているかは容易にわかるが、検査がなされた工場において、労働者の安全性や健康が向上したかどうかやその程度を知るのは容易ではない。

「技能型組織」は、手順ははっきりしないがアウトプットは目に見えるものをいう。ウィルソンは、平和時に手続型組織であった軍隊組織は、戦時には技能型組織になるという。平和時には部下の兵隊を監視することができた。戦時には前線に進み出て臨機応変に戦っている兵士の観察は容易ではないが、戦闘結果を知るのはたやすい。同様の状況は、職場を離れて行動することを常態とする職場では多く見られる。

「対応型組織」は、はっきりした制御可能な手順もないし、目に見えるアウトプットもないものである。ウィルソンは警察や教育省を挙げている。

ウィルソンの分類でいうと、目標管理手法に基づく業績評価は生産型組織の場合は適合的だが、対応型組織の場合は必ずしもそうとも言えない。公務組織の場合、とりわけ省庁の本省の場合、対応型組織が比較的多くみられることから、目標設定に基づく業績評価をうまく機能させるためには乗り越えなければならないハードルは比較的高い。

民間企業の場合は、家や車を売る、預金を獲得する、保険契約を獲得するといった明確な目標がある場合が比較的多く、その場合には目標管理手法に基づく業績評価に適合的である。もっとも、フロントの営業部門を支える経理や人事などのバックオフィスなどについては、目標数値が明確でない場合も出てくるが、いずれにせよ最終的には利潤をどれだけあげられたか、金銭換算をした明確な数値で図ることが可能である。この点は公務部門との大きな違いである。

第三節　公私組織機構・体質の比較調査

日本においては、（官かくあるべし、といった類の規範的なものを除けば）官民組織の比較を実証的に行った研究は極めて少ない。これは、経営学者やシンクタンクは民間企業の事例を調査して論文や報告書を書くことが多く、逆に、行政学者や省庁・地方六団体系のシンクタンクでは、公共部門の組織調査や意識調査を行うことが多いことに起因する。後者のうち、自治体組織に関する研究は蓄積されてきており、とりわけ全国市長会のシンクタンクである日本都市センターでは一九六四年以降約一〇年おきに全国の全市区を対象とした極めて大がかりな「市役所事務機構調査」を行っている（第六次調査結果は二〇二〇年公表）[13]。部課数の増減やその要因、改革を行った分野、課制や係制の廃止の有無、プロジェクトチーム設置の有無、スタッフ職、事務処理の集中化、窓口事務の総合化、出先機関の設置の有無（そこでの分掌サービス）、内部通報制度の有無、内部統制の基本方針の有無、採用試験の種類、定員管理の手法、職員の高齢化対策、人材育成の手法など広範な項目が調査され、市役所組織の実態把握に貢献している。だが、これと比較する形での民間企業の調査はなされていない。

膨大なアンケート調査を行って公私の比較を検討したものとして、かなり古くなるが、自治省（当時）の関連団体である、㈶自治研修協会・地方自治研究資料センター（以下、「センター」という）が行った調査がある。センターでは一九七八年から八六年にかけて八年間、地方自治体の組織と管理に関する調査研究を行った。

そのうちの主要調査の一つに一九七八年度に公私組織の構造・制度を比較するために行われた「公私組織比較研究調査」がある。調査は一九七八年七月から一〇月にかけて、郵送法によって行われた。回収数等は（表6-2）のとおりである。

地方自治体は全都道府県のほか三つの大都市圏内の一〇都府県下の全市・町から無作為に抽出された市・町が対象となっている。企業については、これら一〇都府県に本社が所在する企業をダイヤモンド会社要覧から、業種・規模による二段階層化無作為抽出によって六六六社が選定されている。以下では、地方自治体のうち都道府県、町及び地方公営企業を除いた「市」及び民間企業について、規模を三つに分けた（従業員数（職員数）五〇〇人以下（小）、五〇〇人を超えて一、五〇〇人以下（中）、一、五〇〇人超（大）の三区分）ものを用いる。

人事異動などに関する質問では、〔表6-3〕、〔表6-4〕のような結果となっている。一般職（社）員への係長への選任（昇任）をどこで決裁をするかと、一般職（社）員の配転についてどこで決裁をするかに関して、公民比較したものである。企業は下位に分権化していることが多く、自治体の場合は上位で決裁が行われている（実質的には首長の意向を組む人事担当部門で決めていることが多い）。他方で〔表6-5〕に示すように、予算執行の権限は、自治体の場合は中間管理職に与えられていることが多く、トップや最高経営会議が最終決定を行う傾向のある民間企業と比べて分権化されている。つまり、自治体の場合は、予算は分権、人事は集権的に行われている。

この点を、田尾雅夫は次のように分析する。

「自治体の意思決定は、企業と比べた場合、金につ

〔表6-2〕地方自治研究資料センター「公私組織比較研究調査」サンプルと回収数

			母集団	標本数	抽出率	回収数	回収率
自治体	県		47	47	1.00	32	0.68
	市	首都圏	108	108	1.00	77	0.71
		中京圏	64	64	1.00	33	0.52
		近畿圏	62	62	1.00	44	0.71
		計	234	234	1.00	154	0.66
	町	首都圏	107	27	0.25	16	0.52
		中京圏	150	37	0.25	14	0.38
		近畿圏	116	39	0.34	23	0.59
		計	373	103	0.28	53	0.51
	地方公営企業(交通・病院・水道)		225	84	0.37	36	0.43
企業	建設		431	56	0.13	18	0.32
	製造		651	280	0.43	56	0.20
	卸小売		640	64	0.10	17	0.27
	金融・保険		580	58	0.10	17	0.29
	公益		1,240	124	0.10	6	0.05
	サービス		646	84	0.13	13	0.15
	計		4,188	666	0.16	127	0.19

（出典）地方自治研究資料センター、1982年、188頁。

〔表 6-3〕一般職・社員の係長への選任の決裁主体

		トップ	最高経営会議	本部長局長	部長	課長	係長	係員	計(%)	合計実数
市	小	100.0	—	—	—	—	—	—	100.0	15
	中	91.9	—	4.7	2.3	1.2	—	—	100.0	86
	大	92.7	2.4	4.9	—	—	—	—	100.0	41
企業	小	52.5	20.0	5.0	20.0	2.5	—	—	100.0	40
	中	43.8	21.9	25.0	9.4	—	—	—	100.0	32
	大	27.8	13.9	33.3	22.2	2.8	—	—	100.0	36

（出典）　地方自治研究資料センター、1982年、81頁。

〔表 6-4〕一般職員の配転の決裁主体

		トップ	最高経営会議	本部長局長	部長	課長	係長	係員	計(%)	合計実数
市	小	78.9	5.3	5.3	10.5	—	—	—	100.0	19
	中	75.0	—	8.0	15.9	1.1	—	—	100.0	88
	大	70.7	—	14.6	14.6	—	—	—	100.0	41
企業	小	24.4	19.5	9.8	41.5	4.9	—	—	100.0	41
	中	29.0	9.7	19.4	35.5	6.5	—	—	100.0	31
	大	10.8	8.1	40.5	37.8	2.7	—	—	100.0	37

（出典）地方自治研究資料センター、1982年、83頁。

〔表 6-5〕予算内で 30 万円の契約の決裁の主体

		トップ	最高経営会議	本部長局長	部長	課長	係長	係員	計(%)	合計実数
市	小	21.1	—	—	47.4	21.6	—	—	100.0	19
	中	2.2	—	12.0	46.7	39.1	—	—	100.0	92
	大	2.6	—	—	38.5	53.8	2.6	2.6	100.0	39
企業	小	36.6	—	14.6	39.0	7.3	—	2.4	100.0	41
	中	25.8	—	19.4	35.5	12.9	6.5	—	100.0	31
	大	17.6	—	11.8	44.1	26.5	—	—	100.0	34

（出典）地方自治研究資料センター、1982年、79頁。

いては分散化、人については集中化の傾向を示している。つまり、自治体における官僚制化は、金と仕事の関係については現場即応的であることを許容し、したがって、組織の柔構造化に対応しようとする。しかし、それによるタガの緩みを、人に対する統制の強化によって防止するのである。」（田尾、一九九〇、七三頁）

人事管理システムに関する調査（勤務評定など）においては、〔表6‐6〕、〔表6‐7〕のような結果となっている。

勤務評価の実施状況（〔表6‐6〕）を見ると、当時は勤務評価は、市においては規模にかかわらず七割以下でしか実施されておらず、企業において九割以上実施されていることと比較すると実施率はかなり低かった。また、勤務評価の基準（係長クラス）（〔表6‐7〕）について、評価基準を文書化しているかどうかを同規模の市と企業とで比較すると、小、中、大それぞれで三〇ポイント以上の差がある。ここから企業の方が人事システムがより合理的になされているとセンターは分析している。

このことと、上記の人事管理を集権的に行っていることとの関係はどう理解できるだろうか。センターでは、「業績や能力を判定基準として人事を行う組織では、効果的な人事を行う上でも、また職員に納得のゆく人事を行う上でも、勤務評価のシステムを整備する必要がある。しかし年功序列にしたがって人事を行う組織では、年功自体が明確なルールであり、ある意味では公正なシステムであるから、特に厳密な勤務評価の体系は必要でない。」と分析している（地方自治研究資料センター、一九八二、七二頁）。

〔表 6-6〕勤務評価の実施状況

		行っている	行っていない，N.A	計（%）	N
町		64.2	35.8	100.0	53
市	小	57.9	42.1	100.0	19
	中	67.0	33.0	100.0	94
	大	68.3	31.7	100.0	41
県		87.9	12.1	100.0	33
企業	小	86.7	13.3	100.0	45
	中	92.3	7.7	100.0	39
	大	90.7	9.3	100.0	43

（出典）　地方自治研究資料センター、１９８２年、７１頁。

〔表 6-7〕勤務評価の基準（係長クラス）

		文書	慣行	とくにない	計（%）	N
町		23.5	32.4	44.1	100.0	34
市	小	36.4	18.2	45.5	100.0	11
	中	44.4	14.3	41.3	100.0	63
	大	60.7	17.9	21.4	100.0	28
県		62.1	10.0	27.6	100.0	29
企業	小	71.8	15.4	12.8	100.0	39
	中	80.6	16.7	2.8	100.0	36
	大	94.9	2.6	2.6	100.0	39

（出典）　地方自治研究資料センター、１９８２年、７４頁。

田尾は次のようにいう。「自治体では、インプット（入力）としての人事管理には、組織として強い関心を向けるが、つまり、成員の行動を統制することをより強調するが、行動の結果については、企業の方が熱心である。」（田尾、一九九〇、七四頁）。自治体では、職員がどのように行動するか、手続を踏んでいるかは見るが、その結果どの程度の成果をあげているかは重視されていないようにも見える。

国の組織についても同様に考え得る。人事評価制度が始まっても、異動や昇進は従来の官房秘書課（又は人事課）による集中的な人事システムのもとで行うことが続いている（「平成二四年度人事院年次報告書（公務員白書）」には国家公務員の人事管理について当時の実態が記されている[14]）。

田尾は、海外の組織論の文献等を渉猟したうえで、次のようにまとめている。「公組織は、出来上がりの評価よりも、それに至るプロセスを重視し、逆に、私組織は、プロセスはともかく、成果をどのように評価するかに関心を集中する傾向にある。また、自治体では、サービス組織に特有の、結果や達成量をそのまま評価の対象にすべきでないという組織パフォーマンスの特性を反映しているとも考えられ、評価の困難が、むしろ行動への監視を強化させているのではないだろうか。このように人事管理システムの違いは、公—私組織の体質の差異をそのまま反映している。」（田尾、一九九〇、七五頁）

公務部門の人事評価を考えるに際しては、民間部門と異なる点にも配意しつつ検討がなされる必要があると考えられる。

第四節　有識者検討会での議論

有識者検討会では自由な意見交換の時間が多く取られており、委員からは官民の違いも念頭に置きながら次のような意見が出されていた。

目標設定に関しては、次のような意見が述べられた。

○公務員は目標の設定が非常に難しいと思う。新型コロナウイルスや自然災害等、色々なことが次々に起こる中で、目標を頻繁に変えることは大変だと思うので、民間のような目標変えの仕組みがどこまで機能するのかは懐疑的にみていく必要があるのではないか。

○目標管理は目標設定が非常に重要。国家公務員として、それぞれの仕事の役割があり、その中で個人として組織から要請される期待成果がよい形で決まっているかどうかは大事なスタートライン。ルーティン業務に従事している人の評価がなかなか上がらないという問題があるが、定量だけではなく定性的な要素も含めたよい目標設定ができれば、もっと意欲的に仕事ができ、場合によっては、その結果としてAを付けることもできるようになる。

○MBO自体は、国内でも多くの会社が導入して現在も運用しているが、うまくいっていないという声が結構多い。目標管理制度が、運用しているうちに、ある種社員の賞金や賞与を決めるためのものになってしまい、その割には社員の納得感やモチベーションが上がらないばかりか、むしろ不満に思っている人が多く、かつ非常に手間がかかることもあって、閉塞感が出てきている現状がある。人事評価制度の見直しをするのであれば、より本質に立ち返って考えたほうがよい。

このように、公務の特性を踏まえたうえで目標管理に基づく業績評価がなされるべきこと、民間企業の成功例のみならず失敗例からも学ぶ必要があることなどの意見が述べられた。また、民間企業ではエンゲージメントを重視している点も多くの委員から指摘されている。

○大企業では、最近、生産性の向上や人材の定着といった観点から、エンゲージメントを重視している。人事評価を処遇に反映させるというだけではなく、社員のエンゲージメントをどうやって高めていくのかという視点からのアプローチも有効、重要ではないか。
○近年、企業は働き手のエンゲージメントを非常に重視しており、人事評価制度は働き手のエンゲージメントの向上に関わってくる。特に、公平で納得性の高い人事評価制度が、働き手個々人の中長期的な成長やキャリアアップにもつながってくる。
○評価される側にとっては、自分の努力が正当に評価されているという、評価制度に対する信頼感を持たない限りエンゲージメントは高まらず、組織は活性化しないため、こうした目的意識を被評価者・評価者共に常に持っておくことが望ましい。
○エンゲージメントについては、それ自体を高くするということにとどまらず、意欲の向上を介してリテンションや生産性、成果につながっていくもの。特に現在、公務員の場合は若手の離職者が多い。それは、評価の問題であると同時に、育成の問題でもあり、同時に目標設定やＭＢＯといった人事評価前の部分も実は重要な問題となる。どこまでチャレンジングなことができるか、それをやって失敗した場合にどういう評価を受けてしまうのか、ということとも関わる。もちろんフィードバックなども大事だが、ＭＢＯも含めた全体を見ていかないと、なかなかエンゲージメントやリテンションにはつながっていかない。
このように民間企業をよく知る委員からはエンゲージメントを高めることの必要性が多く述べられている。同様に、人材育成の面の重視が必要だという意見も相次いだ。
○人事評価は、人材育成との結びつきが本来、大変強く、重要。特に公務は民間よりも長期的に継続勤務する比率が高く、定年延長となれば、在任期間が長くなる。新人、若手は人事評価に関係なく業務そのもので成長していっても、その後、なかなか成長しない人も出てくる中で、人事評価を通じて改善を求めて成長が続く制度・

運用にしていくことが大事。
○人事評価の人材育成の側面は、面談が極めて重要。面談が十分に行われていない状況だと、人事評価を人材育成に使っていくということが難しいため、そのような側面も重視する必要がある。
○人事評価制度は、人材育成のPDCAサイクルを回すという視点が不可欠。人事評価を行うための管理業務自体が目的となってしまうこともよくあり、本来の効果が得られていないケースも多いのではないかと思う。形骸化した目標設定に基づいた評価、面談、フィードバックでは期待された効果が得られないため、PDCAサイクルに沿って、公務員の人事評価が適切なものになっているのかを分析していく必要がある。
○国の行政機関では、人材育成のマネジメント行動がとても弱いのではないかと感じている。人事評価を育成につなげる仕組みややり方、マネジメントになっていないのではないかということは、とても大きな課題。
○フィードバックや面談、目標設定、人事評価のシステム化のあり方といった人材育成の議論と、処遇を決定するための人事評価の議論では、異なったソリューションが出てくると考えており、分けて考えないと混乱する可能性がある。おそらく民間でも、しばらく前までは人事評価を処遇、昇進、配置などに使ってきたが、最近は、エンゲージメントや育成などソフトなターゲットへと流れが変わってきた。国家公務員も、そういった流れをどのように位置付けていくのかをどこかで考えたほうがよいと思う。

このように民間企業では人事評価の人材育成への反映が非常に重視されている点が繰り返し伝えられたことは、検討会報告書の多くの頁が人材育成機能の強化に割かれたことへと反映されている。

（1）　経営学（マネジェリアリズム）や経済学（新制度派経済学）に理論的根拠を置き、民間企業における経営手法等を公共部門に積極的に導入することによって、効果的・効率的な行政運営を行い、質の高い行政サービスの提供を実現しようとするもの。一九八〇年代半ば以降、英国のサッチャー政権やニュージーランドのロンギ政権などにおいて導入が進められ、その後、オーストラリア、カナダなどに広まっていき世界的なトレンドとなった。日本でも経済財政諮問会議が二〇〇一年以降、ＮＰＭの考え方に基づいて、①徹底した競争原理の導入（民営化や民間委託、ＰＦＩの活用、指定管理者制度の導入）、②業績・成果による評価（事業に関する事前評価、目標設定と事後的な検証、評価結果の政策決定へのフィードバック、公会計制度の充実）、③政策の企画立案と実施の分離（独立行政法人、地方独立行政法人）、を図り、より効率的で質の高い行政サービスの提供へと向かわせ、国民の満足度を向上させることを目指すとした。

（２）　官職のポストを選挙で当選した公選人（の陣営）が決める慣行。主要な官職ポストは選挙の勝者の側の陣営に与えられる。米国大統領選挙で野党候補が勝利すると、連邦政府の公務員のうち約五千人が入れ替わる。

（３）　今野浩一郎らによると、成果を評価するための最も重要な仕組みが「目標管理による評価」である。「目標管理の基本的考え方は、『組織目標と個人目標を統合して目標を設定し、個人はそれにむかって自立的に仕事を進める』点にある。これにより、目標の連鎖によって組織の統合がはかれるとともに、部下を管理統制するのではなく、部下の自主性を引き出すことによって効率的な組織が形成できると考えられている。この考え方を人事評価に取り入れたのが『目標管理による評価』である」（今野浩一郎・佐藤博樹『人事管理入門（第三版）』日本経済新聞社、二〇二〇年、一五九頁）。

（４）　Peter F. Drucker, *The Practice of Management*, 1954, Harper & Brother Publishers, ch. 11. pp. 121-136. この章のタイトルは“Management By Objectives and Self-Control”となっている。邦訳、現代経営研究会訳『現代の経営・上巻——事業と経営者』自由国民社、一九五六年。

もっとも奥野明子によると、ドラッカーがこの用語を提唱するかなり以前から、米国の代表的企業の実務家たちによって行われていた管理に、目標管理の要素を見いだすことができるという。奥野明子「日本における目標管理の現状と課題」経営研究（大阪市立大学）四七巻一号、一九九六年。

（５）　奥野・前掲注（４）論文九五頁。

（６）　奥野・前掲注（４）論文九九頁。

（７）　三輪卓己「第七章　人事考課制度」奥林康司・上林憲雄・平野光俊編著『入門人的資源管理（第二版）』中央経済社、二〇一〇年。

（８）　翻訳書は出ていない。

（9）Standard Operating Procedure の略で、「標準作業手続」のことをいう。グレアム・アリソンがキューバ・ミサイル危機を分析した名著『決定の本質：キューバ・ミサイル危機の分析』（邦訳、日経ＢＰクラッシクス、二〇一六年）において、その第二モデル（組織過程モデル）で使われたもの。それぞれの組織は、この標準作業手続に従ってルーティン通りに行動しており、政府の行動はそれらの組織の出力と考える。

（10）「人事評価の改善に向けた有識者検討会」第二回資料三―四「国家公務員の人事評価制度の概要」一三頁。

（11）リプスキーは、ストリートレベルの官僚制を「組織的権威から相対的に高い自律性と相当程度の裁量をもちながら対象者と直接接触し、個別的に社会サービスを供給している行政職員」と定義している。生活保護のケースワーカー、交番に勤務する警察官、図書館で本の貸出をしている司書などがその例として考えられる。

（12）生活保護のケースワーカーが依拠する生活保護法は、その第一条で「その困窮の程度に応じ、必要な保護を行い、その最低限度の生活を保障するとともに、その自立を助長することを目的とする」と定めている。法自体が「生活保護」と「自立助長」という二つの異なる目的を持っている。現実問題としては、この二つの目標は両立しがたい。そこでどちらに重点を置くかが現場のストリートレベルの官僚に委ねられており、そのことが目標の間でのジレンマを導くこともある。

（13）日本都市センター「第六次市役所事務機構調査について」https://www.toshi.or.jp/research/12192/

（14）第一編第二部第一章第一節　各府省における昇進選抜の実態　一　グループ別人事管理の概要は次のように書いている。

大規模な府省において行われている実際の人事管理では、当該府省に存在する多様な職務とそれに要する知識・能力や経験の違いに応じ、専門別、学歴別等に複数の人事グループが形成され、そのグループの中で人事管理を行うことを基本とする運用がみられる。その場合、官房に置かれる人事担当課は、一部の人事グループの人事配置と府省全体の人事の取りまとめを行うことにとどまり、人事配置は、各人事グループで決

〔図6-5〕グループ別人事管理のイメージ

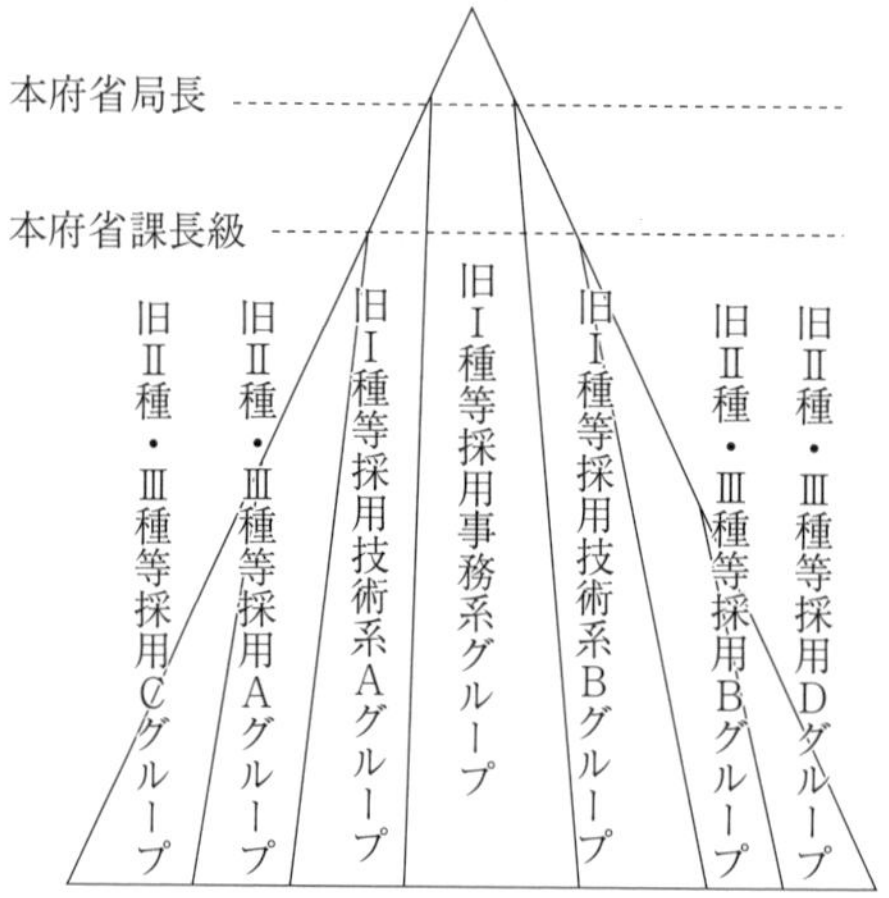

定することが一般的となっている。

さらに、上位ポストを中心に、求められる専門性や勤務経験の違いなどを背景に、人事グループ別に配置されるポストがおおむね固定化されている。こうしたグループ別に仕切られた人事運用により、採用年次が同じで同程度の評価を受けている者であっても、所属する人事グループによって昇進ペースの違いを生じる結果となっている。典型的なキャリアシステムが本府省の旧Ⅰ種等採用事務系職員でみられるのは、府省内関係者間や各府省間における調整業務を行うジェネラリストに適した上位ポストの数が多く、他の人事グループより早く上位ポストまで昇進するためと考えられる。

各人事グループ内での個別の人事配置は、長期の観察による人物評価等を基本として決められてきており、多くの場合、同一採用年次の者の間での能力や適性の比較によって昇進選抜が行われてきている。

グループ別人事管理は、職種も業務も多様で大規模な組織において、関係する職員とそれらの職員が配置されるポストについて一定の範囲を設定し、その中で職員の有する能力・適性と業務上求められる能力・経験の間でのマッチングを図るという機能を果たしている。これにより、一定の専門領域を必要とする分野を中心とした配置、ローテーションが可能となり、専門性を備えた人材の部内育成が図られてきたと考えられる。

白書ではこれらの人事管理システムがメリットを持ちつつも、弊害があったとしてそれを次のように述べる。

現在の人事運用では、

(a)　当初、管理職員・幹部職員の要員として育成された者の中で、その後の勤務を通じて能力や適性を欠くと判明した者であっても、早い昇進ペースや一定の処遇が維持され、その結果、組織運営を阻害したり、早期勧奨退職が避けられなくなったりするケースがあること

(b)　採用当初に旧Ⅰ種採用事務系職員などの昇進の早い人事グループに所属していないと、管理職員や幹部職員になることは事実上困難であり、国全体として意欲と能力のある職員の人材活用が図られていないこと

(c)　旧Ⅰ種採用職員に特権的意識を植え付けるとともに、他方で旧Ⅰ種採用職員以外にはある種の諦観を生じさせているおそれがあること

といった弊害もみられる。

白書は続けて次のように言う

育成・選抜に関する人事運用の弊害の是正を図るためには、管理職員・幹部職員の要員についても年次一律的な昇進運用を改

め、厳正な登用選抜に取り組むことが必要となる。この点については、平成一九年の国公法の改正により、新たな人事評価制度が導入されたことに伴い、人事院として、昇任には上位の評価結果を要件とするなど、評価結果の昇任等への活用に関する基準を整備している。今後とも、人事評価制度の適正な運用とその結果の活用を図ることによって、厳正な昇任時選抜の実施を進めることが必要である。

また、そこでは旧Ⅱ種・Ⅲ種等採用職員の登用施策や早期退職慣行の是正についても述べられている。

https://www.jinji.go.jp/hakusho/h24/1-2-01-1-1.html

第七章　国家公務員の人事評価の改善方策

「人事評価の改善に向けた有識者検討会」は、令和二年七月からの八回にわたる開催を経て、令和三年三月に国家公務員の人事評価の改善方策についての提言となる報告書を取りまとめた。この報告書の提言は、(1)改善のコンセプト、(2)改善の具体的方策からなり、従来の人事評価制度の趣旨を再確認した上で、これまでの運用における課題や国家公務員をめぐる環境の変化を踏まえて新たに人事評価の趣旨として盛り込むべきことを明らかにするとともに、具体的な制度の見直しについては、評語区分の数の変更（五段階から六段階への細分化）とその詳細な考え方、面談の充実・役割強化、マネジメント評価の導入など、多岐にわたる改善方策が示されている。

本章では、本報告書で示された提言について、その背景となる議論や考え方も交えながら紹介する。

第一節　改善のコンセプト

報告書では、今般の人事評価の改善の大枠を示す改善のコンセプトとして、以下の三点が示されている。

(一)　人材育成・マネジメントを強化するための組織改革・育成ツールとして活用
(二)　職員の能力・実績をきめ細かく的確に把握
(三)　確実で実効性ある評価のための手続（簡素化・効率化など）

この背景にある考え方としては、第一に、国家公務員に人事評価制度が導入されてから一〇年以上が経過し、制度そのものは定着していると考えられるものの、運用実態調査の結果、評価作業が煩雑な一方で、運用面で当初の目的を十分に達成できていないことが明らかになったことから、改めて、煩雑さを解消し、当初の目的を達成できる仕組みとすることを目指したものである。

第二に、近年、長時間労働の問題が指摘されていることや、若手職員の早期退職者の増加傾向、採用試験の申込者数の減少傾向など、国家公務員をめぐる環境が変化していることを踏まえ、これらに対応するための働き方改革や人材育成、公務組織の適切なマネジメント（特に管理職によるマネジメント）の実現を人事評価の新たな目的と位置付け、そのための制度を構築するということである。この考え方は同時に、有識者検討会で調査を行った民間企業における人事評価制度の動向を踏まえ、適切なものを公務の人事評価にも導入することになっている。

一　人材育成・マネジメントを強化するための組織改革・育成ツールとして活用

人事評価は単なる職員の評価ではなく人材育成の意義も有するものであることは、人事評価制度の導入当初から示されていた。しかし、運用実態調査からは、実際には職員の能力や業績を評価する作業に関心が集中していることが明らかとなった。すなわち、評価結果を踏まえてその職員の能力をどのように伸ばしていくか、どのように指導していくかについては十分に行われておらず、また、人材育成のための重要な手段である面談が十分に行われていなかった。

他方、人材育成のあり方についても変化が生じており、従来のように同質的な人材を育成するのではなく、複雑化した政策課題に対応できる多様な人材の育成が求められており、また職員本人のキャリア志向の把握やこれに応じた職務経験の機会を付与することも重要になってきている。

このようなことから、人事評価は人材育成を目的とするものでもあることを改めて確認するとともに、具体的な仕組みとして、人事評価のプロセスの中でも、あらかじめ定められた基準による能力の評価に加えて、職員一人一人の強み・弱み（秀でている点や改善点）の把握や人事評価記録書への記載を行うこととされた。また、面談の実施も徹底し、面談の場では職員の強み・弱みなどのフィードバックと今後の成長に向けた指導を行うとともに、職員の中長期のキャリア形成支援の場としても位置付けることとされた。

また、組織のパフォーマンスを向上させる観点からは、従来の業務の継続にとどまらない職員の挑戦的な取組を促したり、チームや組織への自発的な貢献、効率的な業務遂行に向けた工夫を評価したりすることも重要である。従来の人事評価では、こうした成果を評価することについて必ずしも明確にしておらず、評価者に評価軸として十分に意識されていなかったことを踏まえ、これらを評価する旨を明示することとされた。

管理職については、マネジメントの評価を徹底することとされた。これは、行政組織の運営において、働き方改革の推進、人材育成、メンタルヘルスやハラスメントへの対応、育児や介護等時間制約のある職員等職場における多様な人材・ダイバーシティへの対応など、マネジメントが果たす役割が極めて大きくなってきていることから、管理職について、一定レベルのマネジメントができているかを検証するとともに、さらに高度なマネジメントができていれば高く評価することとしたものである。

ここで重要なことは、管理職の本分がマネジメントであることに鑑み、マネジメントをおろそかにして他の分野で業績を挙げることなどで高く評価されることがないよう、マネジメントが不十分な管理職については、他の能力が優れていても高い評価をしない仕組みにするとされたことである。具体的には、管理職の能力評価の全体評語は、マネジメントに関連する項目に係る個別評語を上回らないこととする運用ルールを設けることとされた。このことは、管理職が自分の職責としてマネジメントが特に重要であることの強い意識付けにつながるものと考えられる。

二　職員の能力・実績をきめ細かく的確に把握

ここでは、人事評価の重要な要素、かつ職員や評価者にとって重要な関心事項である評語のあり方、具体的には絶対評価か相対評価か、また評語の段階をどのように設定するかについて提言がなされた。

現行の人事評価制度では、能力評価・業績評価ともに、一般職員については五段階の評語区分を設けた上で、絶対評価により行っている。これまで述べた通り、現在の運用では評語の偏りが見られ、識別性が十分でないことから、評語の段階数のあり方や、相対評価を導入する可能性も含め、検討会においても時間をかけて議論が行われた。

（ア）　絶対評価か相対評価か

絶対評価は、評価が恣意的になりやすい、寛大化しやすい傾向があるとされている。実際、現在の絶対評価による運用では、評語の偏りや一部の評語への集中が発生している。このような弊害を防止するためには、組織内での各評語の割合（分布率）をあらかじめ示した上で評語を付与する相対評価を導入することも考えられる。

相対評価は、集団の中で職員同士を比較する評価手法であり、職員間の競争の促進につながる利点がある。また、一定の割合の職員に下位評価が付与され、寛大化した評価が認められないため、能力・業績が十分でない職員にとっては緊張感を生じさせる効果もあるだろう。しかし、同じ組織内でも担当業務が異なる職員を比較して評価することは必ずしも簡単ではない。また、職員が所属する組織次第で、あるいは同じ組織内での他の職員の動向次第で評価が変わってしまうという問題もあり、評価への不公平感につながる懸念もある。さらに、職員同士を競争させるような環境に置くことは、チームワークへの悪影響を及ぼす可能性もある。

そもそも相対評価はランク付けに重点を置いた仕組みであるため、一に示されている、人事評価を人材育成や組織の強化につなげようとする観点からは、個々の職員の状況を客観的に把握し、必要な改善や成長につなげるという要素が不十分となりかねないし、職員が成長したとしても分布率のために高い評価を付けられなくなる可能性が出てくるという難点もある。

このようなことから、報告書では、職員一人一人の能力・実績を客観的に把握するという人事評価の本来の趣旨を踏まえ、引き続き絶対評価を採用することとされた。

絶対評価を引き続き採用することにより、人事評価を職員の処遇に活用する上では、もう一段のランク付けや選別の作業が必要なことは従来と同様である。すなわち、昇任については、上位のポストが限られているため、絶対評価により高い評価を受けたからといって直ちに昇任することにはならず、人事院が作成する、例えば一定の評語以上の評価を何度受けたかといった人事評価結果による基準をもとに、適性など他の要素も勘案して行われることになる。また、昇給についても、予算（人件費）の制約がある中、絶対評価により高い評価を受けたからといって直ちに標準以上に昇給することにはならず、同様に人事院の基準に基づき、人事評価の結果をもとに改めてランク付け、優先順位付けを行い、標準を上回る昇給を受ける職員を選別することとなる。ボーナスについても同様である。

（イ）　評語のあり方

報告書では、引き続き絶対評価により評価を行うこととした上で、その際に必要な改善についての提言がなされた。中でも特に重視されたのが評語のあり方である。

絶対評価に基づく現在の評語分布の従来からの課題は、第一に、一部の評語に大きく偏り、同じ区分に属する者が多くなる結果、職員間の識別性が弱くなっていることである。第二に、評語の中では、「通常」とされるBではなく、上位の評語であるAに最も多く分布していることである。

このような評語分布となってしまう要因を、評語を付与する評価者の立場になって考えてみる。

現在の五段階の評語の中で、最上位のSは「特に優秀」とされ、極めて優秀な職員に限って付与するという趣旨が明確であり、評価者としても簡単に付与できるものではない。現在Sを付与されている者が約一割であることから見ても、Sについてはその趣旨を一定程度達成しているといえるだろう。

しかし、「極めて優秀」ではない職員の場合はどうか。「通常」はBとされている。ある程度きちんと業務を行っている職員の場合、下位評価であるCやDを付与することには躊躇するだろう。実際、CやDの評語は一％に満たない。このため、多くの職員については、実質的には評語がAかBかの二択となってしまう。

AかBかの選択は「通常より優秀」か「通常」か、である。ここで問題となるのが「通常」の定義であり、これは課長補佐や係長といった職員が属する職位にふさわしい能力発揮や業績を上げているかで判断するものとされているが、どのような能力発揮や業績をもって「通常」とするかの判別はなかなか難しいのが実情である。また、Bという評語には少なからずネガティブなイメージもあるとの声もある。そうなると、評価者としては、ある程度しっかり業務を遂行している職員については、低い評価をしたと思われないよう、Aを付与しがちになる。評価者が業務遂行について何らかの不満があるような職員であればBを付与することになるだろうが、特段の事情がない職員であればAを付与するのが最も安心である。こうした心理が働く結果、Aが約五割、Bが約四割という分布になっていると考え得る。

報告書では、こうした評語分布の偏りを解消するため、評語区分を五段階から六段階に増やし、職員一人一人をきめ細かく評価し、識別性を高めるべきとされた。また、評語の定義についても見直しが提言された。従来、五段階の中央にあるBを「通常」として、これを基準として（「通常」より上から下かで）評価することとされていた。しかし、「通常」という概念にはどうしても幅があるため、評価者間の目線合せが困難であり、また、印象に引きずられた評価になりがちであることから、「通常」という基準を廃すべきとされた。そして、これに代えて、具体的な行動例を基準として定め、様々な能力や成果・貢献等を客観的に把握するとともに、それらの個別評価を全体評価に的確に反映する仕組みにすべきとされた。さらに、評語の見直しに当たっては、現行のS・A・B・C・Dに引きずられることのないよう、評語そのものを刷新すべきこととされた。

具体的な評語のあり方やその定義、基準については後述する。

（ウ）「ノーレイティング」の採用の当否

第三章第二節**七**に述べた通り、一部の企業では、評語の付与によるランク付けを廃止する、いわゆる「ノーレイティング」を採用している。ノーレイティングは、従来の目標管理による人事評価がパフォーマンスの向上につながっていない等の問題意識から、評価結果のランク付けをあえて行わず、他方で、上司と部下の高頻度の面談やフィードバックを行い、従業員の成長やパフォーマンスの向上を図ることに重点を置くものである。もちろん、従業員の評価やそれに基づく報酬への反映等は行われるが、決められたルールに基づくランク付けは行わず、上司が自らの評価に基づき、その裁量により報酬の分配等を行うこととなる。

このようなノーレイティングの考え方は、**一**に示した、人事評価を人材育成・マネジメントを強化するための組織改革・育成ツールとして活用しようとする今回の改善の方向性と共通する要素がある。従業員の成長支援やパフォーマンスの向上を人事評価の主な目的とするのであれば、評語を通じたランク付けよりも、面談やフィードバックに力を入れることが効果的である。また、ランク付けを行うと、評価者・被評価者ともにそのランクにとらわれてしまい、被評価者の強み・弱みや成長の方向性を冷静に考えることが困難になる可能性もある。国家公務員の人事評価についても、**一**の改善の趣旨を踏まえれば、ノーレイティングを導入することも確かに考えられることである。

しかしながら、ノーレイティングは上司に高度なマネジメントスキルを要求する仕組みでもある。上司は、部下職員の能力や業績を的確に把握し、人材育成の方向性や到達点を正しく設定した上で、面談やフィードバックを通じて適切に部下を導かなければならない。現行の人事評価制度における面談も十分に行われているとはいいがたい国家公務員の組織において、上司がこのような役割を的確に果たせるかについては疑問がある。

また、人事評価をノーレイティングにしたとしても、職員の昇給など処遇上の判断は別に行う必要がある。一部の民間企業のように上司に給与配分の裁量がある組織であれば、上司が自らの評価に基づいて昇給の判断を行うことができる。しかし、公務組織においては、直属の上司にそのような権限がないのが通常であり、人事当局が組織内の全職員の給与や人事配置について強く関与する仕組みとなっている。この仕組みが機能するためには、個々の上司の評価が組織全体でまとめて比較できるように整理されていることが必要であり、一定のルールに基づく評語付与の仕組みは、この観点で重要な役割を果たしているといえるだろう。

こうしたことから、報告書では、ノーレイティングの導入は行わず、評語を付与することで、職員の能力や業績に係る目標への達成度合いや成長度合いを示し、職員のモチベーション向上にもつなげていくべきとされた。

三　確実で実効性ある評価のための手続（簡素化・効率化など）

ここでは、人事評価が過不足ない作業で的確に行われるよう、無駄を排した上で、必要な手続を確保することが求められている。

日々担当する業務を進めながら人事評価の作業を行うことは、評価者・被評価者双方にとって手間のかかることである。期首の目標設定と面談、日々の観察や振返り、期末の自己申告から評語付与や理由等の記載、フィードバックの面談に至るまで様々な手続がある。また、評価に用いられる書類（評価シート）には数多くの記入事項がある。

こうした手続があまりに煩雑だと、職員の意識は手続を最小限の負担で済ませることに向いてしまい、本来行うべき被評価者の能力・業績の把握や分析、成長の方向性の検討やフィードバックの実施がおろそかになってしまう懸念がある。

このため、人事評価の手続や様式について、人事評価制度全体を通して使いやすさ・使い勝手の観点も含めて改めて検証し、被評価者、評価者・調整者、人事当局等が必要な作業に注力できるよう、手続上の簡素化・効率化を図ることとされた。

もっとも、簡素化・効率化ということが、単に評価作業を単純に軽くする、手を抜いてもよいようにするということにつながるのであれば、人事評価の意義を失わせてしまうことになりかねない。あくまで人事評価の目的を達成するための見直しであり、そのために必要な作業は手間がかかるものであっても、職員の着実な実施を確保する必要がある。具体的な手続の見直しはこのような観点から行われるべきであろう。

例えば、運用状況調査によれば面談の実施が十分でないとされているが、面談は人事評価、特に人材育成やマネジメントを重視する観点からは極めて重要な手続であり、これをおろそかにすることは許されないものである。このため、面談手続を簡素化するのではなく、面談の意義・重要性のより積極的な周知を図ったり、適切な面談を行うためのガイドラインを設けたりする等の取組が必要である。

また、運用状況調査では、人事評価の導入以来、法令遵守、ハラスメント防止、働き方改革等の課題が発生するたびごとに、これらの要素も人事評価で考慮することを求める通知類が多数発出されており、一般の職員にはその全体像を把握することが困難で、必要な留意事項が十分に周知されていないとの指摘もあった。このため、これらの留意事項に関する通知類については、分かりやすく整理・統廃合を行い、評価にかかわる職員に確実に認識させることとした。

このほか、人事評価に係る組織全体の状況の分析や、各職員の成長の継続的なフォローをできるようにするため、人事評価を含む人事管理について情報システム化を推進することとされた。人事評価に係る情報システムを導入している省庁はまだ少なく、エクセルの評価シートをメールでやりとりするといったやり方のところもある。情報システムを導入することは、こうした作業を効率化するとともに、職員の時系列的な評価の推移や、組織の評語分布の把握を容易にする点で極めて重要であると考えられる。

第二節　改善の具体的方策

報告書では、第一節で示されたコンセプトを踏まえ、具体的な改善方策について提案がなされている。

一　職員のやりがい向上にもつながる人材育成機能の強化

（ア）　能力評価

今回の人事評価の改善の重要なコンセプトとして位置付けられた人材育成を図るため、能力評価の改善方策が示された。

能力評価は、「判断」や「説明・調整」など、課長補佐、係長といった職位や担当する業務内容に応じて定められた「標準職務遂行能力」をベースとした評価項目について、一年の評価期間の中で職員がとった行動をもとに、当該職員の発揮した能力の程度を評価することとしている。

しかし、このような評価項目では、職員の具体的な状況が十分に表れてこない可能性もある。このため、指導・育成に活用できるよう、どの評語を付与したかにかかわらず、職員の行動を基に職員一人一人の具体的な「強み（秀でている点）や弱み（改善点）」を把握し、これらを具体的な事実も交えて記載・記録することとされた。このため、人事評価記録書にこれらの記載欄を設け、また、中長期的な人材育成を意識した、評価者としての育成方針に関する意見等も記録書の中で記載できるようにすることとされた。加えて、こうした評価や育成方針については、面談において当該職員に確実にフィードバックすることとされた。こうしたフィードバックが行われれば、職員の人事評価に対する納得性の向上にもつながるものとされた。

また、国家公務員にとって重要な服務規律、法令遵守等のコンプライアンスなどはもとより確実に評価すべきであるが、働き方改革が喫緊の課題となる中、職員の効率的な働き方について、「業務運営」や「業務遂行」等の評価項目の中で引き続きしっかりと評価することとされた。

職員の効率的な働き方は、「時間当たりの生産性」と言い換えることもできる。この要素を、業績評価だけではなく、能力評価においても評価対象として取り入れることとしたものである。このことは、長時間労働の抑制にもつながると考えられる。しかしながら、公務においては、国会対応や災害対応など業務上やむを得ない長時間労働が発生する場合も多く、報告書においても、こうした場合の長時間労働はマイナス評価してはならないとしている。

特定の専門的な分野の職務を経験していく職員について、その知識・技術・能力の習得について評価することは当然のことであるが、国家公務員には、様々な分野の職務を経験する、いわゆるジェネラリストの職員も多く存在する。こうした職員は、多様な業務経験を積み重ねて総合的な観点から行政課題に対応できる能力を身に付けることが求められていることから、あるポストで身に付けた専門的な知識・技術・能力については、他の分野に異動した後も的確に評価に反映することとされた。

（イ）　業績評価

業績評価においては、組織として達成すべき目標をもとに各職員の目標設定が行われ、その達成を目指すことは当然としながら、他方で、人材育成や公務組織のパフォーマンスを向上させる観点から、職員の挑戦的な取組を促し、成長を支援し、また、更なるやりがいをもって業務に取り組めるようにしていくことも重要とされた。

このための手段の一つとして、あえて困難な仕事に取り組んだ職員をきちんと評価できるよう、必ずしも達成することを前提としない、職員にとってチャレンジングな目標（困難度が高い目標）の設定を推奨することとした。この取組を促すため、職場や業務の状況等に応じてではあるが、原則として各職員がチャレンジングな目標を一つ以上設定することとされた。上司も面談等を通じてこうした目標の設定に関与、場合によっては主導して提案することなども必要とされた。

この際重要なことは、こうしたチャレンジングな目標については、もともと達成が困難なことを承知で設定したのであるから、結果として十分に達成できなかったとしても低い評価としないことである。このことは報告書でも注意喚起がなされている。

なお、公務においては、チャレンジングな目標ではない通常の目標、その職員が本来やるべき業務の目標を着実に達成することも重要であり、通常の目標とチャレンジングな目標の達成状況を組み合わせて全体評価を行うことの必要性も言及されている。

業績評価を行う上での課題として、期首に目標を設定しても、評価期間中に業務を取り巻く状況が変化し、当初の目標が意味をなさなくなってしまう場合があることがある。また、期首に目標を設定したら、職員の意識がその目標の達成のみに集中してしまい、自主的な業務への取組や突発的な事態への対応に関心がなくなってしまうとすれば、組織のパフォーマンスとしてはかえってマイナスになりかねない。

このため、報告書では、期首に設定した目標にとらわれすぎることなく、それ以外の、突発的な業務や自主的な取組等も積極的に評価することとされた。このため、評価期間中の状況の変化に応じて、評価者・被評価者間の期中のコミュニケーションにより、業務目標の追加・変更を柔軟に行うだけでなく、目標に反映されなかった取組も含め、期首に設定した目標と同様に評価し、全体評価に適切に反映することとされた。

なお、これは従来の運用から変更があるものではないが、働き方改革が喫緊の課題となる中、育児や介護等により通常より短時間の勤務となる職員については、勤務時間を踏まえた適切な目標設定を行うべきこと、そのような目標設定や勤務時間が短いことのみを理由として低く評価することがないよう留意すべきことについて、改めて言及された。

目標設定にとらわれない業績評価、職員の自主的な貢献を評価する業績評価のあり方としては、このほかに、アウトプットにとどまらず、チームや組織のパフォーマンスにどれだけ貢献したか、業務遂行に当たってどのように創意工夫をしたか、効率的に業務遂行を行ったか、等のプロセスも組み合わせて評価することとされた。

目標で設定されたアウトプットを形式的に評価してしまうと、成果が上がったか、上がらなかったという観点のみで判断することになってしまう。しかし、公務組織におけるアウトプットは、多くはチームワークで達成するものであり、かつ、チームのメンバーそれぞれに貢献度の大小が伴うものである。このため、アウトプットに対し、それぞれの職員の職位に応じて、課長補佐なら課長補佐、係長なら係長なりの貢献をしたかどうかという観点から評価することとしたものである。このことは、具体的なアウトプットから逆算して職位に応じた貢献をしているかどうかを判断する方法をとることにより、従来の、例えば係長として「通常」か、「通常」より上か下かという評価手法よりも、客観的に評価しやすくなるものと考えられる。

このような貢献の評価に当たっては、熱心に取り組んだことや長時間かけたということではなく、チームや組織が成果を挙げるに当たっての具体的な貢献等を評価対象とすることが重要とされた。プロセスを評価するといっても、情意的な要素を排し、パフォーマンスに直接つながる行動を評価するという考え方と言えるだろう。

報告書でも言及されているように、このような手法をとることにより、いわゆるルーティン業務についても、優れた取組に対して高い評価ができるようになると考えられる。ルーティン業務は公務を支える重要な仕事であるが、問題なく業務を遂行しているかどうかだけを評価の観点にすると、高い評価を付与しにくい。これを、例えば、ルーティン業務の効率的な進め方を工夫するとか、同種の仕事をする他の職員をサポートするなどの貢献を評価することにより、ルーティン業務に当たる職員も高い評価を得る可能性が生じ、職員のモチベーション向上にもつながると考えられる。

（ウ）面談の充実・役割強化等

面談については、人事評価における極めて重要な要素である。しかしながら、職員意識調査の結果からは、そもそも面談自体が実施されていないケースがあったり、面談があっても時間が短かったり、十分にフィードバックや指導がなされていなかったりする等の課題が判明しており、まずは、期首・期末面談の実施義務を徹底していく必要があるとされた。各府省等において各評価者の面談実施状況を確認していくことが提案されている。また、十分に内容のある面談が行われるよう、評価結果のフィードバックや成長のための適切な指導・助言が行われる場となるよう、面談において具体的に行うべき内容や必要な時間の目安等を記載した、面談に関するガイドラインを内閣人事局が作成し、各府省等に示すべきとされた。

面談の実施が義務とされているのは目標を設定する期首と評価結果を伝達・指導する期末の二回だけであるが、期中においても、目標達成に向けた指導・助言等のフィードバックや、業務状況の変化に応じた、目標の修正等を行う中間的な面談を実施することも重要であるとされた。さらには、人事評価制度上の面談のみならず、評価者と被評価者の間で、定期的にコミュニケーションの機会を設け、信頼関係を醸成するとともに、被評価者の状況を把握したり、業務や役割をすり合わせたり、相談に応じたり、成長を促すためのフィードバックを行ったりといった取組を推奨すべきとされた。

これに関連して、テレワークが普及し、職員同士が離れて仕事をする機会も増えている中にあっては、このようなコミュニケーションは、業務や役割のすり合わせ、職員の行動、成果、貢献等の把握、ひいては適正な評価を行う上で一層重要であるとされた。公務において義務とすることまではしないものの、民間企業で行われているいわゆる「1 on 1」ミーティングなどの活用も効果的とされた。

また、職員のキャリア形成支援が重要となっていることから、人事評価の面談を中長期のキャリア形成支援の場としても活用していくことも提案された。これも人事評価制度の中で実施を義務付けるわけではないが、職員のこれまでの経験やキャリア志向等を記載したキャリアシートを用いることなどにより、職員の主体的なキャリアデザインを促進していくことが有効であるとされた。

ただし、上司が直接の人事権を持たない日本の公務組織について、キャリアについての面談をしてそのままで終わらせてしまったのでは、職員のキャリア志向に応じた人事上の配慮等が期待できない。このため、人事当局が職員のキャリアを検討する際に活用できるよう、キャリアシートの情報やキャリアに関する面談結果が人事当局に共有される仕組みや、職員の経験の積重ねや変化するキャリア志向に関する情報が蓄積される仕組みの構築などと一体で取り組むことが必要とされた。

二　管理職のマネジメント評価の充実

これまでも、管理職の人事評価においては、能力評価において「業務運営」「組織統率・人材育成」など、マネジメントに関する評価項目が設けられていたものの、他の評価項目と並列の扱いであり、管理職に対してマネジメントを特に意識させて評価する仕組みにはなっていなかった。

報告書では、部下の成長支援ややりがいの向上、効率的な業務遂行、組織パフォーマンスの向上などのマネジメントが管理職の重要な責務であること、国家公務員の各職場において、こうした組織・業務のマネジメントの取組が必ずしも十分に行われていないとの認識もなされていること、長時間労働の削減など働き方改革の重要性もますます高まっていることなどから、公務の職場におけるマネジメントを一層強化するため、管理職の能力評価について、マネジメント能力への重点化を行うこととされた。

マネジメントの要素は様々であるが、従来、必ずしも十分に意識されてこなかった「管理職は、他者（部下）を通じてチームとしての成果を挙げていくものである」という認識付けを行った上で、業務改革や人材育成などに係る重要な評価項目（本府省課長級の場合、「業務運営」「組織統率・人材育成」）を「重要マネジメント項目」と位置付け、これを特に取り出して評価を行うこととされた。

具体的には、人事評価記録書に重要マネジメント項目に係る評価欄を設け、これらの項目の能力や課題を個別具体的に把握・評価し、評語と所見を記載する。また、その重要性に鑑み、管理職の能力評価の全体評語は重要マネジメント項目の個別評語を上回らないこととする運用ルールを設けることとされた。

重要マネジメント項目の具体的な要素としては、業務の見直し・効率化、業務の割振り、部下職員や職場の状況把握、部下職員との対話、部下職員の長時間労働の抑制や適切な（チャレンジングな）目標設定、時間生産性の向上などが挙げられている。管理職に求められるマネジメントの内容と評価の視点を明らかにするため、内閣人事局において、重要マネジメント項目の評価に係る具体的な要素（着眼点）を提示すべきとされた。

また、以上のような能力評価におけるマネジメント評価に加え、業績評価においても、管理職のマネジメント向上に向けた具体的な行動を促す観点から、重要マネジメント項目に関する具体的な目標を一つ以上設定することを求めるべきとされた。例えば、人材育成、働き方改革、業務見直し等、職場の環境や状況に応じて重点的に取り組むべきと考える事項について、具体的に成果が評価できる目標を設定することを義務付けることが挙げられている。

ここでは、第一節一で述べた通り、ともすると部下の管理よりも成果をあげることを重視してしまいかねない管理職の行動を抑制するため、全体評価をマネジメントの評価以上にしてはならないとのルールを設けたことに加え、単にマネジメントを評価するだけでなく、業績評価において管理職が自身のマネジメントをさらに向上させるために取り組むべき事項を見出し、目標を設定することとしたことは、管理職がマネジメントの向上に向けてより一層の取組を進めること、さらにそれを管理職同士で競って取り組むことも期待できる点で、特筆すべきポイントであると考えられる。

三　評語区分の見直しときめ細かな評価の実現

（ア）　評語区分の見直し

報告書が提案した新たな評語区分のあり方については、〔表7－1〕の通りである。

評語区分については、識別性を高めるため、現行の五段階から六段階に細分化することとされた。従来の評語のイメージに引きずられないよう、評語を刷新することとされているため、従来の評語との対応関係は示されていない。

評語については、ランク付けの意味合いを過度に強調しないよう、アルファベットや数字による評語区分の呼称は用いず、表に示されているように、「卓越して優秀」「非常に優秀」「優良」「良好」等、到達度が伝わる言葉を呼称とすることも考えられるとされた。

評語分布がバランスの取れたものになるよう（すなわち、上位の評語に偏ることがないよう）、上位の評語付与には極めて高い水準を設定することとされた。また、評価の基準には、「通常」の概念は用いず、レベル感が分かりやすい説明が付されている。これに加え、内閣人事局は新たな評語による評価の基準となる具体的な行動例（業務内容に応じたサンプル）を明示し、評価に当たっては職員の行動をこれに当てはめて、能力・実績の水準を客観的に把握で

〔表 7-1〕人事評価の改善に向けた有識者検討会報告書による新たな評語と定義・解説の案

○能力評価における全体評語（案）
職位ごとに定められた標準職務遂行能力が具現された行動がどの程度取られたか（その職位に応じた能力をどの程度発揮したか）

評語（注）	評語の解説
卓越して優秀（1）	望ましい行動を上回る行動が常に確実にとられ、又は大きく上回る行動がとられており、当該職位として卓越して優秀な能力発揮状況である。 ＜別格の特別な能力の高さを持っており、他の職員が真似できないレベル。特に顕著な成果・貢献等が期待できるレベル。＞
非常に優秀（2）	望ましい行動を上回る行動が頻繁にとられており、当該職位として非常に優秀な能力発揮状況である。 ＜他の職員の模範（ロールモデル）であり、具体的な行動を学んだり模倣したりする対象となる人材レベル。極めて高い成果・貢献等が期待できるレベル。＞
優良（3）	望ましい行動がとられており、かつ、しばしば望ましい行動を上回る行動も見られており、当該職位として優良な能力発揮状況である。 ＜主体的に仕事に取り組み、高い視野で物事の勘所を理解して段取りよく動き、高い水準の成果・貢献等が期待できるレベル＞
良好（4）	望ましい行動が基本的にとられており、当該職位として良好な能力発揮状況である。 ＜職位に応じた仕事は過不足なくこなせるレベル。更なる伸びしろも認められる。＞
やや不十分（5）	望ましい行動がとられないことがやや多く、当該職位として十分な能力発揮状況とはいえず、改善が必要である（1回のこの評価のみでは、当該職位の職務を遂行するために求められる能力を発揮していないとまではいえない。）。
不十分（6）	望ましい行動がとられておらず、当該職位に必要な能力発揮状況でなく、大きく改善が必要である（当該職位の職務を遂行するために求められる能力の発揮の程度に達しておらず、降任等を検討するレベルである。）。

（注）評語について、記号や数字等で表すかについては、今後要検討
※「望ましい行動」とは、当該職位の職務を高い水準で遂行するために身に付けていることが望ましい能力を発揮した結果、取られる行動です（当該職位として高い水準の職務上の行動を「望ましい行動」として位置付け、当該行動が「基本的に」とられていれば「良好」な能力発揮状況となります。）。

（現行）

上位	S	特に優秀	求められる行動が全て確実にとられており、当該職位として特に優秀な能力発揮状況である
	A	通常より優秀	求められる行動が十分にとられており、当該職位として優秀な能力発揮状況である
中位	B	通常	求められる行動がおおむねとられており、当該職位として求められる能力がおおむね発揮されている状況である（通常）
下位	C	通常より物足りない	求められる行動がとられないことがやや多く、当該職位として十分な能力発揮状況とはいえない。（当該職位の職務を遂行するために求められる能力を発揮していないとまではいえない）
	D	はるかに及ばない	求められる行動がほとんどとられておらず、当該職位に必要な能力発揮状況でない。（当該職位の職務を遂行するために求められる能力の発揮の程度に達していない）

○業績評価における全体評語（案）
組織目標をブレークダウンして設定した業務に関する目標等をどの程度達成したか（組織の中でどの程度の役割を果たしたか）

評語（注）	評語の解説
卓越して優秀（1）	今期当該ポストに求められた役割を果たし、かつ、極めて重要又は困難な課題について、まれにみる顕著な成果をあげ、又は貢献等をしており、今期当該ポストに求められた水準をはるかに上回る、他の職員では果たし得ない卓越した役割を果たした。
非常に優秀（2）	今期当該ポストに求められた役割を果たし、かつ、特に重要又は困難な課題について、非常に大きな成果をあげ、又は貢献等をしており、今期当該ポストに求められた水準を大きく上回る役割を果たした。
優良（3）	今期当該ポストに求められた役割を果たし、かつ、しばしば期待を上回る成果をあげ、又は貢献等をしており、今期当該ポストに求められた水準以上の役割を果たした。
良好（4）	基本的に、今期当該ポストに求められた水準の成果や貢献等を期待どおりあげ、求められた役割を果たした。
やや不十分（5）	今期当該ポストに求められた水準を下回る成果や貢献等であり、求められた役割を果たしていなかった（1回のこの評価のみでは当該ポストに求められる役割を果たしていないとまではいえない。）。
不十分（6）	今期当該ポストに求められた成果や貢献等がほとんどなく、求められた役割を果たしていなかった（当該ポストに求められる役割を果たしておらず、降任等を検討するレベルである。）。

（注）評語について、記号や数字等で表すかについては、今後要検討

（現行）

上位	S	特に優秀	今期当該ポストに求められた水準をはるかに上回る役割を果たした
	A	通常より優秀	今期当該ポストに求められた以上の役割を果たした
中位	B	通常	今期当該ポストに求められた役割をおおむね果たした（通常）
下位	C	通常より物足りない	今期当該ポストに求められた水準を下回る役割しか果たしていなかった
	D	はるかに及ばない	今期当該ポストに求められた役割をほとんど果たしていなかった

出典：人事評価の改善に向けた有識者検討会報告書

きるようにするべきとされた。

第一節二（イ）で述べたとおり、現行の五段階の評語区分では多くの職員にとって事実上ＡかＢかの二択になってしまう状況からすると、評語区分を五段階から六段階に細分化することは、より識別性を高める点で効果的であると考えられる。

個々の評語の定義・趣旨については、能力評価・業績評価ともに「通常」という概念を用いず、職位として一定のレベルの仕事をしている場合を上から四番目の評語である「良好」とした上で、それより上の評語を付与されるためには、例えば上から三番目の「優良」は、「しばしば望ましい行動を上回る行動も見られ（た）」、上から二番目の「非常に優秀」では「望ましい行動を上回る行動が頻繁にとられ（た）」とするなど、六段階のうち上から半分の三段階について、具体的な高いレベルの行動があることを条件としている。このことにより、特段の根拠なく、印象により上位の評語を付与してしまう寛大化傾向の一定の抑制要因となり、上位への評語の偏りの防止につながることが期待される。

また、報告書でも言及されているとおり、評語区分を増やすことにより、職員の成長がより見えやすくなり、本人の努力や人材育成を通じて、上位の評価を目指していく効果も期待される。

（イ）　適正な全体評価の実施等

評語の付与は、能力評価であれば「判断」「説明・調整」といった職位や職種に応じた評価項目、業績評価であればそれぞれの目標について個別に評語を付した上で、全体評語が決定される。この際、具体的に個別評語を全体評語にどのように反映させるかについては、個別評価項目のウェイトに応じた点数化を行い合計点を元に全体評価を付与する、そこまで厳格な作業は行わないものの重要度が高い個別評語を重視して全体評語を付与するなど、様々な考え方がある。報告書では、特定の反映方法を定めることはせず、内閣人事局が作成する基本的なルールやひな形のもと、各府省等がそれぞれの職場の状況を踏まえて反映ルールを作成することとされた。

いずれにしても、全体評語はその職員の仕事ぶりについての概括的な印象等に引きずられることなく、個別の評価項目の要素を十分踏まえて行う必要があるとされ、特に、数が多い個別評語を上回る全体評語を付す場合など、一見して理由が分かりづらい評価を付す場合などは、全体評価の所見欄にその理由を十分記載することが求められるとされた。

業績評価における目標管理においては、低い目標を立てれば達成度が高くなり、高い目標を立てれば達成度が低くなるという課題が常に発生する。このことについては、従来どおり、目標のレベル（困難度）とその達成度に応じて、適切な個別評語を付与するしかないのであるが、これまでは目標設定時に困難度を必ずしも定めなくてよいこととされており、各目標の困難度が必ずしも明らかではなかった。また、業績評価の全体評語は、個々の目標の重要度とそれぞれの評価を勘案して行うこととなるが、重要度についても目標設定時に定めることは必ずしも求められておらず、目標間の軽重が明らかでない場合があった。このため、各目標について、困難度・重要度を（例えば◎○△等の形で）必ず設定すべきとされた。

このほか、能力評価の個別評価については、「倫理」など五段階や六段階でのレベル分けが困難な項目については三段階とする等の簡素化を行うことを検討すべきとされた。

以上のような新たな評語や評価手法が導入された際には、実態と乖離した評価が行われることがないよう、各府省等における制度趣旨の周知や、内閣人事局による研修や参考資料の充実を図るとともに、評語分布の調査を継続的に行い、運用状況の検証や、必要な場合の見直しも行うべきとされた。

四　確実で実効性ある評価のための手続（簡素化・効率化など）

ここでは、第一節三で示したような、情報システム化の推進や留意事項の整理・統廃合のほか、人事評価に関する研修・参考資料の充実、改善方策について関係者の理解・浸透を徹底すること、改善趣旨に沿った人事評価記録書の見直し等が提言された。

このうち、研修・参考資料の充実については、現在内閣人事局が整備している人事評価の詳細なマニュアルについては、大部で手軽に参照しづらいとされ、評価者等が評価作業に当たって参照しやすいよう、簡素でわかりやすいマニュアルを作成・提供すべきこととされた。

人事評価制度を所管する内閣人事局としては、漏れのない詳細な実施手順を作ることに意識が向きがちであるが、実際に人事評価に携わる職員は、日頃の業務の中で評価作業を行うのであり、膨大なマニュアルや通知類を詳細に読むことは事実上期待できない。人事評価の実効性を高める上で関係者の理解の浸透は不可欠であるが、そのためには、マニュアル等の整備だけではなく、ポイントを押さえた資料の作成や、評価作業時に自然に関係者の目に留まるようにするなどの工夫が必要である。

次章では、本章で述べた改善方策が実際にどのように制度化されたかについて紹介するとともに、国家公務員における人事評価の適正な実施に向けて、今後の課題となるべき事項について明らかにする。

第八章　人事評価改善の評価・今後のあるべき方向性

第一節　検討会提言の実施状況

国家公務員の人事評価制度については、令和三年三月に取りまとめられた人事評価の改善に向けた有識者検討会による「人事評価の改善に向けた有識者検討会報告書」の提言を反映した改善が行われ、令和四年一〇月の能力評価・業績評価期間の開始から施行された。[1] 検討会の提言はほぼ全面的に採用された。改善のコンセプトごとに制度化された主な内容は以下の通りである。[2]

（一）　人材育成・マネジメントを強化するための組織改革・育成ツールとして活用

人材育成機能の強化とマネジメント評価の充実が掲げられ、チャレンジ目標やマネジメント目標の設定、役割・貢献の記載、能力評価における強み・弱みの把握・記載や重要マネジメント項目の評価などが制度化された。また、面談の充実と役割強化についても取り組むこととされた。

（二）　職員の能力・実績をきめ細かく的確に把握

新たな評語区分として、段階を五から六に細分化した。従来のSからDまでの評語と評価基準が刷新され、「卓越して優秀」「非常に優秀」「優良」「良好」「やや不十分」「不十分」の六つの評語が新たに設けられた。検討会の提言では、数字などで評語を表す可能性についても言及されたが、制度化に当たっては言葉での評語となった。各評語の評価基準については検討会の提言と同じものが採用された。

（三）確実で実効性ある評価のための手続（簡素化・効率化など）

（一）（二）の改善に伴い、人事評価シートなどの見直しが行われた。法令遵守、ハラスメント防止、働き方改革等の課題ごとに人事評価の留意事項として発出されてきた通知類については整理され、一覧性のあるものとして新たに通知された。(3)

第二節　新たな評語に基づく任用・給与への活用ルールの整備

人事評価の結果を任用・給与にどのように活用するかのルールについては、人事院が定めることになっている。評語の見直しに伴い、昇任・昇格や昇給、ボーナスへの反映ルールも新たに整備された。(4)

一　昇任・昇格への反映

新たな評語を活用した昇任・昇格の要件は、〔図8-1〕の通り定められている。基本的には六段階中の上から三番目の評語である「優良」以上を一定回数以上得ることが昇任や昇格に求められる条件となっている。昇任（現在の官職より上位の官職への任用）については、直近二年間において、能力評価二回のうち一回以上、かつ、業績評価四回のうち一回以上「優良」以上を得ることが要件となっているが、本省課長級への昇任については、能力評価で「非常に優秀」以上を得るという、より高い要件が定められている。昇格（俸給表のより上位の「級」への変更）については、能力評価・業績評価計六回のうち、二回以上が「優良」以上であることとともに、残り四回は「良好」以上で

〔図 8-1〕新たな評語を活用した昇任・昇格の要件

＜昇任の要件＞

直近２回の能力評価及び直近４回の業績評価で判定

	本省課長級未満への昇任	本省課長級への昇任
能力評価（2回）	1回　優良　以上	1回　非常に優秀　以上
業績評価（4回）	1回　優良　以上	1回　優良　以上

（注）
・昇任とは、現在の官職（係員、係長、課長補佐など）より上位の官職への任用のこと。
・実際の昇任者は、要件を満たす候補者の中から適任者が決定される。
・「やや不十分」又は「不十分」がある場合は昇任できない。
・係長級への昇任の場合は要件が緩和される。
・指定職級への昇任の場合は要件が異なる。

＜昇格の要件＞

直近２回の能力評価及び直近４回の業績評価で判定

能力評価（2回）＋業績評価（4回）	原則　2回　優良　以上＋残り4回　良好　以上

（注）
・昇格とは、俸給表のより上位の職務の級への変更のこと。
・実際の昇格者は、要件を満たす候補者の中から適任者が決定される。
・昇任を伴わない場合の要件
・行㈠2級・3級への昇格の場合は要件が緩和される。

（出典）内閣人事局・人事院「新しい人事評価のポイント／人事評価の任用・給与への活用のポイント」3頁より作成
https://www.cas.go.jp/jp/gaiyou/jimu/jinjikyoku/files/r0406_jinji_hyouka.pdf

あること、すなわち、「やや不十分」「不十分」の下位の評語を得ていないことが要件となっている。

二　昇給への反映

新たな標語の昇給への反映の方法は、〔図8-2〕の通り定められている。昇給とは、俸給表の同じ級の中での上位の号俸への変更のことであり、国家公務員では毎年一月一日に行われる。昇給は、各職員を昇給号俸数を定めるAからEまでの昇給区分のいずれかに

〔図 8-2〕新たな評語の昇給への反映

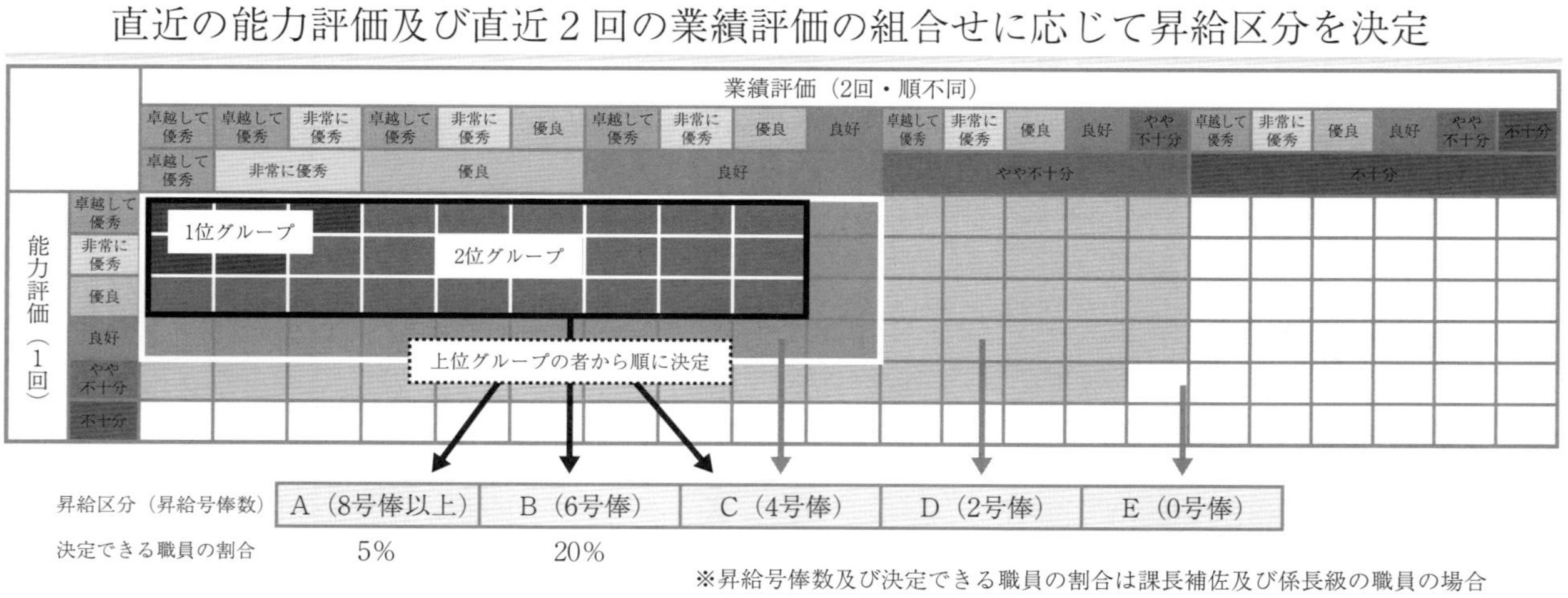

（注）
・昇給とは、俸給表の同じ級の中での上位の号俸への変更のこと。
・昇給は毎年１月１日に行われる。
・勤務成績に基づき、５段階の昇給区分（Ａ～Ｅ）が決定され、昇給区分に応じた号俸数昇給する。

（出典）内閣人事局・人事院「新しい人事評価のポイント／人事評価の任用・給与への活用のポイント」 4頁より作成
https://www.cas.go.jp/jp/gaiyou/jimu/jinjikyoku/files/r0406_jinji_hyouka.pdf

当てはめた上で行うが、昇給区分については、人事評価の評語とは異なり、高い昇給となるAとBについて決定できる職員の割合がそれぞれ定められている。昇給区分の決定は、人事評価の直近の能力評価（前々年の一〇月～前年九月）と直近の業績評価二回（前々年の一〇月～前年三月、前年四月～前年九月）の結果を組み合わせ、一位グループ、二位グループを作った上で、上位グループの職員から順に高い昇給区分を決定する仕組みとなっている。第一グループは基本的に一回は「卓越して優秀」を得て、他の評語は「非常に優秀」以上である極めて優秀な職員が分類され、第二グループは「優良」以上の評語を期間中に得た職員が分類されている。

三　ボーナスへの反映

新たな標語のボーナスへの反映の方法は、〔図8-3〕の通り定められている。こちらは業績評価のみを反映に用いている。国家公務員のボーナスは毎年六月と一二月に支給されるが、人事評価結果の反映は、六月分については直近の一〇月～三月の業績評価、一二月分については直近の四月～九月の業績評価の評語を基に、ボーナスのための成績区分（「特に優秀」「優秀」「良好」「良好でない」）が決定される。こちらも人事評価の評語と異なり、この成績区分には分布率が定められており、

〔図 8-3〕新たな評語のボーナスへの反映

直近の業績評価に応じて勤勉手当の成績区分が決定される

成績区分（成績率）	分布率	業績評価	
特に優秀 （115/100以上190/100以下）	5％以上	非常に優秀	以上
優秀 （103.5/100以上115/100未満）	25％以上	優良	以上
良好 （92/100）	—	良好	以上
良好でない （83.5/100以下）	—	やや不十分	以下

評語が上の者から順に決定

※成績率及び分布率は再任用職員以外の課長補佐級以下の職員の場合

（注）
・勤勉手当とは、いわゆるボーナスの考課査定分に当たるもので、毎年６月及び12月に俸給等の額に「成績率」等を乗じた額が支給される。
・成績率は、４段階の成績区分（特に優秀～良好でない）に応じて適用される。
・全体の支給総額（上限額）は法定されている。

（出典）内閣人事局・人事院「新しい人事評価のポイント／人事評価の任用・給与への活用のポイント」4頁より作成
https://www.cas.go.jp/jp/gaiyou/jimu/jinjikyoku/files/r0406_jinji_hyouka.pdf

また予算の枠内に収まるように定めなければならないので、業績評価の評語が上の職員から順に成績区分が決定されるが、成績区分の枠に収まらなかった場合には、同じ業績評価の評語の者であっても異なる成績区分に決定されることとなる。

第三節　国家公務員の人事評価の今後のあるべき方向性

本書を閉じるに当たり、第一節に述べた国家公務員の新たな人事評価制度の開始を踏まえ、その運用に当たっての課題や留意点、また今後の更なる人事評価制度の改善に向けた課題について筆者の見解を述べることとする。

一　新たな人事評価制度の職員への浸透

これまでの国家公務員の人事評価制度は、平成二一年に導入されて以来、様々な課題を抱えつつも一〇年以上にわたり運用されており、能力評価については職位に応じた評価項目とすること、業績評価については設定目標ごとに評価すること、そして、五段階の評語により評価すること、などは職員に相当程度浸透してきたと考えられる。

今回の人事評価制度の改善は、これらを変更するものであり、それゆえ職員を戸惑わせる可能性がある。目標設定の段階では、それぞれの業績目標に困難度や重要度の記入を求められるほか、さらにチャレンジングな目標設定を求められる。評価の段階では、職員の強み・弱みの記載が求められ、また、単なる業績の達成だけでなくその職員の具体的な貢献を把握した上で評価しなければならない。さらに、評語については、新たな基準に基づく六段階で評価しなければならない。管理職については、マネジメントに関する目標設定が求められ、重要マネジメント項目を取り出して評価を行うこととなる。

このような新たな制度の導入に当たり、職員に対しその趣旨、評価の基準、必要な作業や手続等について十分な周知・浸透が必要なことは言うまでもない。また、日々の業務を行いながら評価作業を行う職員にとって過度な負担とならないよう、重要なポイントに絞って職員への周知を図ることも求められる。

この点、内閣人事局では、「新しい人事評価のポイント」(5)という資料をホームページで公開しており、短時間で新制度を理解できるような工夫をしている。詳細なマニュアルを配布するよりも、このような資料を活用し、例えば、各省庁において職員に評価作業を指示するメール等に添付したり、人事評価のシステムを導入している省庁であればシステム上で作業を開始する際に資料の内容を表示する仕組みとすることにより、職員が新制度に関する情報にアクセスする手間をかけずに周知・浸透させることができる。

それでも、多様かつ多数の職員がいる国家公務員に対して広く新制度の周知・浸透が進むには一定の時間を要することが予想される。また、新制度を実際に運用する中で、職種や業務の内容によっては、例えばチャレンジングな目標の設定が困難であるとか、識別性のある評語の付与がやりにくいといった課題が生じる可能性もある。新制度の定着に向けては、ある程度中長期的な視点を持ち、現場で発生した新制度の課題に関する対策を講じ、時には軌道修正を行うことも必要になると考えられる。

内閣人事局においては、新制度の導入で終わらせることなく、また新制度の実施状況を数年単位で検証するだけでなく、導入直後から各省庁における現場の運用課題を把握し、課題に対する解決策を迅速に現場にフィードバックするなど、円滑な普及に向けた働きかけを継続的に行うことが期待される。

二　適切な評語分布の実現

今回の人事評価の改善の中でも、評価者が最も戸惑い、悩むと考えられるのが評語の見直しである。これまでの五段階が六段階になるだけでなく、「通常」の考え方が廃され、さらに評語が刷新されており、これまで慣れてきた基準・方法とは大きく異なる評語付与を行わなければならないからである。

評価者が新たな評語を付与する際の基準となるのが、第七章第二節三（ア）の〔表7-1〕（一六二〜三頁）で示した「人事評価の改善に向けた有識者検討会による新たな評語と定義・解説の案」である。これを見ながら、評価者がどのように評価を行うかを考えてみる。

能力評価・業績評価ともに、被評価者の職位やポストに求められた水準を「基本的に」達成している場合、上から四番目の評語である「良好」と位置付けられている。能力評価においてはさらに具体的に「職位に応じた仕事は過不足なくこなせるレベル。更なる伸びしろも認められる」という説明も付与されている。

それよりの上位の評価については、

優良：「しばしば望ましい行動を上回る行動も見られ（た）」「主体的に仕事に取り組み、高い視野で物事の勘所を理解して段取り良く動（く）」等（能力評価）

「しばしば期待を上回る成果をあげ、又は貢献等をし（た）」等（業績評価）

非常に優秀：「望ましい行動を上回る行動が頻繁にとられ（た）」「他の職員の規範（ロールモデル）であり、具体的な行動を学んだり模倣したりする対象となる人材レベル」等（能力評価）

「特に重要又は困難な課題について、非常に大きな成果をあげ、又は貢献等をし（た）」等（業績評価）

卓越して優秀：「望ましい行動を上回る行動が常に確実にとられ、又は大きく上回る行動がとられ（た）」「別格の特別な能力の高さを持っており、他の職員が真似できないレベル」等（能力評価）

「極めて重要又は困難な課題について、まれにみる顕著な成果をあげ、又は貢献等をし（た）」等（業績評価）

とされている。

このように、新たな評語の仕組みは、上から四番目の「良好」よりも上位、すなわち六段階中の上位三段階の評語を得るためには、被評価者の職位やポストに求められた水準を達成するだけではなく、それを上回る能力発揮や業績が求められるようになっている。また、「他の職員のロールモデル」ですら上から二番目の「非常に優秀」にとどまっており、最上位の「卓越して優秀」の付与にはこれをさらに上回る著しく高い基準を採用している。このような仕組みとなっているのは、評価の寛大化傾向により、評価者が上位の評語を付与しがちで評語の識別性が十分でなくなってしまうという課題に対応するため、上位の評語に「より厳格な」基準を設けることとした方針を反映したことによる。

このような評語付与基準の下では、評価者は、単に被評価者がよくやっているから、頑張っているから、といった理由で「優良」以上の評語を付与することはできない。「優良」以上の評語を付与するためには、職位・ポスト以上の能力発揮や業績として何があったのかを具体的に明らかにすることが求められる。また、その旨を評価シートに明記することも求められる。その結果、従前の評語の仕組みの下で、標準の「B」のネガティブイメージなどから漫然と「A」を付与してきたようなことは一定程度回避されると考えられる。また、優秀な職員については、その根拠を明らかにした上ではあるが、「優良」だけでなく、「非常に優秀」「卓越して優秀」を付与することもでき、「A」より上位が「S」しかなかった従前の評語の仕組みに比べると、優秀な職員をより多くの評語に分けて付与することができる。これにより、「A」に約五割、「B」に約四割という従前の評語分布に比べると、評語分布が分散し、識別性の向上につながることが期待できる。

仮に、新たな六段階の評語の仕組みが定着しても、著しい評語の偏りや上振れがあるなど、適切な評語分布が実現できなかった場合、評語についてはどのような制度設計を考えるべきだろうか。この場合、評語の段階をこれ以上（七段階以上）に増やしても、問題の解消は期待できないと考えられる。他方、評語の仕組み自体を廃止し、いわゆるノーレイティングを導入することについては、第七章第一節二（ウ）に述べた通り、それを導入した場合に求められる上司のマネジメント能力への懸念や、組織全体で給与等を配分するために必要となる比較可能な共通の評価情報が得られないといった課題がある。

新制度によっても評語による識別性が十分確保できず、給与や昇進への反映に支障をきたすような状況となった場合には、相対評価の導入を検討することも考え得る。ただし、相対評価を導入する場合、すでに指摘したように、（1）一定の職員を一律に下位評価にしてしまう、（2）所属する組織や周囲の職員の状況によって評価が変動してしまう、（3）チームワークを阻害する可能性がある、といった難点がある。それを踏まえ、例えば、下位評価の分布率を上位の分布率よりも低くする、評語ごとの分布率を必ずしも厳密には定めず「目安」のような扱いにする、下位評価を受けた職員を一律に降任等の対象とはしない、などの工夫をした上で導入することが必要と考えられる。

また、そもそも人事評価の目的は、職員のランク付けではなく、組織のパフォーマンスの向上や人材育成なのであるから、職員の強み・弱みなどを記録し人材育成に活用すること、チャレンジングな取組や自発的な組織への貢献を評価することなど、今回の改善の趣旨は相対評価の下でも維持されることが重要である。

三　多様な能力の評価に向けた工夫

能力評価においては、「判断」や「説明・調整」など、職位や業務内容に応じて定められた「標準職務遂行能力」に基づく評価項目の評価に加え、職員一人一人の「強み（秀でている点）や弱み（改善点）」を把握し、具体的な事実も交えて記載・記録することとされた。

これは、これまでにない被評価者の観察や、能力の分析を評価者に要求するものである。従来であれば、個々の評価項目ごとに能力の発揮度合いを判断すればよかったところ、新制度の下では、被評価者の仕事ぶりを総体として捉え、根拠をもってその長所と短所を見出し、さらに人材育成の方向性も考えなければならないからである。これは評価者にとって大きな負担であり困難な仕事となるが、個々の部下職員の特性を改めて認識し、どのように育成するか考える重要なきっかけとなり得る改善である。

また、職員の強み・弱みを記載する仕組みは、職員の人材育成の基礎情報となるだけでなく、上司としての評価者の立場から、職員の能力を最大限に活用し、公務組織のパフォーマンスを高める上でも有効なものである。職員はしばしば、仕事をする上での複合的な性格や特性を持っている。例えば、作業は速いがやや雑であるとか、丁寧な作業をするが時間がかかるとか、新しいアイデアを出すことはあまりないものの他者のアイデアを冷静に分析できる、などといったことである。こうした要素は、標準職務遂行能力に基づく評価項目ごとの評価では捉えられないものであり、また、どちらがより優れているかというランク付けにもなじまないものである。しかし、評価者が職員のこうした特性を把握していれば、政策立案をどのようなチームで行うか、作業を誰に任せるかといった判断の材料となり、上司として任された組織をより効率的・効果的に運用するために活用することができる。

能力評価を契機にしたこのような取組はマネジメントの一環であるともいうことができる。これが機能すれば、人事評価制度は、管理職のマネジメントを評価するだけでなく、人事評価制度自体がマネジメント向上につながる仕組みであると捉えることもできるようになるだろう。

検討会の提言においては、特定の専門的な分野の職務を経験していく職員についてその知識・技術・能力の取得について評価するとともに、様々な分野を経験するいわゆるジェネラリストの職員について、あるポストで身に着けた知識・技術・能力を他の分野に異動した後も的確に評価することとされた。

しかしながら、今回の改善においては、このような評価を担保する仕組みまでは用意されていない。現在の能力評価は、評価期間である一年間の能力の発揮状況を記載する様式しか用意されていない。能力評価を次期の昇給や昇任に反映する目的の上ではこれでも十分であるが、職員が経験を積み重ねて得られる総合的な能力を把握するためのものとしては不十分である。ジェネラリストの職員はもとより、特定の専門的な分野の職務を経験していく職員であっても、数年単位での人事異動を通じて当該分野に関連する様々なポストを経験することが多く、職員の能力を把握する上で蓄積した経験は重要な情報となる。今後の検討課題として、職員の職務経歴とそれぞれのポストで身に着けた能力を記録し、人事評価の際に参照できるようにすることで、より適切な能力評価の実施や、人材育成への活用につなげることが考えられる。毎期にエクセルシートなどの評価シートを使って人事評価の作業を行う場合、職員の経験を一覧できるようにすることは難しいが、検討会の提言にあるように人事評価を情報システムの中で行うようにすれば、職員単位で過去の実績や評価を一覧で表示させることも可能である。導入したシステムを最大限活用する観点からも、検討の余地がある。

四　目標設定にとどまらない業績評価の工夫

業績評価に係る改善で評価者・被評価者双方に影響が大きいものは、チャレンジングな目標の設定の推奨である。これまで、業績評価の目標設定は、組織目標から各部署・各職員にブレイクダウンされたものを設定することとされていた。いわば受動的に与えられた業務について目標設定を行っていた。他方、チャレンジングな目標は、職員が与えられた担当業務についての課題認識などをもとに、改善したいこと、新たに取り組みたいことを考えた上で目標として定めなければならない。これは職員に自らの業務について能動的に取り組むことを求めるものであり、新たな負担にもなり得るものである。

しかし、チャレンジングな目標の設定は、各職員が上からの指示待ちとならず、自発的に業務の工夫に取り組むための重要なきっかけともなる。また、上司が気付かなかったような業務上の課題や改善策を組織に引き出す効果も期待されるし、複雑化する行政課題に対応するための多様な取組を促すことにもつながると考えられる。評価者としては、部下の提案をうまく取り上げ、自発的な取組を支援するマネジメントに取り組むことが求められるだろう。

チャレンジングな目標においてさらに困難なのは、その評価である。検討会の提言では、もともと達成が困難なことを承知で設定したのであるから、結果として十分に達成できなかったとしても低い評価としないこととしている。考え方としてはその通りであるが、では具体的にどのような取組をどの程度の評語としたらよいのだろうか。通常の目標であれば目標の完全な達成を基準として達成度を測ればよいが、チャレンジングな目標の場合には基準が不明確にならざるを得ず、どれほど頑張ったか、熱心に取り組んだかという情意的な評価になってしまう懸念がある。

しかし、組織への貢献度合いを評価するという業績評価の趣旨に立ち帰れば、その目標に対して何ができたかという事実を積み上げて評価することが必要である。この際留意すべきことは、チャレンジングな目標の場合、課題を解決した、実施に向けて手続を進めた、といった目標の達成につながる内容だけではなく、目標設定当初には明らかでなかった課題や実施可能性を明らかにした、課題の解決が難しいことを整理した、時にはその目標から撤退すべきとの判断を適切に行った等、良い結果でないことにも肯定的な評価をすることが必要だということである。十分な検討を行った上で、結果が出せない、出すことが難しいことが明らかになったことも、組織にとっては一つの成果であるからである。このような意味で、チャレンジングな目標は、通常の目標管理とは性格をやや異にしている。

検討会の提言では、期首に設定した目標にとらわれすぎることなく、突発的な業務や自主的な取組等も積極的に評価することとされた。業績評価の期間は半年単位であり、その間には期首に予測できなかった様々な事態や課題が発生するのは当然であるから、この考え方は正しい。他方、やはり事前に設定された評価基準がないため、チャレンジングな目標と同様に、どのように評価するかという課題が生じる。さらに、個々の目標又は業務単位での評価の方法だけでなく、全体評価にどのように反映していくかという課題も生じる。ある職員が評価期間の半年で進めるべき業務を期首に確定しながら、期中に新たな業務が追加されたため、何を基準に全体の業績を判断すればよいかが不明確になってしまうからである。そうなると、全体の業績評価は、個々の業績目標に対する評価をその職員が期中に達成した具体的な成果や貢献を積み上げ、その総量が当該職員の職位やポストにとって期待どおりであったかという観点で評価せざるを得なくなると考えられる。

以上のように考えて来ると、業績評価において様々な評価要素を導入した結果、業績評価が基本としていた目標管理の考え方、すなわち事前に目標を明示した上で、それを基準に評価するという原則が次第に崩れていく可能性がある。事前の目標というわかりやすい基準を評価に活用することが困難となってくると、業績評価が恣意的なものになってしまい、再び寛大化などの不適切な評価が行われてしまう懸念もある。このため、新たな人事評価制度の運用に当たっては、各職員の業績の積上げの方法、それを職員の職位やポストに応じてどのように評価するかを明らかにしていくことが今後の課題になると考えられる。このことは結局、様々な国家公務員の職位やポストそれぞれに、どのような役割が期待されるかを、どこまで明示できるかという課題と密接に関連する。職員の間で、係長はどこまでやればよいのか、課長補佐は何を期待されているかの共通認識ができていないままでは、人事評価の結果に対する納得性も得られない可能性があるからである。

五　面談の実施と人材育成の確保

今回の人事評価の改善では、面談の重要性が特に強調されている。面談は、評価者と被評価者（あるいは上司と部下）のコミュニケーションの手段であり、目標や評価について双方の理解を深める場であり、これを着実に実施すべきことは言うまでもない。

まずは面談が十分に行われていない状況、及び面談が短い時間で終わっているケースもあるとの運用実態調査結果[6]に基づき、内閣人事局では、令和四年六月に「面談ガイドライン」を作成、公表している[7]。ここでは、人事評価における期首と期末の面談、また任意で行う期中の面談についても、何を行うのか、より充実した面談にするためのポイント、会話例などをまとめている。期首面談と期末面談は、それぞれ時間の目安として一五分から三〇分とされている。このガイドラインは、内容的にもそれほど煩雑でなく比較的容易に読むことができ、評価者が面談を過不足なく行うことに大いに役立つものと考えられる。

他方、面談が的確に実施されるためには、これに加え、評価者に面談することの意味を十分に理解させるとともに、日々多忙な業務の中で面談を実施できる環境を作ることも必要であると考えられる。

公務組織における日々の多忙な業務の中で、一人当たり一五分から三〇分の面談時間を確保すること、さらにそれを半年の評価期間の中で期首と期末、さらに必要に応じて期中に行うことはかなりの困難を伴う。多くの部下（被評価者）を抱える評価者であればなおさらである。業務の多忙が、これまで面談が十分に実施されてこなかった理由の一つであると考えられる。

しかしながら、評価者が面談の必要性を本当に認識していれば、業務の合間を縫ってでも面談を実施しようとするはずである。面談の意義を理解していないために、業務多忙を理由にして面談を実施しない可能性もある。内閣人事局としては、面談がなぜ重要なのかということに加え、面談をすることによって上司にとってどのようなメリットがあるかを、具体例も含めて周知する等の工夫が必要であろう。

その上で、なお多忙な職場環境において面談の実施を確保するためには、一人一人に一五分から三〇分の時間を確保しなくても同様の効果が期待できる方法を検討することも今後は必要になってくると考えられる。確かに、他者のいない環境で一対一での面談の場を設けることは当事者が向き合ってしっかり話すことができるという意義がある。他方、そのような時間が十分に確保できない場合でも、日常業務の中で上司と部下が接する機会は多くあり、その中で目標について話し合ったり、部下の仕事ぶりについてフィードバックをしたりすることなどにより面談の機能を実現することも考え得る。

担当業務について打合せをする際に、各職員がどのような役割を果たすかを定めることも多い。そうであれば、その際に目標に相当する内容を決めてしまうことも可能だと考えられる。また、評価期間中に新たな業務が生じた場合、それを担当する職員に役割を割り振るのであるから、その際にやはりその職員の役割や目標に相当する内容を決めることが可能である。フィードバックについては、一定の業務が完了した時に、上司が担当職員の仕事ぶりを評価したり、気が付いた改善事項を伝達したりすることが可能である。フィードバックはむしろ、期末を待って行うよりもリアルタイムで行った方が、記憶が新鮮な分、より効果的とも考えられる。

もちろん、評語の伝達や、成績不良職員に対する指導については、日常業務の延長ではなく、隔離された時間と場所で行う必要がある。また、日常的な業務のやりとりを通じての面談機能については、言いっぱなしにならないよう、何らかの記録を残すことも必要である。(8) いずれにしても、現在の人事評価面談が有する機能を確保することを前提として、形式的な面談の確保にこだわらず、日常的な職場でのコミュニケーションの中でその目的を達成するための手法について検討することも、一考に値すると考えられる。

六　マネジメントの実践と適正な評価の実現

国家公務員の長時間労働や離職率の上昇が指摘され、公務におけるマネジメントの重要性が高まってきたことから、管理職の人事評価においてマネジメントの評価を行うこととされた。国において働き方改革などの取組が進められている中、行政組織におけるマネジメント向上の必要性は広く認識されつつあり、今後は各管理職が具体的にどのように取り組んでいくかが課題になってくる。今回、管理職の人事評価においてマネジメントを重点的に評価する仕組みを導入することは、管理職にマネジメントについて考えさせ、実際の行動を促すことになり、時宜を得たものである。

ただ、これまでマネジメントの実践について必ずしも十分に意識されてこなかった公務組織において、管理職はどのように取り組んだらよいか見当がつかないことも予想される。内閣人事局では、公務組織のマネジメントのあり方について検討を進めてきた。平成二八年度には「管理職のマネジメント能力に関する懇談会」を開催し、管理職に必要なマネジメント行動のポイントを整理するとともに、[9]同懇談会の報告書を基に、部下職員が管理職のマネジメント行動を観察した結果をフィードバックし、管理職の気づきや行動の改善を促す「多面観察」を導入している。[10]さらに、より具体的なマネジメントの実践について管理職にわかりやすい指針を示すため、令和四年六月には「国家公務員のためのマネジメントテキスト」を作成している。[11]ここでは、「職場環境・職員意識の変化とマネジメントの必要性」に始まり、「マネジメントの基盤を作るコミュニケーション」で「心理的安全性」や「傾聴」の考え方、職場内でコミュニケーションをとる上での留意点などを示し、さらに「業務をマネジメントする」では仕事の割振り方から業務の進捗状況の確認、成果の確認に至るまでの行動を、「人材をマネジメントする」ではストレッチ目標の設定やコーチングの手法等をそれぞれ示している。管理職はこうした指針に沿って自身が取り組むべきマネジメント行動について考え、また業績評価で求められているマネジメント目標の設定に取り組むことが期待される。

次に課題となるのは、管理職のマネジメントについての評価者の適切な評価の確保である。管理職の評価者となる幹部職員は個室にいることが多く、評価の対象となる管理職職員の職場で起きていることを直接観察できない環境にあることも多い。マネジメントの評価が他の分野の評価と異なるのは、被評価者からの自己申告や聞取りだけでは実態を十分に把握できないことである。被評価者である管理職がマネジメントを適切に行っていると思っていたとしても、部下は同じように感じていないこともあり、職場を客観的に観察しないとマネジメントの実施状況について正しい観察が得られない。このため、管理職を評価する幹部職員は、管理職の部下職員から随時職場の状況を聞き取ったり、自ら職場の実態を把握したりするなどの取組が必要である。管理職の行動に問題があり、マネジメントが適切に行われていないにもかかわらず、管理職の上司である幹部職員がそれを見落とし、人事評価にも反映されないこととなれば、却って職員の職場や上層部に対する不信感が増大し、離職などを招きかねない。管理職のマネジメント評価を行う評価者は、重大な責任を負っていると言える。

最後に、職場の改善を管理職のマネジメントに求めることには限界もあることにも言及しておきたい。コミュニケーション不足、偏った業務分担、必要性の乏しい業務や非効率な仕事の進め方などの職場の課題については、管理職の適切なマネジメントによって解決できることもあるが、業務量が絶対的に多かったり、必要な人員が確保されないことなどから来る長時間労働や職員の疲弊は、課室単位の中間管理職では対応することができないものである。公務組織は新たな課題の発生や他律的な要因によりときに急激に業務量が増大したり、行政改革などにより十分な人員が確保できなかったりすることもある。今回の人事評価の見直しにおいて、指定職などの幹部職員のマネジメントについては特段言及されていないが、管理職の上にいる幹部職員は、組織の職場の問題を管理職に押し付けることなく、組織の状況についての十分な観察を行い、業務量の調整や分担の見直しなどに取り組むべきである。このため、人事評価におけるマネジメント評価の導入は、幹部職員のマネジメントも同様に問うものであると捉えることもできるだろう。

七　評価の理想と現場運用の乖離の解消

今回の人事評価の見直しは、従来の人事評価の趣旨を再確認するとともに、民間企業や自治体における人事評価制度の動向も踏まえた新たな理念も取り入れるものとなった。この結果、職員の強み・弱みの記載やチャレンジングな目標の導入、マネジメント評価、評語の段階数の増加など、人事評価手続上の作業量は増加している。これらは新たに設定された人事評価の理念を踏まえた必要な作業であることは確かであるが、作業量の増加は現場における実践の欠如につながりかねない懸念もある。現場での適切な実施を確保しつつ人事評価の理念が実現できるような制度設計が求められる。

人事評価制度を設計する制度官庁（内閣人事局）は、人事評価の理念を実現するために、詳細な制度を作る傾向がある。例えば、人事評価シートに詳細な項目を用意したり、評価に当たって留意すべき事項をひとつひとつチェックできるような注意書きを設けたりするなどである。また、人事評価の作業手順を示すマニュアルも、詳細な手順や注意事項が記載され、分量が多いものになりやすい[12]。

しかし、現場においては、人事評価は本来業務の合間を縫って行うものである。多くの職場において、このような詳細なマニュアルを丁寧に読む時間はとりにくい。また、人事評価シートの記載事項や留意事項が多くあれば、評価者は、時間の制約がある中で作業を完結させようと、個々の職員の状況を丁寧に記載することよりも、形式的に様式を埋める作業を優先してしまう可能性がある。

検討会の提言でも、人事評価手続の簡素化・効率化の観点が示された。これを受けて、これまで個別の通知を積み重ねて膨大な量となってきた人事評価に関する追加の留意事項（行政文書の適正な管理、ハラスメントの防止、育児休暇・休業の取得促進、障害者雇用など）はＡ４四枚にまとめて各省庁に改めて通知がなされた[13]。また、今回の人事評価の改善は、従来の人事評価を相当程度変更するものであるが、本節一で述べた通り、内閣人事局は新制度のポイントについて、任用・給与への活用のポイントとも合わせてA４四枚にまとめている[14]。必ずしも十分な学習時間をとることができない各省庁の評価者・被評価者が、新制度を迅速に理解し、新しい手続に直ちに着手できるよう工夫されており、評価者、被評価者双方にとって極めて有益である[15]。

他方、評価者・被評価者が実際に用いる人事評価シートのひな型については、強み・弱みの記載やマネジメント評価の実施などに伴う修正はなされたものの、今回は大きな見直しは行われなかった[16]。今後は、新制度の運用状況を見ながら、人事評価制度の趣旨は維持しつつ、様式や手続のさらなる簡素化が課題になってくる。例えば、能力評価において標準職務遂行能力に基づく評価項目にとどまらず、職員の強み・弱みや多様な能力を評価していくとの趣旨の下で、評価項目ごとのコメントや評語の付与が本当に必要なものなのかという議論があり得る。また、業績評価においても、自発的な取組や目標外の貢献を積極的に評価すべきとされている中で、目標があるものに限って評語を個別に付与することが必要なのか、かえって全体評語を付与しにくくなるのではないか、という論点もあり得る。

制度官庁の立場としては、必要な要素を漏れなく記載してもらうための手続や様式を重視するが、他方、現場からみると、形式主義に陥らずに被評価者の特性について重要なポイントの記載に絞ることが実効性の確保につながる。重要なポイントは、人事評価は組織のパフォーマンス向上や人材育成のための手段であって、人事評価それ自体が目的化してはならないということであろう。また、人事評価を任用・給与に活用することだけでなく、マネジメントや人材育成に活用していく観点からは、ランク付けである評語を付与することの重要性は低下し、具体的な状況や改善の方向性を記述することが必要になってくるはずである。こうした前提の下で、新制度の下で現場がどのように動いているかを把握しながら、人事評価の目的に即した手続や様式の改善が図られることを期待したい。

八　人事評価制度の不断の改善

新たな人事評価制度は令和四年一〇月から施行されたばかりであり、まずはその着実な実施を図ることが重要である。その上で、数年後、新制度が定着してきた際には、改めて運用状況を調査し、今回の改善の趣旨に沿った形で新制度が運用されているかどうか、さらに改善が必要な点はないかの検証がなされるべきであろう。また、民間企業や自治体の人事評価制度もその頃には更に変化している可能性もあり、こうした他分野の動向も踏まえて新たな制度の検討がなされることが必要である。その際には、現在の能力評価・業績評価の二本立て、評語付与によるランク付けといった枠組みにとらわれない、幅広い視点での検討も必要となってくるのではないかと考えられる。

人事評価はあらゆる国家公務員に作業を課すものであり、かつ、その処遇に大きな影響を与えるものであるから、作業と結果の両面について多くの国家公務員の納得が得られるものにすることが必要である。制度を所管する内閣人事局と各省庁の人事当局、更には運用に携わる国家公務員一人一人の努力により、今後も不断の改善がなされていくことが期待される。

（1）　検討会の提言を受けて、まず令和三年一〇月から、評語や様式の見直しを伴う部分を除き、人材育成やマネジメント評価の観点を導入するなど直ちに実施できる事項の改善措置は実施された。
（2）　制度化された改善の概要については、内閣官房内閣人事局「新しい人事評価のポイント／人事評価の任用・給与への活用のポイント」を参照のこと。https://www.cas.go.jp/jp/gaiyou/jimu/jinjikyoku/files/r0406_jinji_hyouka.pdf
（3）「人事評価において留意する事項について」（令和三年九月一〇日内閣官房内閣人事局人事政策統括官通知）https://www.cas.go.jp/jp/gaiyou/jimu/jinjikyoku/files/r030910_hyouka_ryuui.pdf
（4）　前掲注（2）三―四頁。

（5）　前掲注（2）一―二頁。

（6）　具体的なデータについては、第四回人事評価の改善に向けた有識者検討会資料3「人事評価に関する意識調査結果（確定版）」六―七頁（期首面談）、一五―一六頁（期末面談）を参照のこと。https://www.cas.go.jp/jp/gaiyou/jimu/jinjikyoku/hyouka_kaizen/dai4/siryou3.pdf

（7）　内閣官房内閣人事局「面談ガイドライン」https://www.cas.go.jp/jp/gaiyou/jimu/jinjikyoku/files/r0406_guideline.pdf

（8）　地方自治体の中には、「人材育成シート」「行動観察記録」などとして業務上の指導やその結果を記録することを人事評価制度に組み込んでいるところがある。

（9）　内閣官房内閣人事局「『管理職のマネジメント能力に関する懇談会』について」https://www.cas.go.jp/jp/gaiyou/jimu/jinjikyoku/kanri_kondankai/pdf/konkyo.pdf　筆者のうちの一人（稲継）も座長として参画した。

（10）　内閣官房内閣人事局「マネジメント能力向上のための多面観察の取組」https://www.cas.go.jp/jp/gaiyou/jimu/jinjikyoku/kanri_kondankai/pdf/r010703torikumi.pdf

（11）　内閣官房内閣人事局「国家公務員のためのマネジメントテキスト」https://www.cas.go.jp/jp/gaiyou/jimu/jinjikyoku/kanri_kondankai/pdf/kokkakoumuin_management_gaiyou_2022_6_ver.pdf（概要版）https://www.cas.go.jp/jp/gaiyou/jimu/jinjikyoku/kanri_kondankai/pdf/kokkakoumuin_management_zenbun_2022_6_ver.pdf（全文）

（12）　令和三年九月時点の人事評価マニュアルは一一二頁に及んでいる。https://www.cas.go.jp/jp/gaiyou/jimu/jinjikyoku/files/r0309_hyouka_manual.pdf

（13）　前掲注（3）

（14）　前掲注（2）

（15）　前掲注（2）

（16）　現行の人事評価記録書の様式や記載事項については、以下を参照のこと。内閣官房内閣人事局「人事評価記録書記載要領」https://www.cas.go.jp/jp/gaiyou/jimu/jinjikyoku/files/r0406_kirokusyo_kisaijikou.pdf

参考文献目録

稲継裕昭（二〇〇六）『自治体の人事システム改革』ぎょうせい

稲継裕昭（二〇一五）『評価者のための自治体人事評価Ｑ＆Ａ』ぎょうせい

稲継裕昭（二〇一八）「ＮＰＭと公務員制度改革――英米独仏日の状況」村松岐夫編著『公務員人事改革――最新　米・英・独・仏の動向を踏まえて』学陽書房、二九四～三〇三頁

稲継裕昭（二〇二〇～二〇二一）「ＡＩ時代の自治体人事戦略㉑～㉔」『月刊ガバナンス』二〇二〇年一二月号～二〇二一年三月号

稲継裕昭（二〇二三）『パソコンで学ぶ地方公共団体の人事評価〈新訂版・第七刷〉』（一財）自治研修協会

稲継裕昭・福田紀夫・岸本康雄・浅尾久美子・本間あゆみ・松橋亜祉里（二〇一八）「アメリカ合衆国の公務員制度」村松岐夫編著『公務員人事改革――最新　米・英・独・仏の動向を踏まえて』学陽書房、一七～八三頁

稲継裕昭・合田秀樹・澤田晃一・若林大督・小川純子・高原朋子・福留理恵子（二〇一八）「イギリスの公務員制度」村松岐夫編著『公務員人事改革――最新　米・英・独・仏の動向を踏まえて』学陽書房、八五～一四四頁

今野浩一郎・佐藤博樹（二〇一〇）『人事管理入門（第三版）』日本経済新聞社

奥野明子（一九九六）「日本における目標管理の現状と課題」『経営研究（大阪市立大学）』四七巻一号、九一～一一六頁

奥林康司・上林憲雄・平野光俊編著（二〇一〇）『入門人的資源管理（第二版）』中央経済社

鹿児島重治（一九九六）『逐条地方公務員法（第六次改訂版）』学陽書房

人事院（二〇一三）『平成二四年度人事院年次報告書（公務員白書）』

田尾雅夫（一九九〇）『公共サービスの組織と管理――地方自治体における理論と実際』木鐸社

地方公共団体人事評価システム研究会編（二〇〇四）『地方公共団体における人事評価システムのあり方――導入のための提言とモデル例』第一法規。

地方公共団体人事評価システム研究会編（二〇〇七）『人事評価システムの構築から運用まで――人事評価制度の実施に向けた地方公共団体の取組み』第一法規
地方公務員人事・評価制度研究会編（二〇〇三）『人事評価への取組み――先進自治体の事例』ぎょうせい
地方公務員人事評価制度研究会編（二〇一五）『地方公務員人事評価制度の手引』ぎょうせい
地方自治研究資料センター（一九七九）『公私組織機構の比較』（財）自治研修協会
地方自治研究資料センター（一九八〇）『公私組織体質比較』（財）自治研修協会
地方自治研究資料センター編（一九八二）『公・民比較による自治体組織の特質』第一法規
（公財）日本都市センター（二〇二〇）『人口減少時代の都市行政機構（第6次市役所事務機構研究会報告書）』（公財）日本都市センター
野中尚人・猪狩幸子・府川陽子・井手亮・中村るり（二〇一八）「フランスの公務員制度」村松岐夫編著『公務員人事改革――最新　米・英・独・仏の動向を踏まえて』学陽書房、一〇三～二六四頁
バーナード・マー（二〇一九）『データ・ドリブン人事戦略：データ主導の人事機能を組織経営に活かす』日本能率協会マネジメントセンター
原田久・吉田耕三・奈良間貴洋・越石圭子・橋本勝（二〇一八）「ドイツの公務員制度」村松岐夫編著『公務員人事改革――最新　米・英・独・仏の動向を踏まえて』学陽書房、一四五～二〇〇頁
ピープルアナリティクス&HRテクノロジー協会（二〇二〇）『ピープルアナリティクスの教科書：組織・人事データの実践的活用法』日本能率協会マネジメントセンター
福田紀夫（二〇一六）「職階法の廃止と人事評価制度導入の経緯と課題」『別冊　人事行政』二〇一六年三月号、四～二四頁
『労政時報』「特集　人事制度事例シリーズ　トヨタ自動車の人事制度改革【幹部職・基幹職編】：経営戦略をスピーディーに実行するプロ集団を形成するため、23年ぶりに人事制度を大幅刷新」３９８９号（２０２０年3月）12-29頁。
『労政時報』「大日本印刷１９９４年の導入以来、中長期目標の導入や設定目標項目の集約、プロセス評価の明確化等、現場の課題を踏まえ継続して改善を進める」３９５２号（２０１８年6月）30-45頁。

『労政時報』「特集 人事制度事例シリーズ 三菱商事：三つのキャリアステージで育成のスピードを速め、『事業経営モデルによる成長の実現』の担い手となる経営人材輩出を目指す」３９９８号（２０２０年８月）、50-67頁。

蝋山正道（一九七四）『日本の歴史⑮ よみがえる日本』中公文庫

Allison, Graham T.（1999）*Essence of Decision*：*Explaining the Cuban Missile Crisis*（*2nd* edition）, Longman.（漆嶋稔訳（二〇一六）『決定の本質：キューバ・ミサイル危機の分析』日経ＢＰクラッシクス）

Cabinet Office（2022）*Senior Civil Service*：*performance management*

Drucker, Peter F.（1954）*The Practice of Management*, Harper & Brother Publishers（現代経営研究会訳（一九五六）『現代の経営・上巻――事業と経営者』自由国民社）

GAO（2015）, *RESULTS-ORIENTED MANAGEMENT*：*OPM Needs to Do More to Ensure Meaningful Distinctions Are Made in SES Ratings and Performance Awards.*

Lane, Jan-Erik（2009）*State Management*：*An Enquiry into Models of Public Administration & Management*, Routledge.（稲継裕昭訳（二〇一七）『テキストブック政府経営論』勁草書房）

Lipsky, Michael（1993）*Street Level Bureaucracy*, Russell Sage Foundation.（田尾雅夫訳（一九九八）『行政サービスのディレンマ――ストリートレベルの官僚制』木鐸社）。（also, Michael Lipsky（2010）, *Street-Level Bureaucracy, 30th Anniversary Edition*：*Dilemmas of the Individual in Public Service*, Russell Sage Foundation；Anniversary, Expanded, Updated version）

Pollitt, Christopher and Geert Bouckaert（2017）*Public Management Reform*：*A Comparative Analysis*（*4th edition*）―*Into the Age of Austerity*, Oxford Univ Press.（縣公一郎・稲継裕昭監訳（二〇二〇）『行政改革の国際比較――ＮＰＭを超えて』勁草書房）

Pyper, Robert（1995）*The British Civil Service*, Prentice Hall.

Wilson, James Q（2000）*Bureaucracy*：*What Government Agencies Do and Why They Do It*, Basic Books Classics（Reprint edition with new preface）

＜関係省庁資料＞

人事評価に関する検討会（二〇一四）『人事評価に関する検討会報告書』

管理職のマネジメント能力に関する懇談会（二〇一七）『管理職のマネジメント能力に関する懇談会報告書』内閣官房内閣人事局
https://www.cas.go.jp/jp/gaiyou/jimu/jinjikyoku/kanri_kondankai/pdf/h290321houkoku.pdf

自治省行政局公務員部（二〇〇〇）『地方行政運営研究会第一五次公務能率研究部会報告書　地方公務員の評価システムに関する調査研究――勤務評定の現状と課題』自治省

人事評価の改善に向けた有識者検討会（二〇二一）『人事評価の改善に向けた有識者検討会報告書』内閣官房内閣人事局
https://www.cas.go.jp/jp/gaiyou/jimu/jinjikyoku/pdf/20210406_houkoku.pdf

地方行政運営研究会第一八次公務能率研究部会（二〇〇四）『地方公共団体における人事評価システムのあり方に関する調査研究――新たな評価システムの導入に向けて』総務省
https://www.soumu.go.jp/iken/jinzai/houkoku18.html

地方公共団体における人事評価制度に関する研究会（二〇一五）『平成26年度報告書』総務省
https://www.soumu.go.jp/main_content/000347280.pdf

内閣官房内閣人事局（二〇一九）『マネジメント能力向上のための多面観察の取組』
https://www.cas.go.jp/jp/gaiyou/jimu/jinjikyoku/kanri_kondankai/pdf/r010703torikumi.pdf

内閣官房内閣人事局（二〇二〇）『成績不良者の能力・意欲向上マニュアル』
https://www.cas.go.jp/jp/gaiyou/jimu/jinjikyoku/files/000287200.pdf

内閣官房内閣人事局（二〇二一）『国家公務員のためのマネジメントテキスト』
https://www.cas.go.jp/jp/gaiyou/jimu/jinjikyoku/kanri_kondankai/pdf/kokkakoumuin_management_zenbun_2022_6_ver.pdf

内閣官房内閣人事局（二〇二二）『人事評価記録書記載要領』

https://www.cas.go.jp/jp/gaiyou/jimu/jinjikyoku/files/r0406_kirokusyo_kisaijikou.pdf
内閣官房内閣人事局（二〇二二）『面談ガイドライン』
https://www.cas.go.jp/jp/gaiyou/jimu/jinjikyoku/files/r0406_guideline.pdf
内閣官房内閣人事局・人事院（二〇二二）『新しい人事評価のポイント／人事評価の任用・給与への活用のポイント』
https://www.cas.go.jp/jp/gaiyou/jimu/jinjikyoku/files/r0406_jinji_hyouka.pdf

※ＷＥＢページの最終閲覧はいずれも二〇二三年一二月一〇日

あとがき

いつの時代、どこの国においても、人事行政は一切の行政の基盤と言われる。その人事行政においては、採用、初任配属、異動、給与、昇進、退職管理に至るまで「評価」が関係する。したがって、人事評価はいわば人事行政の基盤として重要な意味を持つ。

かつての勤務評定の時代には、任命権者側が人事管理のための情報を把握し、それを身分取扱いの上で活用することが目的とされた。だが、評定項目や評定結果が本人に開示されることはなく、評定に当たっての基準も明確ではなかった。

平成19年の国家公務員法改正により新しく設けられた人事評価は、任用、給与、分限その他の人事管理の基礎となるツールであるとともに、人材育成の意義も有している。また、評価の過程における評価者と被評価者との間のコミュニケーションを通じて、組織内の意識の共有化や業務改善等にも寄与するものである。これらの効果を通じ、活力ある公務組織の実現や効率的な行政運営に資するものとされている。

ただ、人事評価制度は完全なものではありえない。これは、民間企業でも、地方公務員でも、他の国の公務員制度においても、人事評価が常に改訂されてきていることを見てもわかる。国家公務員の人事評価制度も、数年間の試行期間を経て導入されたものではあるものの、定期的にその運営状況を把握しつつ、よりよい方向への改善が行われる必要がある。人事評価の改善に向けた有識者検討会もまた、その定期的な改善を行うためのものだといえる。

本書は、検討会での議論を中心に、国家公務員の人事評価制度に関するこれまでの経緯、運用状況、改善の方向性について、民間企業や地方公務員、他国の国家公務員制度も紹介しつつ次なる改善のための記録としてとりまとめたものである。

本書の成立のきっかけは、検討会の報告書が出た後、稲継の研究室を訪問した鈴木が、「検討会の内容を大学の紀要等に書きませんか」と提案したことに始まる。検討会での議論や報告書が、国家公務員の人事評価に与える影響の大きさを実感していた稲継は、すぐに賛同したものの、通常の紀要論文の分量に収まるものではないと考えたことから、雑誌への連載を逆提案した。すぐに、㈱第一法規の木村文男様に連絡したところ、連載をご快諾いただいた。その結果、『自治研究』誌での２０２２年4月号から２０２３年3月号まで9回にわたる長期連載が実現した。連載各号については、主執筆者を決め、もう一人が参考意見を述べる形をとった。鈴木が第一、二、三、七章を、稲継が第四、五、六章の主執筆者であり、第八章は完全共著である。原稿が遅れがちな我々に対して、常に温かい励ましをこめた督促をくださった木村様には心からお礼申し上げる。

連載が完結したのち、単行本化する話となり、出版社を探していたときに縣公一郎先生から㈱成文堂をご紹介いただいた。飯村晃弘編集長は我々の考えを理解していただき、すぐに出版をご快諾いただいた。その後の原稿のやりとりも非常にスムーズで、我々にとって最良の形で進行をしていただいた。飯村様には感謝に堪えない。

この連載及び本書の製作においては、内閣人事局の多くの方々のご協力を頂いた。とりわけ、内閣人事局で人事評価の担当となった次田亜美氏、練生川真司氏、会田康之氏、小澤勇人氏、田中政俊氏、山本琴瑚氏の皆様には、お忙しい中、連載中に資料の提供や原稿の確認にご協力いただき、大変お世話になった。心から感謝申し上げる。また、この本の内容である国家公務員の人事評価の見直しについて、多くの知見をいただいたのは、検討会の委員の皆様と、当時の事務局を運営していただいていたスタッフの皆様である。そこでの議論や、事務局のとりまとめなどがなければ、そもそも本書の執筆すら考えつかなかった。皆様に改めて御礼申し上げある。

本書が、国の人事評価制度における評価者、各部署の人事評価担当者、地方自治体の人事評価制度担当者、その他、人事評価に携わるすべての人の参考に資することとなれば筆者として望外の喜びである。

令和六年一月

稲継裕昭
鈴木　毅

著者紹介

稲継 裕昭（いなつぐ ひろあき）

早稲田大学政治経済学術院教授
1958年大阪府生まれ。

京都大学法学部卒業、京都大学博士（法学）。

大阪市職員、大阪市立大学法学部教授・同法学部長等を経て、2007年から現職。

内閣官房「国家公務員制度改革推進本部労使関係検討委員会」委員、同「公務員制度改革担当大臣アドバイザー」、内閣官房内閣人事局「人事評価の改善に向けた有識者検討会」構成員、同「管理職のマネジメント能力に関する懇談会」座長、総務省「地方公共団体の定員管理のあり方に関する研究会」座長、内閣官房「新型インフルエンザ等対策推進会議」委員、総務省「社会の変革に対応した地方公務員制度のあり方に関する検討会」委員・同分科会長等を歴任。

　著書に、『評価者のための自治体人事評価Q&A』（ぎょうせい）、『公務員給与序説—給与体系の歴史的変遷』（有斐閣）、『人事・給与と地方自治』（東洋経済新報社）、『自治体ガバナンス』（放送大学教育振興会）ほか多数。

鈴木　　毅（すずき たけし）

1973年東京都生まれ。

東京大学法学部卒業、カーネギー・メロン大学公共政策・管理大学院修士課程修了。

1997年建設省に入り、国土交通省大臣官房会計課・人事課課長補佐、道路局路政課・総務課企画官、都市局都市計画課都市機能誘導調整室長、内閣官房内閣人事局内閣参事官（任用・人事評価担当）、国土交通省水管理・国土保全局下水道部下水道企画課長などを経て、現在、内閣府政策統括官（防災担当）付参事官（地方・訓練担当）。

内閣官房内閣人事局在任時、2020-21年に開催された「人事評価の改善に向けた有識者検討会」の事務局を担当する。

国家公務員の人事評価制度

2024年2月28日　初版第1刷発行

著　　者　稲　継　裕　昭
　　　　　鈴　木　　　毅
発 行 者　阿　部　成　一

〒162-0041 東京都新宿区早稲田鶴巻町514番地
発 行 所　株式会社　成　文　堂
電話 03(3203)9201　Fax 03(3203)9206
http://www.seibundoh.co.jp

製版・印刷　三報社印刷　　製本　弘伸製本

ISBN978-4-7923-3438-3　C3031

定価（本体2,400円＋税）